WUNDERVOLLE KRÄFTE IN DIR

Wundervolle Kräfte in Dir

Lehrbuch zur Entwicklung und Befreiung
der geistigen Kräfte im Menschen

von

HAROLD SHERMAN

Präsident und Direktor der ESP Research Associated Foundation

Verlag Hermann Bauer
Freiburg im Breisgau

Die Deutsche Bibliothek – CIP-Einheitsaufnahme

Sherman, Harold:
Wundervolle Kräfte in Dir : Lehrbuch zur Entwicklung
und Befreiung der geistigen Kräfte im Menschen /
von Harold Sherman. [aus dem Amerikan. von Kai E. Kösling]. –
3. Aufl., unveränd. Nachdr., Sonderausg. –
Freiburg im Breisgau : Bauer, 1999 (Bauer Classics)
Einheitssacht.: The new TNT, miraculous power within you (dt.)
ISBN 3-7626-0717-6

Die 3. Auflage von *Wundervolle Kräfte in Dir* ist ein unveränderter
Nachdruck der 2. Auflage, die 1976 im Verlag Hermann Bauer erschien.

Titel der amerikanischen Originalausgabe:
The new TNT – Miracolous Power within you
© by Harold Sherman, Prentice Hall, Inc., Englewood Cliffs, N. Y. 1966

Aus dem Amerikanischen von Kai E. Kösling

3. Auflage 1999
ISBN 3-7626-0717-6
© für die deutsche Ausgabe 1970
by Verlag Hermann Bauer KG, Freiburg im Breisgau
Einband: Ralph Höllrigl, Freiburg im Breisgau
Druck und Bindung: Wiener Verlag, Himberg
Printed in Austria

INHALT

VORWORT

In Ihren Händen halten Sie ein Buch, das Ihnen den Zugang zu einer Philosophie öffnet, die bereits das Denken und Leben von Millionen Männern und Frauen beeinflußte und zum Besseren wendete.

In einundzwanzig Kapiteln enthält es soviel komprimierte Kraft, daß ihre Wirkung selbst die des brisantesten Sprengstoffs übertrifft. Auch der auslösende Zünder ist vorhanden: Das Wissen vom ICH und die zuverlässigste Anleitung zur Selbsterkenntnis, die allein imstande ist, jede ersehnte Veränderung Ihrer inneren und äußeren Welt herbeizuführen. So ausgerüstet beschreiten Sie sicher Ihren Weg zu dem Ziel, das zu erreichen Sie sich seit langem brennend wünschen.

Die Philosophie dieses Buches ist die unmittelbar in das Geschehen Ihres Alltags zu übertragende Lehre von der gottgegebenen schöpferischen Kraft des menschlichen Geistes. Alle erfolgreichen Menschen haben wissentlich oder unwissentlich aus dieser Kraft Nutzen gezogen. Ohne sie wäre auch der bescheidenste Erfolg undenkbar gewesen.

Der Autor dieses soeben neu durchgesehenen und ins Deutsche übertragenen Buches ist der Amerikaner Harold Sherman. Er untermauert darin die heute wie eh und je erregende Darstellung seiner vielfach erprobten Methode des richtigen, des schöpferischen Denkens. Unwiderlegbare Beispiele beweisen die Richtigkeit seiner Theorien, die längst Eingang gefunden haben in die Lebenspraxis der Gegenwart. Nun endlich werden auch die deutschen Leser dieses berühmte Buch studieren, seine Lehrsätze erproben, Erfahrungen sammeln und — selbst Erfolge erzielen können. Auch sie werden dann *wissen*, daß alle Vorstellungen und Wünsche, die sie in ihr Denken emporheben, zu reicheren Inhalten ihres von neuem beginnenden Lebens werden können.

Mit anderen Worten: Der rechte Gebrauch der Lehrsätze Harold Shermans befähigt auch Sie, liebe Leserinnen und Leser, Ihr künftiges Leben nach eigenen Vorstellungen in völliger Freiheit zu gestalten. Die bald beflügelnden Kräfte Ihres Geistes verhelfen Ihnen dann zu einem Leben ohne Furcht, Armut und Krankheit, denn diese drei Todfeinde der Menschheit haben *Sie* dann endgültig überwunden. Vielmehr können Sie nun Ihrem freien Willen folgen und mitbauen an einem Fundament, das die Menschen der Gegenwart hinübertragen soll in das dritte Jahrtausend, in ein Zeitalter größeren Glücks und Wohlstands für alle.

Daß Ihrem befreiten Geiste dies alles gelinge, ist der innige Wunsch, mit dem wir dieses Buch nun in die Hände unserer deutschsprachigen Leser legen.

Hermann Bauer Verlag

1. Kapitel

VERÄNDERN SIE IHRE ÄUSSERE UND INNERE WELT

Seit dem ersten Erscheinen dieses Buches habe ich viele Hunderte, ja Tausende von Leserbriefen als Zeichen der Dankbarkeit erhalten — unendlich viel mehr, als ich geglaubt hatte erwarten zu dürfen. Alle diese Briefe gipfelten in Sätzen, wie ich sie auszugsweise hier folgen lasse:

„Es wirkt! ... Sobald ich gelernt hatte, der wunderbaren schöpferischen Kraft meines Geistes zu vertrauen, erhielt ich Ergebnisse... Alle meine früheren Probleme und Schwierigkeiten blieben hinter mir zurück... Mein Gesundheitszustand hat sich gebessert, mein Selbstvertrauen wuchs, ich gewann endlich eine positivere, frohe und optimistische Einstellung zum Leben, ein besseres Verständnis meiner selbst und meiner Mitmenschen — kurz, ich hatte plötzlich mehr Glück auf allen Ebenen meines persönlichen, gesellschaftlichen und beruflichen Lebens!"

Ermutigt und angespornt von soviel Anerkennung und als Antwort auf die häufigen Bitten um mehr Informationen und spezielle Ratschläge ist nun dieser neu durchgesehene und wesentlich erweiterte Band erschienen. In ihm ist mir, wie ich glaube, die Verschmelzung bereits erprobter Techniken mit zahlreichen neuen Erkenntnissen und Hinweisen so gut gelungen, daß er der großen Anzahl meiner früheren Leser ebenso zum Vorteil dienen wird, wie der sicher nicht geringeren Zahl meiner neuen Freunde. Möge darum die nun vorliegende erweiterte Ausgabe auch ihnen dazu verhelfen, das Ziel ihrer Sehnsucht, die Erfüllung ihrer Wünsche und Hoffnungen zu erreichen.

Wenn Sie schon einmal die Strahlkraft Ihres Geistes erlebt haben, dann sind Sie nicht mehr derselbe Mensch wie vorher.

Ich behaupte dies in völliger Gewißheit, denn ich weiß, daß Sie und jeder andere Mensch, der mein Buch liest und das darin mitgeteilte Wissen anwendet, auch ohne „Wiederholungsimpfung" bald eine gehobenere Position im Leben einnehmen werden als zuvor. Es ist unmöglich, mit dem richtigen Denken zu beginnen und weiterhin falsche Resultate zu erhalten!

Noch vor dreißig oder fünfzig Jahren war das Wissen vom ICH nicht in allgemeinverständlicher und leicht anwendbarer Form zugänglich. Man mußte danach graben, mußte das Risiko des Versuchs auf sich nehmen und war immerfort den Gefahren des Irrtums ausgeliefert. Zwar haben unsere Vorfahren uns erzählt, „wie ein Mensch in seinem Gehirn denkt und in seinem Herzen fühlt, so ist er", aber das klingt heute viel zu hübsch — alltäglichen Problemen konfrontiert schmeckt es nach „Sonntagsschule".

Das war, bevor wir begonnen hatten, die große und unwiderstehliche Macht des Denkens wahrzunehmen, die den Menschen emporgehoben hat zu seinem heutigen Platz auf der Erde, wo er sich nun vorbereitet, auf den Schwingen seiner Gedanken aufzubrechen zu fernen Planeten. Verglichen mit der Atomkraft, der vom menschlichen Verstand entdeckten und entwickelten Macht, grenzt unser Denken an die Unendlichkeit! Denn wie das sich immerfort ausdehnende physikalische Universum uns unbegrenzt erscheint, so ist auch kein Ende der die Welt durchdringenden schöpferischen Kraft des menschlichen Geistes abzusehen! Darum gilt: Was der Mensch sich vorzustellen vermag, das wird er früher oder später auch erreichen. Weil wir das wissen, verstehen wir jetzt auch die oben zitierte Auffassung der „Alten" leichter, wenn wir ihre Worte geringfügig korrigieren: „Was ein Mensch sich in seinem Kopf vorstellen und in seinem Herzen ausmalen kann — das ist er."

Keine Veränderungen ohne neue Gedanken

In den vergangenen zehn Jahren haben Sie sich sehr verändert. Ich auch!

Und in eben diesem Augenblick, während Sie den vorstehenden Satz lesen, verändern Sie sich weiter.

Und ich ebenfalls.

Genauso ergeht es allem und jedem im ganzen Universum, weil nichts stillsteht. Nichts ist jetzt noch genauso, wie es den Bruchteil einer Sekunde zuvor gewesen ist.

Irgend etwas ist mit Ihnen geschehen, hat Ihren Körper und Ihren Geist äußerlich und innerlich verwandelt, immerfort seit dem Augenblick Ihrer Geburt. Ungezählte Geschehnisse haben ihre Eindrücke in Ihnen hinterlassen, haben Sie unaufhaltsam geformt zu der Persönlichkeit, die Sie in diesem Augenblick sind.

Das ist der Lauf des Lebens. Er zwingt Sie, in Bewegung zu bleiben. Ob vorwärts oder rückwärts, hängt von Ihren Entscheidungen ab. Es hängt davon ab, was Sie tun und wie Sie es tun wollen.

Welchen Weg gehen Sie?

Diese Frage sollten nur Sie selbst sich stellen:

„Habe ich den richtigen Kurs?"

Wenn Sie zurückbleiben — wenn Sie spüren, daß Sie auf der Aschenbahn des Lebens gestolpert sind, daß Sie nicht erreichten, was zu gewinnen Sie sich vorgenommen hatten, als Sie aufgebrochen sind zum Lebenskampf —, dann kann es nur eine Antwort geben, die wieder nur Sie selbst sich geben sollten. Schauen Sie in den nächsten Spiegel, blicken Sie sich in die Augen und sagen Sie sich ohne Umschweife ins Gesicht:

„Na, alter Junge, für dich ist es höchste Zeit umzukehren! Nimm endlich Vernunft an und geh auf dem richtigen, auf dem *geistigen Pfad* weiter! Am besten schaltest du direkt in der Zentrale alle irrigen Gedanken, alle Hirngespinste ab und machst dich frei für den unvermeidlich gewordenen Kampf!

Lange genug hast du deine Zeit damit vertrödelt, dich selbst zu bemitleiden und anderen oder den Umständen vorzuwerfen, was sich anscheinend deiner Kontrolle entzogen hat, was falsch gelaufen und so zu den Hindernissen auf deinem Weg geworden ist. Von jetzt an läßt du dieses überflüssige Gepäck zurück. Du befreist dich damit von allen vergangenen Sorgen und Vorurteilen. Nur so kannst du mit ganz neuen Gedanken, mit neuen Ideen und neuen Grundsätzen noch einmal von vorn beginnen. Hauptsache, du vertraust darauf, daß durch deine neuen Gedanken große und gute Veränderungen in dein Leben kommen werden!"

Fühlen Sie sich jetzt besser? Sicher, Sie tun es. Mir jedenfalls hat es immer neuen Auftrieb gegeben, wenn ich mir so fest in die Augen blicken und aus tiefstem Herzen die Meinung über mich selbst habe sagen müssen. Wahrheiten, die auch mich oft schmerzten. Aber ich dachte: „Lieber will ich mir selbst weh tun, als daß andere mich verletzen!"

Wenn ich meine Fehler und Schwächen entdecke und danach beginnen kann, sie zu berichtigen und zu bessern, bevor irgendein anderer Mensch mich auf viel unangenehmere Weise an sie erinnert oder bevor sie mich in Schwierigkeiten bringen — dann, glaube ich, habe ich den leichtesten und besten Weg beschritten.

Manchmal werden Sie sich selbst gut zureden müssen. Es ist ja das einfachste Ding auf der Welt, im geistigen Trott zu verharren oder sich selbst zu bemitleiden, weil man vom Leben und von den Menschen enttäuscht ist. Wie leicht ist man gerade dann bereit, einen Plan oder alle zuvor vertretenen Ansprüche einfach aufzugeben. Solche Gefühle kennen wir alle — auch jene erfolgreichen Männer und Frauen, die Sie als Vorbilder verehren, kannten sie, denn auch sie hatten ihre Prüfungen, ihre Enttäuschungen, ihre Ernüchterungen.

Die beste Zeit für Ihre persönliche Inventur

Ihre beste Zeit dafür ist heute, ist diese Minute, die Ihnen gegeben wurde, um damit zu tun, was Sie wollen — solange sie dauert. Denn gleich darauf befinden Sie sich schon in der nächsten Minute, dann in der folgenden und so fort. Nur — wenn Sie diese Ihre Zeit nicht gewinnbringend nützen, dann ist sie Ihnen verloren und verläßt Sie für immer.

Ein großer Mann sagte einst: „Wenn ich nur noch einmal alle Zeit zurückgewinnen könnte, die ich vergeudet habe — wieviel mehr könnte ich vollbringen!"

Heute, in unserer veränderlichen Welt, eilt die Zeit noch schneller dahin. Wollen wir die immer knapper uns zugemessene Zeit nicht nutzlos verschwenden, so müssen wir sie mit größter Genauigkeit unter alle die vielen Vorhaben und Arbeiten verteilen, die wir vollbringen möchten oder die zu tun wir uns gezwungen sehen. Dabei gibt es ohnehin zu viele reizvolle Unternehmungen und Ablenkungen, die uns immerfort zur Teilnahme reizen. Unter ihnen auszuwählen, ist oft sehr schwierig. Am Ende fühlen Sie sich schon allein davon überbeansprucht und müssen befürchten, keiner der freiwillig oder gezwungenermaßen übernommenen Pflichten mehr die erforderliche Aufmerksamkeit widmen zu können. Wenn das so ist, dann sollte Sie dieser Anruf unbedingt zur Rationalisierung Ihres Tageslaufs veranlassen. Denn Sie müssen freie Zeit gewinnen, um sich auf das zu konzentrieren, was Ihnen und Ihren Lieben am meisten bedeutet:

Wie Sie Ihre innere und äußere Welt verändern können.

Wenn Sie sich bei einer Äußerung ertappen wie „Ich habe nicht die Zeit, alles zu tun, was ich tun sollte oder möchte", dann können Sie nicht erwarten, schon morgen alles das zu realisieren, was Sie sich heute wünschen.

Jede Veränderung in Ihrem Denken beginnt *jetzt*. Können Sie, wollen Sie sich soviel Zeit nehmen, soviel Zeit *schaffen*, daß Sie täglich einige Minuten lang Ihren geistigen Raum zum schöpferischen Denken zur Verfügung haben?

Wollen Sie mit Ihrer persönlichen Inventur beginnen? Sich selbst freimütig Fragen stellen und diese aufrichtig beantworten?

Selbstverständlich kennen Sie sich besser als irgend jemand sonst Sie kennen kann. Aber einige der Dinge, auf die Sie jetzt stoßen, werden Sie sich vielleicht zuerst nicht gern eingestehen. Zum Beispiel diese:

Wie kommen Sie in der heutigen Welt zurecht?

Fühlen Sie sich glücklich?

Wie kommen Sie mit anderen aus?

Haben Sie genug Ehrgeiz, um nach einem besseren Platz im Leben zu streben, als Sie ihn jetzt innehaben?

Haben Sie finanzielle Probleme und Sorgen?

Wie sind Ihre persönlichen Gewohnheiten?

Haben Sie eheliche Sorgen?

Sind Sie zuviel allein oder einsam?

Wie schätzen Sie Ihre Erscheinung und Ihre körperliche Anziehungskraft ein?

Brauchen Sie eine bessere Bildungsgrundlage?

Halten Sie Schritt mit der schnellen sozialen und wirtschaftlichen Entwicklung?

Das sind nur einige der vielen Fragen, die Sie sich selbst vorlegen müssen, wenn Sie Ihren Standort in der heutigen Welt genau ermitteln wollen. Und wenn Sie nicht mit allen Ihren Antworten zufrieden sind, dann wird vielleicht manches von dem, was ich in diesem Buche zu sagen versuche, für Sie wichtig und nützlich sein. Es wird Ihnen helfen können, von da, wo Sie offenbar festsitzen, dorthin zu gelangen, wo Sie ankommen wollen.

Aber mein Buch wäre Ihnen ein schlechter Helfer, wenn ich nicht schon zu Beginn Ihres Studiums auf eine gewisse Unbequemlichkeit hinweisen würde: In diesem Buch werden Sie keine Schlaraffenland-Philosophie finden. Ich lade Sie auch nicht ein, Ihren geistigen „Kopf in den Sand zu stecken" und zu versuchen, sich die Art von Welt, die Sie vielleicht zunächst erträumen, aus schön klingenden Gemeinplätzen zu erschaffen.

Die wunderbare und geheimnisvolle schöpferische Kraft des Geistes reagiert nicht auf solche und andere intellektuelle Spielereien und Spitzfindigkeiten. Es ist Ihr *tiefes Gefühl*, das die Kraft hinter dem Denken anruft und bewegt. Was Sie *wirklich wollen* — oder was Sie *fürchten* —, aktiviert diese Kraft und bewirkt, daß sie gleich einem Magneten anzieht, was in Ihrer aus Erfahrungen und Ereignissen gebildeten Umwelt erforderlich ist, um Ihre wahren Vorstellungen zu verwirklichen.

Der folgende Satz kann nicht oft genug wiederholt werden: *Gleiches zieht Gleiches an in der Sphäre des Geistes.* Das ist ein universelles Gesetz — das Gesetz von Ursache und Wirkung. Es funktioniert automatisch, ewig, und bevorzugt niemanden! Wehe Ihnen, wenn Sie dieses Gesetz nicht beachten! Das würde bedeuten, daß Ihr Haß den Haß anzieht, Ihr Vorurteil die Vorurteile anderer usw. usf.! Dies erklärt zum großen Teil die oft turbulenten Verhältnisse in der gegenwärtigen Welt: Große, geistig verstörte Menschenmengen, die zudem emotionell und physisch erregt sind, neigen dazu, ihre Verstörung in Form von Protesten, von Aufruhr und Attentaten, von Mord, Totschlag und anderen Gewalttaten abzureagieren; letzte Steigerung ist der Krieg. Die Geschichte ist voll von tragischen Beweisen dafür.

Sie sind ein Teil dieser Menschheit, gleichgültig, zu welcher Rasse oder Nation Sie sich zählen, wo Sie leben oder was Sie tun. Überall sind Sie Zeuge der unheilvollen Konsequenzen fehlerhaften menschlichen Denkens. Auch die wunderbaren gottgegebenen schöpferischen Kräfte des Geistes richten unzählige Männer und Frauen gegen sich selbst und gegen ihre Mitmenschen!

Das tun sie nicht etwa vorsätzlich, sondern eher unwissentlich. Die Mehrzahl von ihnen hat ihre selbstzerstörerische geistige und gefühlsmäßige Verhaltensweise nur noch nicht mit den bedrohlichen Folgen verknüpft, die sie und andere schließlich leiden lassen. Wenn sie das einmal tun, werden sie auch erkennen, daß allein ihr falsches Denken sie in ihre unerfreuliche Lage gebracht hat.

Prägen Sie sich die folgenden Leitsätze fest ein:

Was Sie Ihrem Geist eingeben in Form von Gedanken und Gefühlen (von Wünschen oder Befürchtungen), verwirklicht dieser für Sie in der realen Welt. Deshalb sollten Sie als Grundtatsache akzeptieren: So wie Sie Ihr Denken ändern, verändert sich alles Geschehen in Ihrer Umwelt! Mit anderen Worten: *Alle Ereignisse entstehen als Vorstellungen in Ihrem Geiste, ehe sie im äußeren Leben Gestalt annehmen können und werden.*

Erläuterung: Sie können dieses Buch nicht einfach beiseitelegen, solange nicht Ihre Vorstellung von dieser Handlung sich zum Impuls wandelt, der Ihren Händen die Ausführung befiehlt.

Die gewaltigsten Kräfte des Geistes sind die unbekanntesten

Trotz aller Erfahrungen, die der Mensch mit seinem Verstand gemacht hat, weiß er noch wenig über dessen tiefere Beschaffenheit. Aber er hat wenigstens damit begonnen, auch die geheimnisvollen tieferen Schichten seines Bewußtseins zu erforschen und macht nun immer bedeutsamere Entdeckungen.

Wie Sie vielleicht wissen, habe ich meine Lebensaufgabe im Studium der höheren Kräfte des Geistes gefunden. Ich kann Ihnen daher aus fester Überzeugung (die auf jahrelanger experimenteller Forschungsarbeit beruht) sagen, was alles Ihr Geist umfaßt:

Die schöpferische Kraft und die Kraft, zu heilen... die Kraft, anzuziehen (Sympathie), und die Kraft, zurückzustoßen (Antipathie)... die Kraft, Gedanken auszusenden und zu empfangen... die Kraft, Zustände und Ereignisse aus der Ferne wahrzunehmen... die Kraft, zukünftige Geschehnisse vorherzusehen, und die Kraft, teilzuhaben an der höheren Führung des Menschen durch Vermittlung des Unterbewußtseins.

Aber bevor Sie alle mit dem richtigen Gebrauch dieser Kräfte verbundenen Vorteile nützen und genießen können, müssen Sie lernen, sie — und sich selbst! — zu kontrollieren und zu lenken. Denn noch dienen sie Ihnen nur spontan und sprunghaft. Zweifellos werden Sie sich an Beispiele für ihr Auftreten erinnern können, denn wer hat nicht zuweilen das starke Bedürfnis, irgend etwas ganz Bestimmtes zu tun oder nicht zu tun — das sichere Gefühl, daß bestimmte Dinge passiert sind oder gerade geschehen — eine plötzlich auftretende und doch traumhaft anmutende Lösung eines Problems oder einen richtungweisenden Intuitionsblitz, dessen Richtigkeit sich dann bestätigt trotz aller Zweifel, die Sie zunächst gehegt haben.

Die meisten dieser Vorgänge waren keine Zufälle: Es waren Erscheinungsformen Ihrer übersinnlichen Fähigkeiten, die versuchten, den Widerstand Ihres Bewußtseins zu durchbrechen und Ihnen zu dienen.

Sie müssen glauben

Natürlich können Sie keine dieser Kräfte zwingen, für Sie zu arbeiten, wenn Sie an ihrem Vorhandensein und an ihrer Wirksamkeit zweifeln. Ihr Unterbewußtsein, die Steuerungszentrale aller Ihrer geistigen Kräfte, ist sehr abhängig und beeinflußbar von jeder es erreichenden Suggestion. Sagen Sie ihm, „das kann ich nicht tun", so werden Sie es auch nicht tun können. Ihr Unterbewußtsein argumentiert nie, es akzeptiert einfach und führt aus. Aber geben Sie ihm den Befehl, an einem bestimmten Projekt zu arbeiten, und stellen Sie — erfüllt von echtem Gefühl — sich genau den Ablauf eines Arbeitsganges vor, dessen Vollbringung Sie von ihm erwarten, so beginnt die ganze schöpferische Kraft Ihres Geistes daran zu arbeiten. Und solange Sie selbst an diesem Bild, an dieser Vorstellung des von Ihnen angesteuerten Zieles unverrückbar festhalten, wird er nicht ablassen, die Ihnen bereits zugestandene Wirklichkeit in die reale Gegenwart zu übertragen.

Ein skeptischer Mensch wird keine vergleichbaren Resultate erhalten, weil ihm dieses Vertrauen fehlt. Aber die schöpferische Kraft arbeitet in seinem Geist genauso wie in jedem anderen. Was immer er sich vorstellt, Gutes oder Schlechtes, was er sich wünschen oder was er fürchten mag —

es wird, wenn es an der Zeit ist, von ihm angezogen und in irgendeiner Gestalt verwirklicht. Weder der Skeptiker noch Sie können diese schöpferischen Kräfte daran hindern, für oder gegen Sie zu arbeiten; es sei denn, Sie beeinflussen mit Ihren Gedanken und Gefühlen *die Tendenz* dieser Naturkraft *positiv*. Dann allerdings sind Sie durch die als Folge Ihres Glaubens auftretende Fähigkeit jedem anderen überlegen.

Jedes Unglück entsteht aus falschem Denken

In der heutigen Welt sind viele Menschen unglücklich, meist infolge ihres falschen Denkens. Denn allein dieses läßt Spannungen, Schwierigkeiten oder Unheil zwischen einzelnen Personen wie zwischen Gruppen entstehen und schafft damit die Voraussetzungen für alle Unruhen und offenen Konflikte in der Welt. Die Ergebnisse sind bekannt: Geisteskrankheiten stehen an der Spitze aller Krankheitsstatistiken, Herz- und Kreislauferkrankungen, Alkoholismus und Drogenmißbrauch folgen in geringen Abständen. Schon die Statistik weist also unsere gestörten Reaktionen auf Einflüsse und Eindrücke nach, denen wir uns ausgeliefert wissen wie z. B. dem Tempo der Zeit, das uns unerbittlich vorwärtstreibt, dem äußeren Druck (Streß), der uns oft unerträglich belastet, und den vielerlei geistigen und körperlichen Anspannungen, denen wir nahezu hoffnungslos ausgesetzt sind.

So erfüllt heute, an ihrem bisherigen Höhepunkt, dem Zeitalter der Raumfahrt, angelangt, die Menschheit die Angst vor der Zukunft; Gefühle der Unsicherheit und Ungewißheit beherrschen ihre Gegenwart. Kommt ein Dritter Weltkrieg? Was wird die Automatisierung uns noch antun? Gehen wir einer neuen Wirtschaftskrise entgegen? Werden die Rassen und Völker der Menschheit jemals friedlich miteinander auskommen? Wie werden sich unsere Kinder entwickeln? Sind wir noch sicher auf den Straßen und Autobahnen? Oder nicht einmal mehr in unseren Häusern und Wohnungen? Warum wird das Verhalten der Menschen immer gesetzloser und zugleich sorgloser — gegenüber dem Leben und Eigentum anderer? Gibt es tatsächlich einen Gott, ein höheres Wesen, eine übergeordnete Intelligenz, die irgendeine persönliche Bedeutung hat für die menschliche Kreatur? Oder ist diese Gottheit — wie viele namhafte Theologen inzwischen behaupten — längst „tot"?

Diese und viele andere lebenswichtigen Fragen bewegen unablässig die Gewissen und Hirne von Männern und Frauen in der ganzen Welt. Aber — genügt das? Müssen sie nicht endlich auch eine Revolution des Denkens bewirken? Doch wirklich denken, schöpferisch denken, und handeln können die Menschen heute schon nicht mehr in der gleichen Weise wie noch vor wenigen Jahrzehnten, und niemals wird es eine Rückkehr zu den „guten alten Zeiten" geben, wie sehr Sie oder andere das auch wünschen mögen. Auch kann niemand einfach weglaufen, weil die Bedingungen für das Zusammenleben in der Welt sich seither geändert haben. Die vermeintliche Gefahr, vor der Sie fliehen, wird Sie einholen, wo Sie sich auch verbergen mögen; sie wird Sie überwältigen oder doch in irgendeiner Weise beeinflussen und ebenfalls verändern.

In allem ist Gutes und Schlechtes

Je weiter die Wissenschaft uns in das Zeitalter der Raumfahrt hineinführt, um so mehr „Wunder" enthüllt sie uns. Aber diese ehrfurchtgebietende, gleichzeitig Furcht und Hoffnung weckende Entwicklung ist voll von Gefahren und erschreckenden Problemen. Das kann nicht anders sein, denn weder in der Welt der Natur noch in der Welt des Menschen ist etwas Gutes denkbar, das nicht auch sein negatives Pendant aufzuweisen hätte.

Die Atomkraft kann, wie Sie wissen, die Erde verbrennen. Zugleich aber kann sie den Menschen von mancherlei Plackerei entlasten. Sie kann den Menschen zum Mond und zu entfernten Planeten schießen, kann das Salzwasser des Ozeans in Trinkwasser umwandeln, kann riesige unfruchtbare Wüsten bewässern und erträglichere Lebensbedingungen schaffen für Millionen von Menschen, die jetzt hungern. Sie bedeutet ein Energiepotential, das den industriellen Bedarf deckt und zugleich allen Menschen die Freiheit verspricht, um nun endlich Persönlichkeit und Wissen auszudehnen bis an die Grenzen der menschlichen Vernunft und Existenz.

Aber wird der Mensch diese Grenzen erreichen — wollen? Er muß es, wenn er am Leben bleiben will!

Um inmitten der gespaltenen Welt der Gegenwart ein Leben in Glück und Erfolg und im Vertrauen auf ein annehmbares Maß an Sicherheit und Geborgenheit führen zu können, ist Ihre aus der richtigen geistig-seelischen Einstellung erwachsende Selbstbehauptung Ihr einziger zuverlässiger Schutz — Ihre Befähigung, ruhig und gesammelt und mit klarem Kopf allen Belastungen durch äußere Umstände standzuhalten, ehe diese Sie geistig, seelisch und körperlich völlig zerstören.

Wieder klingt hier das Thema dieses Buches an: Wie Sie und ich uns selbst vorbereiten können, seelisch und geistig, um in unserer wechselvollen Welt zu überleben! Das wird nicht leicht sein, weil wir an jedem Tag unseres Lebens hier sind, um auf die eine oder andere Art geprüft zu werden.

An einem Tag kann das ein Streit mit dem Nachbarn sein, ein Mißverständnis unter Freunden, ein Autounfall, der Verlust des Arbeitsplatzes, eine Meinungsverschiedenheit zwischen Mann und Frau, Ärger mit einem launischen oder eigensinnigen Kind, Enttäuschung wegen eines geschäftlichen Mißerfolgs oder über eine Geschäftsverbindung, Schwierigkeiten in Geldangelegenheiten, eine sich entwickelnde politische Auseinandersetzung, Feindschaft zwischen Verwandten, Sorge um einen erkrankten Freund oder einen anderen Menschen, der uns nahesteht, Beunruhigung wegen der Weltlage, wegen eines Sohnes oder einer Tochter, die abwesend sind, oder wegen Ihrer eigenen angegriffenen Gesundheit — Sie kennen das ja.

Alle diese Umstände und zahllose andere können ihre zerstörerische Wirkung in Ihnen entfalten — wenn Sie nicht bereits die Fähigkeit entwickelt haben, ihnen standzuhalten und dabei die Kontrolle über Ihren Geist und Ihre Gefühle zu bewahren.

Auch mit anderen „harten Schädeln" müssen Sie auskommen

In dieser dem unablässigen Wandel unterworfenen Welt haben Sie nicht nur Ihre eigenen Gedanken und Gefühle zu verantworten — Sie müssen sich zugleich auch gegen die negativen oder aggressiven Gedanken und Gefühle anderer schützen.

General Thomas E. Powers, früher Leiter des Stratetic Air Commands der USA, umschrieb diese Erfahrung einmal mit den Worten: „Der Mensch ist kein friedliebendes Tier."

Meine Großmutter, Mary E. Morrow, war eine bemerkenswerte Frau. Sie besaß einen innigen und beständigen Glauben an die höheren Kräfte des Geistes und an Gott. Viele Widerwärtigkeiten ertrug sie mit ruhiger und großer Gelassenheit. Als sie in hohem Alter gestorben war, fand man unter ihren hinterlassenen Papieren auch die folgenden handschriftlichen Aufzeichnungen, an die ich mich in finsteren Augenblicken schon oft erinnert habe:

> „Wir alle haben eine Arbeit zu verrichten... Ein Ziel im Leben... und wir können nicht erwarten, es ohne eine manchmal blutige Schlacht zu erreichen..."

Nun braucht das Leben nicht unbedingt blutig zu verlaufen, aber zuweilen kann es doch recht hart mit uns umspringen, weil jeder Tag neue Erfahrungen und neue Begegnungen mit anderen Menschen bringt, mit denen wir *teilen* müssen.

Wir können weder erwarten, daß jeder andere unseren sicher häufig unterschiedlichen Auffassungen sogleich vorbehaltlos beipflichtet, noch dürfen wir hoffen, daß jeder Mensch es unbedingt ehrlich und rechtschaffen mit uns meint. Ich habe aber herausgefunden, daß uns in neun von zehn Fällen der Partner anständig entgegenkommt, wenn wir uns ebenso verhalten. Wieder finden wir hier das Gesetz von der wechselseitigen Anziehung des gleichen bestätigt.

Ungeachtet aller erhabenen Vorbilder aber ist die menschliche Natur so, wie sie nun einmal ist. Darum werden natürlich auch Sie an Menschen geraten, mit denen auszukommen schwierig, wenn nicht unmöglich ist. Zweifellos sind Sie auch schon auf solche Menschen gestoßen. In einem solchen Falle ist es gut zu versuchen, ohne solche „unbekömmlichen" Mitmenschen auszukommen oder sie in verständnisvoller Weise durch geeignetere zu ersetzen.

Gelegentlich wird es auch jemanden geben, der versuchen könnte, Ihr Leben zu beherrschen und Ihr Denken und Tun zu kontrollieren — wenn Sie das dulden. Hier steht nun allerdings Ihr höchstes Gut auf dem Spiel, Ihre Freiheit der eigenen Wahl, der Entscheidung, der Handlung.

Sollten Sie sich je unter solchem Einfluß befinden, so ist es höchste Zeit, sich sogleich zu befreien. Trifft Ihre Entscheidung jemanden, den Sie lieben oder mit dem Sie befreundet sind, so sollten Sie diplomatisch und rücksichtsvoll vorgehen, aber mit aller Festigkeit. Sie können nicht Ihr eigenes Leben führen, wenn ein anderer sich das Recht anmaßt, Sie zu leiten und zu lenken. Zwar können Sie harmonisch mit anderen zusammenarbeiten und ihnen aus freien Stücken, aus Liebe oder Pflichtbewußtsein dienen — aber unfrei zu sein, nicht Ihre eigenen berechtigten Interessen und Wünsche verfolgen zu dürfen, ist Sklaverei.

Beginnen Sie damit, sich Ihre strahlende Zukunft vorzustellen

Am besten entscheiden Sie sich jetzt und unwiderruflich dafür, Ihre Schritte künftig in eine bessere Zukunft zu lenken — neue Gedanken zu denken, neue Ideen aufzunehmen, neue und schönere Erfahrungen anzuziehen!

Weit mehr, als Sie es bis jetzt glauben, können Sie Ihr eigenes Schicksal beeinflussen.

26

Reduziert auf äußerste Einfachheit, beruht Ihr Mindestmaß an Glück im wesentlichen darauf, was Sie von anderen und was jene von Ihnen denken. Darauf, wie Sie auf alles reagieren, was Ihnen geschieht; darauf, wie frei Ihr Geist ist von Furcht, von Haß oder Vorurteilen, von Gefühlen der Unterlegenheit und Unsicherheit; darauf, ob Sie Ihre Tätigkeit lieben oder ablehnen, ob Sie sich jenen Menschen verbunden fühlen, mit denen Sie arbeiten; darauf, ob Sie es angenehm finden, mit sich selbst zufrieden zu sein, und darauf, ob Sie mit Ihren Lieben auskommen oder nicht, ob Ihre häuslichen Lebensbedingungen so sind, wie sie sein sollten.

Dies alles umfaßt einen wesentlichen Teil des Lebens — und wenn ein oder mehrere dieser Teile nicht zueinanderpassen, dann haben Sie einiges an Ihrem geistigen Bild von der Welt zu *korrigieren!*

Erinnern Sie sich: Sie können nicht die Umstände Ihres Lebens verändern, wenn und bevor Sie nicht Ihr *Denken* geändert haben.

Leitsätze für Ihr künftiges Leben

Was ich mir in meinem Geiste vorstellen kann, werde ich eines Tages auch verwirklichen können.

Das Heute ist die *einzige* Zeit, die ich habe. Deshalb will ich es mit befriedigenden, aufbauenden Unternehmungen anfüllen.

Nichts kann meinen Fortschritten mehr Lebenskraft hinzufügen, als der tägliche Versuch, meine eigenen Fehler und Schwächen zu entdecken und zu beseitigen.

Ich will mich immer daran erinnern, daß jede Veränderung in meinem Leben mit einer Änderung meines Denkens beginnt, weil „Gleiches immer Gleiches anzieht" im Bereich des Geistes.

Um glücklich und erfolgreich zu leben, muß ich die richtige geistige Einstellung gewinnen — die Fähigkeit, immer und unter allen Umständen gelassen zu bleiben und klar und logisch zu denken.

2. Kapitel

BEGINNEN SIE MIT IHRER SELBSTANALYSE

Jeder Mensch ist die Summe seiner *vorausgegangenen* Gedanken. Auch in Ihrem Gedächtnis sind alle *Erfahrungen* aufgezeichnet und existieren fort in der *Erinnerung,* ob Sie es wollen oder nicht.

Und die *guten* Gedanken und Erfahrungen sind es ebenso wie die *schlechten!*

Nun zieht, einem weltumspannenden Gesetz zufolge, *Gleiches* immer *Gleiches* an!

Gute Gedanken ziehen also *gute* Ereignisse an, *böse* Gedanken ziehen *böse* Ereignisse an. Untersuchen wir, was und wie Sie in Ihrem *bisherigen Leben* überwiegend dachten, so werden wir entdecken, *warum* bestimmte Kategorien von Geschehnissen Ihnen häufiger zugestoßen sind, andere dagegen nicht; und *warum* Sie vermutlich gewisse Erfahrungen in Kauf nehmen mußten, obwohl Sie gar nicht daran dachten, diese für sich zu beanspruchen; oder *warum* mancher, wie Sie meinten, berechtigte Wunsch Ihnen niemals erfüllt wurde!

Sind Sie bereit, Ihre schwachen Punkte zu entdecken? Wollen Sie herausfinden, an welchen Schwächen Sie „arbeiten" müssen, um Ihre Persönlichkeit, Ihr Denken und Ihre Lebensverhältnisse zu verbessern?

Wenn ja, dann sollten Sie sich die folgenden freimütigen *persönlichen Fragen* vorlegen. Ihre Antworten lassen dann das Ausmaß der noch erforderlichen Entwicklung Ihres ICH erkennen.

Wissen Sie, wie Ihr Geist wirklich arbeitet?

Wissen Sie, daß Ihr Denken sich geistiger Bilder bedient und daß, wenn Sie in Ihrem Geist sich etwas stark und zuversichtlich genug vorstellen und ausmalen, sich dieses schließlich ereignen wird? Ob zu Ihrem Nutzen oder zu Ihrem Schaden, hängt ab von den Qualitäten Ihrer *Einbildungen!*

Wenn das so ist, welche Art von *Bildern* erfüllt und bewegt heute Ihren *Geist?*

Nehmen Sie ein Blatt Papier oder ein Notizbuch zur Hand und schreiben Sie nieder, was Sie *denken* und *fühlen* gegenüber

1. Ihrem engsten Freund (Freundin oder Verwandten)
2. Ihrer Frau oder Ihrem Mann (wenn verheiratet)
3. Ihren Kindern (Liebe, Ärger oder Haß)
4. Ihrem Chef (wenn angestellt)
5. Ihrer Arbeit (befriedigt sie — oder verabscheuen Sie sie?)
6. Ihrem gesellschaftlichen Rang (Unbefriedigend? Oder sehr schwierig beizubehalten?)
7. Ihrer Religion (Ist sie tröstend, hilfreich, begeisternd?)
8. Ihrer religiösen Überzeugung (Glauben Sie wirklich?)
9. Ihrer Toleranz (Respektieren Sie Überzeugungen anderer?)
10. Ihrem Selbstvertrauen (Können Sie eine Krise allein durchstehen?)
11. Ihrem Haß und Ihren Vorurteilen (Welche? Warum?)
12. Ihren Freizeitbeschäftigungen (Wohltätigkeit? Zeitvertreib?)
13. Ihren Ängsten und Sorgen (Notieren Sie alle)
14. Ihren sexuellen Bedürfnissen (Werden sie befriedigt?)
15. Ihrer Gesundheit (Ist sie so, wie sie sein sollte?)
16. Ihrer körperlichen Leistungsfähigkeit (Gut? Zu gering?)
17. Ihren Gewohnheiten (Beherrschen Sie sie?)

18. Ihrem Lebensziel (Haben Sie eins? Ist es der Mühe wert?)
19. Ihrer Erscheinung (Kann sie verfeinert werden?)
20. Ihrer Persönlichkeit (Anziehend? Noch zu steigern?)
21. Ihrem Temperament (Sorglos? Zu ernsthaft? Verkrampft? Gefühlsbetont?)
22. Ihrem Sinn für Humor (Ausreichend? Zu kultivieren?)
23. Ihrer Geisteshaltung (Überwiegend positiv oder negativ?)
24. Ihrer Veranlagung (Heiter? Niedergeschlagen?)
25. Ihrem Ich (Ich-bezogen? Für andere aufgeschlossen?)
26. Ihrem Stolz (Lieben Sie Schmeichelei oder ehrliche Meinungen?)
27. Ihrer Selbstachtung (Würden Sie kämpfen, um sie zu erhalten?)
28. Ihrer Liebe zu Prinzipien (Stark oder schwach?)
29. Ihrem Sinn für Loyalität (Fordern und gewähren Sie sie?)
30. Ihrer Konzentrationsfähigkeit (Können Sie unter Druck nachdenken?)
31. Ihrer Fähigkeit, sich zu entspannen (Können Sie sich augenblicklich gehenlassen?)
32. Ihrer Ausdauer (Geben Sie leicht oder niemals auf?)
33. Ihren unerwünschten Gedanken (Verdrängte Wünsche? Ängste?)
34. Ihrem Familienleben (Angenehm? Macht es Sie nervös?)
35. Ihren Komplexen (Fixierung auf Vater, Mutter, Bruder, Schwester?)
36. Ihrer Pünktlichkeit (Lassen Sie andere warten?)
37. Ihrem Standpunkt (Versuchen Sie auch den eines anderen zu berücksichtigen?)
38. Ihrem Gedächtnis (Wollen Sie etwas vergessen? Warum?)

39. Ihrer Ausdrucksfähigkeit (Einfach oder mühsam? Warum?)
40. Ihrem Selbstbewußtsein (Minderwertigkeitsgefühle? Unfähig? Warum?)

Ihre Antworten auf diese Fragen sollten Ihnen ein einigermaßen genaues Bild von Ihrer gegenwärtigen geistigen Beschaffenheit vermitteln.

Aber alles, was Ihnen jetzt begegnet, hat seine Anfänge irgendwo in Ihrer Vergangenheit, reicht vielleicht sogar bis weit in Ihre früheste Kindheit zurück. Wollen Sie nun Ihre gegenwärtigen Schwierigkeiten und Widerstände überwinden, um Erfolg und Glück in Ihrem Leben zu steigern, so müssen Sie Ihre vergangenen Erfahrungen kritisch überprüfen und alle falschen Gedanken, alle nur emotional bedingten Reaktionen erkennen und rücksichtslos entfernen. Sobald Sie das tun, werden Sie deutlich bemerken, welche Wirkungen Sie bisher all den unkontrollierten und unkorrigierten geistigen Bildern Ihres bisherigen Lebens verdanken.

Am besten beginnen Sie sich sogleich zu fragen, welche Art von Bildern Ihren Geist in der Vergangenheit hauptsächlich erfüllt hat.

Notieren Sie wieder unbekümmert und ehrlich alle Ihre Antworten auf einem getrennten Blatt Papier oder in einem Notizbuch. Schreiben Sie nieder, welche Gedanken und Gefühle Sie bewegten:

1. Nennen Sie Ihre früheste Kindheitserinnerung. (Betrifft sie Ihre Mutter, einen Sturz, einen Brand? Geben Sie eine ausführliche Beschreibung.)
2. Waren Sie auf einen Elternteil eifersüchtig? (Wissen Sie warum?)
3. Waren Ihre Mutter oder Ihr Vater liebevoll? (Nicht genug? Zu sehr?)
4. Wen mochten Sie lieber — Vater oder Mutter? (Warum?)
5. Glauben Sie, daß Sie einen Vater- oder Mutterkomplex entwickelt haben?

6. War es für Sie gefühlsmäßig schwierig, das Elternhaus zu verlassen?

7. Fühlen Sie sich seither frei von jedem elterlichen Einfluß?

8. Glauben Sie immer noch, daß das Urteil Ihrer Eltern das beste ist oder war? (Verlassen oder stützen Sie sich noch darauf?)

9. Konnten Sie mit Ihren Eltern frei über alle Themen sprechen? (Oder waren Sie gehemmt?)

10. Hatten oder haben Sie das Gefühl, daß Ihre Eltern Sie verstanden haben oder verstehen? (Nur ein Elternteil — oder keiner?)

11. War es Ihnen erlaubt, mit allen Kindern zu spielen? (Wenn nicht, warum nicht?)

12. Hatten Ihre Eltern rassische oder religiöse Vorurteile? (Haben Sie diese übernommen?)

13. War Religion ein Teil des häuslichen Lebens? (Berührte Sie das angenehm? Ärgerte Sie das?)

14. Hatten Sie schon früh sexuelle Erfahrungen? (Durch eigene Initiative? Durch andere angeregt?)

15. Waren Ihre ersten Eindrücke von Sex sauber oder vulgär?

16. Entstanden damals unnatürliche oder unterdrückte Wünsche in Ihnen?

17. Wirken sich diese Wünsche in Ihrem heutigen Sexualleben störend aus?

18. Belasten Sie Schuldgefühle wegen vergangener sexueller Handlungen?

19. Haben Sie unter einer Eltern Fixierung gelitten, die später Ihr sexuelles Leben störte?

20. Haben sich Vater und Mutter Ihrer Heirat und dem Verlassen des Elternhauses widersetzt?

21. Mischt sich ein Elternteil auch jetzt noch in Ihr häusliches Leben ein?

22. Wurde Ihnen als Kind jede schwere Arbeit erspart?

23. Wurde Ihnen gelehrt, daß jede Arbeit, die begonnen wurde, auch zu beenden ist?

24. Baten Sie Ihre Eltern um Trost und Hilfe, wenn etwas schiefgegangen war?

25. Wurden Sie als Kind verhätschelt und jedesmal ins Bett gesteckt, wenn Sie sich schlecht fühlten?

26. War Ihren Eltern auch die spaßige Seite der Dinge zugänglich? (Oder waren sie zu ernst? Vielleicht gar humorlos?)

27. Haben Sie gelernt, daß es interessant ist und Vergnügen bereitet, aktiv zu sein und zu arbeiten?

28. Wurden Sie ermutigt, ein zuerst mißlungenes Vorhaben zu wiederholen, es nochmals und immer wieder zu probieren?

29. Wurden Sie anderen Mitgliedern der Familie vorgezogen, oder fühlten Sie sich benachteiligt?

30. Waren Sie immer pünktlich in der Schule? Schätzten Sie auch die Zeit anderer?

31. Waren Sie ordentlich und genau in Ihren persönlichen Gewohnheiten? Halten Sie sich für ein Wunschkind, das Ihre Eltern wirklich liebten?

32. War es Ihnen erlaubt, sich zu allen Vorgängen frei zu äußern, oder wurde Ihre Meinung nie ernsthaft berücksichtigt?

33. Gehörten Sie Klubs, Jugendbünden und Schulgruppen an?

34. Waren Sie schüchtern und unbeholfen oder selbstbewußt?

35. Waren Sie empfindlich, wenn jemand Sie kritisierte?

36. Empfanden Sie Abneigung oder gar Haß gegenüber einem Elternteil? Warum?

37. Fürchteten Sie die Dunkelheit? Wurden Sie je zur Strafe an einem dunklen Ort eingesperrt?

38. Verglich man Sie zuweilen oder häufig zu Ihrem Nachteil mit anderen?

39. Leiden Sie unter Angst vor Strafe; fürchten Sie, sich falsch zu verhalten; haben Sie oft Angst, daß ein Vorhaben mißlingt?

Ihre Antworten auf diese Fragen genügen, um Ihnen den *Zustand* Ihres *Geistes* und der *emotionellen Reaktionen* zu enthüllen, die Sie zu Ihrem eigenen Besten ändern müssen.

Diese Selbstanalyse, die Sie soeben wahrheitsgemäß abgeschlossen haben, sollten Sie nun *unpersönlich* und *objektiv* studieren. Dann wird sie Ihnen die *Wirkungen* des *richtigen Denkens* auch in Ihrem *eigenen Leben* so eindeutig nachweisen, daß die aus der gewonnenen Klarheit zu empfangende *Kraft* Ihnen nie mehr *Sorgen* und *Mißerfolge*, sondern künftig *Glück* und *Erfolg* bringen wird, die Sie sich immer gewünscht haben.

Bewaffnen Sie sich darum mit diesem Wissen von Ihren Stärken und Schwächen. Ihr *Weg* zur *Selbstentwicklung und -entfaltung* beginnt in diesem Augenblick und unmittelbar vor Ihren Füßen. Beginnen Sie jetzt damit, ihn zu gehen und die Welt neu und richtig zu sehen: So, wie die von Ihrem geistigen Auge erblickten eigenen Fähigkeiten und Kräfte sie wandeln oder neu schaffen werden, so wird Ihre Welt künftig beschaffen sein.

Halten Sie diese soeben erstellte eigene Analyse unbedingt völlig geheim, aber vergleichen Sie sie immer wieder mit Ihrer Entwicklung, nachdem Sie begonnen haben, Ihre Lebensweise und Ihre Lebensbedingungen durch Ihr neues, richtigeres Denken zu vervollkommnen.

Sie werden erstaunt und erfreut sein über die Fortschritte, die Sie bald wahrnehmen können. Der heutige Tag kann ebenso zum größten Wendepunkt in Ihrem Leben werden, wie der Augenblick der abgeschlossenen Selbstanalyse zum Wendepunkt geworden ist im Leben von Tausenden und Abertausenden anderer Männer und Frauen in der ganzen Welt. Und sie alle haben Gesundheit, Glück und Wohlstand, haben alle *guten Dinge* des Lebens gewonnen, weil sie bereit waren zu lernen und die gleichen einfachen Techniken des richtigen Denkens anzuwenden.

Ich weiß, daß meine heutige Daseinsform das Ergebnis all meines vorausgegangenen Denkens ist.

... daß alles, was mir jetzt geschieht, seine Wurzel in meiner Vergangenheit hat.

... daß ich immer in geistigen Bildern denke.

... daß alles, was mein Geist sich lebendig und vertrauensvoll ausmalt, zum Entwurf wird, an dem die schöpferische Kraft meines Unterbewußtseins unverzüglich zu arbeiten beginnt.

... daß alles, was zu tun oder zu sein oder zu besitzen ich mir fest vornehme und an dessen Verwirklichung ich unverrückbar glaube, eines Tages sicherer Bestandteil meines äußeren Lebens sein wird.

3. Kapitel

VON DER MENSCHLICHEN
VORSTELLUNGSKRAFT

Als ich zum erstenmal erfuhr, daß ich durch die Art meiner Gedanken manches Unglück selbst herbeirief, brachte diese Erkenntnis mein Gleichgewicht ins Wanken. Wie die Mehrzahl von uns hatte ich bis dahin immer nur die anderen Menschen oder äußere Kräfte und Umstände für jeden „Schlamassel" verantwortlich gemacht, in dem ich mich nur zu oft befand. Noch glaubte ich zwar zu wissen, daß nicht ich verantwortlich war für das, was mir geschah, und zahllose Vorstellungen dieser Art dienten vor allem dazu, meine vielen Wunden nur ja recht lange in meinem Bewußtsein festzuhalten — schließlich konnte man mir ja keine Schuld geben, denn Wunden zeugen (fast) immer nur gegen die anderen. Aber ganz tief innen begann ich mich doch schon zu fragen, ob nicht diese Art meiner Wahrnehmungen, meines Denkens und meines Urteilens längst die Rolle der immerwährenden und einzigen Ursache spielte!

Wenn ich morgens aufstand, niedergedrückt noch von den Erfahrungen des gestrigen Tages und überzeugt, daß auch dieser Tag ein schlechter Tag werden würde, dann beobachtete ich immer öfter, daß es tatsächlich ein schlechter Tag wurde. Zuerst dachte ich, daß ich „medial" veranlagt sei und deshalb voraussagen könnte, was passieren würde. Es dauerte lange und ich mußte manche unnötigen Prügel einstekken, ehe ich entdeckte, daß im Bereich des Geistigen „Gleiches immer Gleiches" anzieht und daß, was mir geschah, ich selbst geschaffen hatte durch mein fehlerhaftes Denken.

Wann und wo ich mich auch umschaute, immer und überall erblickte ich glückliche Menschen, denen Beglückendes geschah. Sie standen morgens auf und erwarteten nur gute Dinge — und die guten Dinge kamen.

Zwar überfiel auch diese glücklichen Menschen manchmal ein Unglück, aber ich fand heraus, daß sie sich von solchen unerfreulichen Erfahrungen nicht unterkriegen ließen. Am nächsten Tag schon erwarteten sie wieder *mehr* gute Dinge, und oft genug geschahen *mehr* gute Dinge!

Bevor auch ich erwachte, erstaunte mich das immer, aber ebenso konnte ich mich darüber ärgern. Denn warum sollte gerade eine doch nur geringfügig andersartige geistige Haltung so unterschiedliche Ergebnisse bewirken?

Damals wußte ich noch nicht, was es auf sich hat mit jener gewaltigen Kraft, welche die Wissenschaftler Elektromagnetismus nennen. Ich wußte nicht, daß jedes der unzähligen Leben und Dinge im Universum elektromagnetischer Natur ist; daß die Gesetze von Anziehung und Abstoßung ebenfalls nur eine Anwendungsweise des Elektromagnetismus' sind; daß aber auch meine und Ihre positive oder negative Geisteshaltung immer ein positives oder ein negatives Ergebnis bewirken, da nichts als bloßer Zufall in unser Leben eintritt, sondern stets in direkter Übereinstimmung mit den *Gesetzen von Ursache und Wirkung!*

Diesen vorstehenden Abschnitt sollten Sie wieder und immer wieder lesen! Lassen Sie die darin aufgezeigten Tatsachen in Ihr Bewußtsein eindringen, bis Sie sie nie wieder vergessen können. Denn sie haben die Macht, Ihr Leben zu ändern!

Was ich Ihnen hier sage, enthält nichts Neues, außer — daß es für Sie vielleicht neu sein kann. Aber die gleiche Botschaft ist seit den ältesten Zeiten schon tausendfach niedergeschrieben und überliefert worden.

Die weisesten Männer aller Zeiten — gleichgültig, ob wir sie nach ihrer Zugehörigkeit zu bestimmten Kulturkreisen als Medizinmänner, religiöse Führer und Propheten, große Lehrer, Priester, Yogis, Heiler oder Magier bezeichnen — kannten alle dieses Geheimnis. Und sie alle wandten es an, einige so, andere anders.

In ihrem Geist, in ihrem Herzen malten sie sich aus, was sie bewirken oder erhalten wollten — und was sie sich vorstellten, wurde schließlich Wirklichkeit!

Moses *malte* sich aus, wie er sein Volk ins gelobte Land führen würde; Alexander der Große und Napoleon verloren sich an die *Vorstellungen* ihrer Eroberungen; Shakespeare *bewegte* seine unsterblichen Schöpfungen in sich; Washington *stellte sich vor*, wie mit seiner und seiner Soldaten Hilfe die dreizehn Kolonien ihre Unabhängigkeit gewinnen würden; Lincoln *sah* die Befreiung der Sklaven und die Erhaltung der Union *voraus*; Benjamin Franklin *stellte sich vor*, wie er einen Blitz durch einen Ballon einfangen und so beweisen würde, daß Elektrizität und Blitz die gleiche Kraft darstellen; Edisons *Vorstellungen* entstammen das elektrische Licht, der Kinematograph, der Phonograph, die elektrische Lokomotive und zahllose andere großartige Erfindungen; Steinmetz wiederum *malte* sich die seine Zeit revolutionierenden neuen Verwendungsmöglichkeiten der elektrischen Kraft aus; Barnum begann damit, sich „die größte Schau der Welt" *auszumalen* und schuf einen Zirkus, der immer von neuem die Erde umrunden sollte; Roosevelts *Vorstellungen*, sein Land aus der schlimmsten Depression zu führen, erbrachten einen vollen Erfolg; Eisenhowers exakt *ausgemalten* Pläne führten im Weltkrieg II zum Sieg der gigantischen Kriegsmaschinerie der Alliierten über Deutschland und seine Verbündeten; Einsteins *bildhafter* Phantasie verdanken wir die Entwicklung einer Formel, welche die Funktionsweisen der Grundkräfte des Universums erklären sollte; Churchills *malerischem* Genie verdankt England, daß es seine „dunkelste Stunde" zu überleben vermochte, nachdem es dem Premier gelungen war, dieses Bild im Geist und in den Herzen seiner Landsleute so mächtig und so lebendig werden zu lassen, daß sie die fürchterlichsten und zerstörerischsten Angriffe ihrer Geschichte durchstanden.

Nun waren dies nur einige wenige von all den großartigen Bildern schöpferischer und oft auch erleuchteter Männer; aber diese Bilder, entschlossen festgehalten im Geist und umgewandelt in Aktion, wurden zustande gebracht von einzelnen, um den Glauben und die Energie, die Vision, den Mut und die Standhaftigkeit hervorzubringen, die allein damals wie heute unsere Welt zu verändern vermögen.

Dabei waren diese und viele andere, ähnlich produktive Männer *nur* menschliche Wesen wie Sie und ich. Wenn sie all das wußten und es darum auch erreichen konnten, so können Sie und ich das genauso.

Halt! Nachdenken! Besinnen Sie sich!

Was machte diese Menschen so groß? Sie waren es nur aus einem einzigen Grunde: Weil sie sich vorstellen konnten, daß und wie sie ihre Ziele erreichen würden! Sie wagten es, sich die von ihnen erstrebten Errungenschaften und Verbesserungen *auszumalen*. Sie stellten ihre Bilder der in ihnen lebendigen schöpferischen Kraft vor und bedienten sich ihrer, bis alle ihre Vorstellungen Wirklichkeit geworden waren. Und sie sahen, die große Kraft war ihnen tatsächlich gegeben worden.

Sie müssen groß *denken*, um groß zu *sein*. Ein kleiner Mann besteht aus kleinen Gedanken. Aber niemand kann groß denken und klein bleiben.

Denken Sie noch einen Augenblick nach

Woher kamen das Dampfschiff, die Lokomotive, das Automobil, das elektrische Licht, die Schreibmaschine, die Nähmaschine, das Flugzeug, das Radio und das Fernsehen, die Raumfahrzeuge und mehr als eine Million anderer Objekte und Bequemlichkeiten? Alle waren Gedanken oder geistige Bilder in den Köpfen von Menschen gewesen, ehe sie zu Realitäten wurden. Jedes Geschehen und jedes Ding auf dieser Erde, ausgenommen nur, was die Natur hervorgebracht hat, ist das Ergebnis von plötzlich aufleuchtenden und ausdauernd weiterentwickelten Gedanken.

Entfernen Sie aus dieser Welt alles, dessen Ursprung allein ein menschlicher Gedanke war — Sie werden nichts übrig behalten als den primitiven Dschungel. Dies ist die wohl eindrucksvollste Weise, um verständlich zu machen, was der menschliche Geist bis heute geschaffen hat.

Wenn einmal die Evolution des menschlichen Geistes beschrieben werden sollte, dann wird das die großartigste und spannendste Geschichte aller Zeiten werden, denn sie muß jede Stufe der menschlichen Erfahrung und des menschlichen Aufstiegs widerspiegeln.

Diese Geschichte würde berichten, wie der Mensch Tausende und Abertausende von Jahren aufwandte, um sich aus Abgründen von Unwissenheit, Aberglauben, Furcht, Vorurteilen und Mythologien zum Lichte zu erheben.

Sie würde berichten von großen Denkern wie beispielsweise Galilei, der — ebenso wie Kopernikus — bewiesen zu haben glaubte, daß die Erde sich um die Sonne bewege. Dann wurde er von seinen Inquisitoren gezwungen, was er als wahr erkannt hatte zu widerrufen. Es wurde ihm verboten, seine die Welt verändernden Thesen den nach Wissen und Wahrheit hungernden Menschen seiner Zeit zu überlassen. Voller Scham schauen wir heute zurück auf jene Zeit der Verfolgungen, welche die „Kirche der Liebe" Männern angedeihen ließ, die sich mit ihrer „Wahrheit" im Widerspruch befanden gegenüber der lebensfeindlichen Macht herrschender Dogmen und Urteile.

Die Geschichte des menschlichen Geistes würde endlich auch Charles Robert Darwin rehabilitieren, dessen gründlichem Studium der Pflanzen- und Tierwelt wir sein welterschütterndes Hauptwerk *„Über den Ursprung der Arten durch natürliche Zuchtwahl"* verdanken, in welchem die seit Jahrhunderten schwarmgeisternde Theorie der Evolution erstmals einer wissenschaftlichen Prüfung standhielt. Und dank des Zutrauens der modernen Theologen wird Gottes Handarbeit in und während der Evolution heute auch von vielen religiösen Gemeinschaften anerkannt.

Eine majestätische Bildergalerie erhellt uns so alle Zeitalter und zeigt, wie das Geistige in der Welt und im Menschen die Kräfte entwickelte, von denen unsere Vorfahren in den früheren Tagen der Geschichte noch nicht zu träumen wagten.

Der Mensch ist mehr als das Tier

Die Tatsache, daß die menschliche Kreatur in der Lage gewesen ist, alle vergangenen Zeiträume im Kampf gegen alle Formen der Unmenschlichkeit zu überdauern, ist der Beweis dafür, daß der Mensch noch größere Kräfte in sich birgt. Der Mensch hätte wahrhaftig „das Zeug dazu", ein wahrer Gott zu werden, enthüllte er nur nicht allzu oft die ihm ebenfalls zur freien Verfügung überlassenen teuflischen Neigungen.

Seine innere Kraft erhob den Menschen über alle anderen lebenden Kreaturen dieser Erde. Seit fernster Frühzeit erlaubte sie es ihm, über jede einmal erreichte Entwicklungsstufe hinaus fortzuschreiten bis zu seinem gegenwärtigen Grad der Entwicklung und Wahrnehmung.

Die gleiche Kraft hat den Menschen über alle anderen Tiere erhoben. Auf anderen Planeten könnte es wohl höhere Intelligenzen geben, aber schon der Augenschein zeigt, daß auch der Mensch noch unbegrenzte Entwicklungsmöglichkeiten in sich trägt. Gerade jetzt ist er im Kindergarten seiner Möglichkeiten angelangt, um sie zu entfalten und zur Vollendung zu führen. Die Erfüllung wird ihm zuteil, sobald er lernt, wie er mit seinen Mitmenschen in friedlicher Gemeinschaft leben kann. Das ist eine schmerzhafte Lektion. Aber ich bin überzeugt, daß er sie lernen wird. Denn ich glaube an das Vorhandensein dieser gewaltigen inneren Kraft, die größer ist als der Mensch und deren er sich mehr und mehr bewußt wird, bis dieses „Etwas" in ihm ihn schließlich von seinen Ängsten, Haßgefühlen und Vorurteilen befreien und ihm jenes Verständnis seiner selbst geben wird, das es ihm endlich ermöglicht, auch die anderen zu verstehen.

Versuchen Sie Menschen, Männer und Frauen, zu erkennen, die in ihrem Leben diese innere Kraft benutzen! Solche

Menschen sind erfüllt vom Bewußtsein dieser Kraft, sie steht in und hinter jedem ihrer Gedanken und hinter jeder ihrer Taten. Sie sind ausgeglichen, selbstsicher, mutig, ohne Hemmungen, anziehend und faszinierend. Sie wissen genau, wohin sie gehen und wie sie dorthin gelangen. Sie tragen ein klares Bild ihrer Zukunft in sich und sie bewegen sich entschlossen und mit Überzeugung geradewegs auf ihr Ziel zu. Ihr mitreißender Geist ist ansteckend. Er scheint auch Sie anzuspornen, sich zu Ihrem eigenen Besten mehr zu bemühen. Diese Menschen sind die *Anreger* in dieser Welt, sie vollziehen vor allen andern, was ihr Gefolge eines späteren Tages zum gemeinsamen Fortschritt erheben wird. Denn wir, die große Masse der nicht allzu schöpferisch denkenden Menschen, folgen nur ihren Spuren.

Zählen Sie sich zu jenen, die das Rudel führen? Oder sind Sie einer aus der Herde? Wenn Sie nur ein Herdenmensch sind, dann haben Sie noch nicht dieses „Etwas" in sich entdeckt. Um als Führer an der Spitze des Rudels gehen zu können, müssen Sie den Blick für die Aufgabe, die Kraft und die Menschlichkeit in sich vereinen. Das ist eine bedingungslose Forderung, ohne sie erfüllt zu haben können Sie nichts tun.

Das Gesetz der Anziehung wird Ihnen nur das bringen, was Sie in sich vor-bilden. Die schöpferische Kraft in Ihnen muß aufgeladen werden durch die immerwährende Vergegenwärtigung dessen, was sie bewirken soll.

Vorstellen! ... ein-bilden! ... ausmalen!

Dies sind die Formeln des einfachen Befehls, der zum Ziel führt. *Vorstellen ... ein-bilden ... ausmalen!* Aber vergewissern Sie sich, daß Sie sich ausschließlich Ihre *wirklichen Wünsche* vergegenwärtigen. Keinesfalls dürfen Sie Bilder von Furcht oder Sorgen entwickeln, die sonst mit Sicherheit Ihre geistige Kraft veranlassen das zu schaffen, was Sie *nicht* wollen!

Was Sie sich ausmalen, *muß* geschehen, wenn Sie es sich lange genug, klar genug und vertrauensvoll genug vorstellen.

Ich werde viele dieser Angaben wieder und wieder und in verschiedener Weise wiederholen, weil ich möchte, daß Sie sie unauslöschlich Ihrem Bewußtsein einprägen.

Die erfolgreichen Männer und Frauen der Welt lassen ihre Ziele nie aus den Augen. Sie halten immer ihre schöpferische Kraft wach durch das, was sie vom Leben begehren. So fährt diese fort anzuziehen und zu verwirklichen, was sie sich ausgemalt haben.

Ein Beispiel für die Wirkungsweise der Vorstellungskraft

Vor einigen Jahren traf ich in New York einen gutaussehenden jungen Mann namens Bob. Er erzählte mir, daß er den Ehrgeiz habe nach Hollywood zu gehen und beim Funk oder beim Film etwas zu werden. „Allerdings", sagte er, „habe ich nur wenig Geld und keine Verbindungen. Sicher halten Sie mich für töricht, wenn ich unter solchen Umständen nach dem Westen gehe?"

Ich sagte: „Bob, beantworten Sie mir eine Frage. Haben Sie genügend Selbstvertrauen? Ist Ihr Glaube an die Kraft Ihres Geistes stark genug?"

Er lächelte und antwortete: „Selbstverständlich, aber das ist auch alles, was ich habe."

Nun lautete meine Antwort: „Wenn Sie das haben — und wenn Sie ein genaues Bild in sich tragen von dem, was Sie wollen, und wenn Sie bereit sind, alle Anstrengungen auf sich zu nehmen, um dieses Bild zu verwirklichen, so brauchen Sie auch nichts weiter."

Bob trampte nach Hollywood. Mit acht Dollar in der Tasche kam er dort an und machte die Runde bei Radio- und Filmstudios. Aber überall erhielt er die übliche Hollywood-Antwort: „Es tut uns leid, Sie haben nicht genug Erfahrungen oder Empfehlungen."

Bob fuhr fort, sich auszumalen, daß er irgendwo Fuß fassen würde; irgendwie — er würde jede Art von Beschäftigung annehmen, um nur ins Geschäft zu kommen. Er vertraute darauf, daß er sich und anderen schon seine Fähigkeiten beweisen würde, wenn nur erst eine Verbindung hergestellt war. Aber die Gelegenheit blieb noch immer aus.

So setzte er sich eines Abends hin und untersuchte seine Situation. Um durchzuhalten, mußte er irgendeine Einnahmequelle finden. Also fragte er sich, auf welche in seinem Leben schon einmal ausgeübte Tätigkeit er jetzt würde zurückgreifen können. Brachte er aus der Vergangenheit irgendeine Erfahrung mit, die jetzt in Geld umgewandelt werden konnte? Dann übergab Bob dieses Problem der schöpferischen Kraft seines Geistes und beschloß, darüber zu schlafen. Er suggerierte sich selbst, daß er am nächsten Morgen mit einer Idee erwachen werde, die ihm weiterhelfen sollte.

Als der Morgen anbrach, war die Idee da! Im Schlaf war er heimgekehrt in den kleinen Bäckerladen seines Vaters in Pennsylvanien. Plötzlich erinnerte er sich der wundervollen kleinen Brezeln, die sein Vater immer gebacken hatte. Aber als er mit seinem geistigen Auge diese Brezeln wiedererkannte, sah er, wie sie sich in Monogramme und Initialen berühmter Radio- und Filmstars verwandelten!

Das war die erwartete geldbringende Idee! Eine Idee, die ihm gleichzeitig auch einen ausgezeichneten Grund mitlieferte, die größten Leute des Showgeschäfts persönlich aufzusuchen.

Bob verlor keine Zeit. Zuerst rief er den Inhaber einer Hollywooder Bäckerei an. Ihm unterbreitete er den Vorschlag, genau diese schmackhaften Brezeln als Monogramme und Initialen von gerade auf der Höhe ihres Ruhmes stehenden Schauspielerinnen, Schauspielern und Produzenten herzustellen. Er, Bob, würde dann ihre Häuser und Büros besuchen und den Verkauf übernehmen!

Der Bäcker war einverstanden und Bob ging an die Arbeit. Es dauerte nicht lange, da tauchten auf vielen Cocktailparties von Hollywood diese als Monogramme und Initialen großer Stars gestalteten Brezeln auf. Und als Bob begann, die Stars persönlich zu umwerben, begannen sie sich so sehr für ihn zu interessieren, daß Bob bald viel mehr zu verkaufen vermochte als nur seine Brezeln — er konnte nun sich selbst und seine Dienste an einige dieser Stars verkaufen, denn bald gehörte er dem einen oder anderen ihrer Produktionsstäbe an. Diesem Erfolg verdankte er schon bald einen weiteren: Ein Angebot der Columbia Broadcasting Comp., die ihm Gelegenheit bot, in verschiedenen Abteilungen mitzuarbeiten und sich dort einen seiner Leistungsfähigkeit entsprechenden Platz selbst zu schaffen. Es dauerte nicht lange, so war Bob auf dem Wege, selbst Produzent eines Radioprogramms zu werden. Und schließlich wurde er auch noch der Agent vieler bekannter Stars.

In jener Zeit fühlte sich Bob von der Wirkungsweise seiner geistigen Kraft durchdrungen; die erzielten Erfolge hatten sie bestätigt. Nun begann er in sich das Bild des Mädchentyps zu entwickeln, den er zu heiraten wünschte. Schon nach wenigen Monaten blickte ihm ganz genau das Mädchen seiner Träume vom Titelblatt einer Zeitschrift entgegen: Das Bild einer schönen jungen Schauspielerin.

Auf den ersten Blick verliebte er sich in die junge Frau. Und nun begann er sich vorzustellen, wie er sie treffen und einen guten Eindruck bei ihr hinterlassen würde. Dies geschah schließlich auf einer der zahllosen Parties in Hollywood. Aber gleichzeitig erfuhr Bob hier, daß ihr Begleiter sie bereits in Kürze zu heiraten beabsichtige.

Auch dieser Schreck konnte Bob nicht veranlassen, sein Wunschbild zu ändern. Kurze Zeit vorher hatte er zufällig in der kleinen, malerischen, 120 Jahre alten Missionskirche von Palo Alto, Kalifornien, gestanden; er hatte sie kaum betreten, als er auch schon sagte: „Hier ist es, wo ich heiraten werde!"

Zu jenem Zeitpunkt konnte er noch nicht an das Mädchen gedacht haben; er hatte noch nicht einmal gewußt, daß es existierte, hatte auch ihr Bild noch nicht auf der Illustrierten gesehen. Aber nachdem Ihr Foto ihm begegnet war, begann er sich seine Hochzeit mit diesem Mädchen auszumalen. Schon sah er sich und diese schöne junge Schauspielerin, die bald der angenehmste Gesprächsstoff von Hollywood wurde, vor seinem geistigen Auge während ihrer Trauung in der alten

Missionskirche. Er sah das Mädchen und sich Seite an Seite ihre Gelöbnisse sprechen ...

Einige Tage nach dieser zufälligen Begegnung trat Bob zufällig in das Brown Derby Restaurant ein und stieß dort auf das Mädchen, das gerade allein frühstückte. Er erkannte sofort, daß seine geistige Macht ihm diese Gelegenheit anbot, damit er besser mit ihr bekannt werde.

Als sie das Restaurant zusammen verlassen hatten, blieb die hübsche, junge Schauspielerin vor einem Antiquariat stehen und schaute sehnsüchtig zu einer hier ausgestellten kostbaren Erstausgabe von Dickens hin. Dies gab Bob eine Idee ein. Es war gerade wenige Tage vor Weihnachten. Er kaufte zwei antiquarische Exemplare dieser Erstausgabe und sandte sie ihr als Geschenk zu.

Sie dankte ihm telefonisch. Er schlug ein Rendezvous vor und sieben Wochen später hatten sie in der kleinen Missionskirche geheiratet — *wie Bob es sich ausgemalt hatte.*

Wer das Mädchen war? Sie muß hier namenlos bleiben, weil sie und Bob die Identität ihrer romantischen Erfahrung geheimhalten wollen. Denn zweifellos würden Sie ihren Namen als den einer der besten Film- und Bühnenschauspielerinnen Amerikas erkennen. Heute sind sie und Bob unter den am glücklichsten verheirateten Paaren von Hollywood. Und jedes Wort dieser hier berichteten Geschichte beruht auf Tatsachen.

Aus den hier geschilderten Vorgängen haben Sie wahrscheinlich genügend Verständnis für Wesen und Wirksamkeit auch Ihres Geistes gewonnen, um diesen künftig als Faktum zu akzeptieren, zumal dieser eines Tages auch in Ihrem Leben in der einen oder anderen Form als Tatsachen schaffen wird, was Sie selbst sich ausgemalt haben.

Die Kraft Ihres Geistes wird keinen Ihrer Aufträge in Frage stellen. Immer wird Ihnen das gegeben, was Sie wünschen oder was Sie fürchten, es mag gut oder schlecht für Sie sein.

Dies zu entscheiden, ist Ihre Sache — Sie sind der Boß! Die

Kraft in Ihnen ist Ihr Diener. Sie wird immer das tun, was Sie ihr befehlen.

Leitsätze für Ihr künftiges Leben

Ich erkenne und akzeptiere die universelle Tatsache, daß *alles* in direkter Übereinstimmung mit den Gesetzen von Ursache und Wirkung geschieht.

... daß aus der Art meiner Gedanken klare, bestimmte Ursachen entstehen: Was ich denke, ruft schließlich die meinen Vorstellungen und Gedanken genau entsprechenden Wirkungen hervor.

... daß die großen Männer und Frauen im Verlaufe der ganzen Geschichte diese Gesetze angewandt haben, indem sie in sich geistige Bilder entwickelten, die den von ihnen angestrebten Zielen entsprachen.

... daß diese ausgezeichneten Menschen in der Vergangenheit wie in der Gegenwart die gleiche schöpferische Kraft des Geistes in Anspruch nahmen, die auch ich besitze.

... daß ich bei sinnvollem Gebrauch dieser Kraft innerhalb der Grenzen meiner Vernunft erreichen kann, was ich in meinem Leben zu tun oder zu sein oder zu besitzen wünsche.

4. Kapitel

WELCHES BILD MACHEN SICH DIE ANDEREN VON IHNEN?

Wenn Sie in den Spiegel blicken, sehen Sie nur Ihre Außenseite. Aber schon dieser Blick ist oft sehr aufschlußreich. Je nach Alter werden Sie Linien und Züge entdecken, die alle vorausgegangenen Erfahrungen Ihres Lebens widerspiegeln.

Sie können eine quälende Sorge oder Furcht nicht lange verbergen, auch keine Störung Ihres geistigen oder emotionalen Gleichgewichts, keine nervöse Spannung von Körper und Geist, nicht das Gefühl der Unzulänglichkeit und nicht den Mangel an Lebensmut oder gar eine Antipathie gegenüber anderen. Denn alle diese Gefühle finden einen Weg zur Oberfläche und äußern sich in unterschiedlichen Gedanken und Verhaltensweisen. Diese wiederum hinterlassen ihre Spuren in Gesichtsausdruck und Haltung — erkennbar nicht nur für Sie, sondern auch für andere.

Es ist nicht leicht, genug Mut aufzubringen, um sich selbst zu prüfen und die eigenen Fehler und Schwächen aufzuspüren. Versuchen Sie aber gleichzeitig auch noch, „sich selbst so zu sehen, wie andere Sie sehen", so bedürfen Sie dazu außerordentlicher Standhaftigkeit!

Ein anderes Wort dafür gibt es nicht. Keiner von uns möchte verletzt werden oder verletzt sein; am allerwenigsten verletzt man sich selbst, wenn man es irgendwie vermeiden kann. Aber manchmal ist es notwendig sich zu verletzen, um dem eigenen Selbst zu helfen und sich davor zu schützen, noch ärger verwundet zu werden. An diesem Punkt treten nun die inneren Werte in Erscheinung, wenn sie ihr Engagement bereits begonnen haben.

Es kann viel davon abhängen, was andere von uns halten — von der Qualität des geistigen Bildes, das sie sich von uns gemacht haben. Im allgemeinen schenken wir diesem von uns selbst verursachten Abbild nicht allzuviel Aufmerksamkeit — wir leben einfach dahin, handeln und reagieren, wie und wozu die Ereignisse unseres Lebens, unsere Verbindungen zu anderen Menschen, zu Freunden und Verwandten es von uns zu erwarten scheinen, und lassen die Späne, wie man sagt, dorthin fallen, wo sie eben hinfallen wollen. Einige dieser Späne aber, sie brauchen sich nur unserer Motive und Bilder zu bedienen und mit ihren langen Fangarmen unsere Aktionen, unsere Handlungen an sich zu reißen, können uns zu Fall bringen.

Immer werde ich mich mit Bedauern jener Zeit erinnern, in der ich, ein kraftstrotzender, aber dennoch als „Intelligenzbestie" verrufener junger Mann, es liebte, meinen Geist mit allen Menschen zu messen, die ich traf. Sagte bei Parties oder bei freundschaftlichen Zusammenkünften jemand etwas besonders Kluges, dann ließ mir das keine Ruhe, solange es mir nicht gelungen war, etwas zu sagen, das noch ein bißchen klüger war — oder wenigstens lustiger. Gewöhnlich lachte man darüber. Ich aber fühlte mich überlegen, hielt mich für die Seele der Party und glaubte, den anderen allen Wind aus den Segeln genommen zu haben. Erst nach einiger Zeit bemerkte ich, daß Freunde sich in meiner Gesellschaft unbehaglich und unsicher fühlten. Sie fingen an, mich zu meiden. Das verwirrte mich, machte mich besorgt, doch ich war damals noch so dumm und uneinsichtig, daß ich mir den Grund für ihr Verhalten nicht vorstellen konnte.

Schließlich entschloß ich mich, einen älteren Freund ins Vertrauen zu ziehen. Ich bat ihn, mir frei heraus zu sagen, was mit mir los sei, oder was alle die Leute an mir eigentlich nicht mochten.

Dieser Freund schaute mich einige Minuten lang an, bevor er sprach. Dann antwortete er: „Bist Du sicher, daß Du das wirklich wissen willst?"

„Ja", antwortete ich. „Ich wäre nicht zu Dir gekommen, wenn ich es nicht wollte."

„Gut", sagte mein Freund und wählte seine Worte nun

sehr vorsichtig. „Meine Antwort könnte Dich verletzen, aber
— nun, Du hast Dir so eine Art angewöhnt, immer ein wenig
zu smart, zu gerissen sein zu wollen ... immer scheinst Du
jeden anderen übertreffen zu wollen, der auch einmal etwas
zu sagen hat, egal, was es ist. Du läßt es einfach nicht zu, daß
ein anderer die ihm zustehende Anerkennung für eine Leistung erhält, wenn Du sie nicht zuvor zu entwerten vermoch-
test. Du verhältst Dich wie ein Komödiant, der immer versucht, anderen auf der Bühne die Show zu stehlen — und
diese anderen mögen das natürlich nicht. Sie ärgern sich, daß
Du immer und überall sie unterbrichst, störst und alles daran
setzt, auf ihre Kosten als großes Licht zu gelten!"

Ich war sprachlos, war niedergeschmettert, aber ich hatte
ja um eine Erklärung gebeten. Und hatte mein Freund mir
nicht angekündigt, daß die von ihm geforderte Antwort mich
verletzen könnte? Übrigens fühle ich den Stachel seiner Kritik heute noch. Aber warum habe ich damals nicht sehen können, was ich mir selbst durch diese Handlungsweise antat?
Wie konnte es mir entgehen, daß jeder Mensch ein wenig
Aufmerksamkeit, ein wenig Anerkennung, ein wenig Zustimmung braucht — und daß niemand geliebt wird, der zuerst,
zuletzt und überhaupt immer nur an sich selbst denkt?

Das war für mich eine harte Erfahrung gewesen, aber ich
bin froh, daß sie schon so früh mein Leben veränderte. Wenn
seither irgend etwas falsch läuft, wenn ich nicht mit anderen
auskomme oder wenn ich glaube, daß ich schlecht behandelt
worden bin, dann ziehe ich mich schnell zurück und versuche,
mich selbst so zu sehen, wie andere mich gesehen haben könnten. Und dann frage ich mich immer sehr eindringlich, welchem bewußten oder unbewußten Verhaltensfehler ich diese
unglückliche Erfahrung wieder verdanke.

Ausnahmslos habe ich gefunden, daß ich an solchen Ereignissen zumeist ganz oder teilweise schuld hatte. Eine solche
Entdeckung erleichtert mich dann, denn ich weiß, daß ich unverzüglich damit beginnen kann, mich zu ändern. Ich kann
mich sofort an die Arbeit machen und meine Haltung ebenso
wie meine Handlungen korrigieren, mit denen ich andere her-

ausgefordert oder beleidigt habe. Diese Prozedur kann
Schmerzen verursachen, aber wenn ich damit warte, bis meine
Fehler so groß geworden sind, daß sie von jedem bemerkt
werden müssen, dann würden sie mir weit größere persönliche Nachteile zufügen.

Auf dieser Linie, aber in etwas anderer Weise erhielt ich
bei anderer Gelegenheit wieder eine bittere, aber wertvolle
Lektion. Ich meine, daß ich auch davon erzählen sollte, denn
eine solche Erfahrung könnte Ihnen genauso schnell zuteil
werden, und wahrscheinlich ist sie das schon. Ganz offensichtlich ist niemand von uns fehlerfrei, und wie leicht ist es
manchmal für so ein Ego, so aufgeblasen zu sein.

Ich machte damals einen Besuch in der Stadt Marion, Indiana, wo ich meine Schriftstellerkarriere als Reporter des
Marion Cronicle begonnen hatte. Diesmal sollte ich Gast-
redner bei einem Bankett sein, das die Junior Chamber of
Commerce veranstaltete, deren Mitglied ich früher gewesen
war. Seither hatte ich als Verfasser von Sportgeschichten für
Jungen im ganzen Land einen gewissen Ruf erlangt. Und
weil sich darunter zwei Romane befanden, die die Helden-
taten der Basketball-Mannschaft meiner alten High School in
Marion würdigten, sollte ich geehrt werden.

Ungefähr eine Stunde vor dem Bankett entführten mich
einige alte Freunde zum Kegeln. Unter ihnen Walker Farr,
der Kegelchampion von Marion. Ich hatte seit Jahren nicht
gekegelt; obgleich ich früher einmal mehr erzielt hatte als die
durchschnittliche Trefferzahl, konnte ich mich in keiner Weise
mit Farr vergleichen. Und ausgerechnet an diesem Abend
wurde ich plötzlich „heiß"! Genau am richtigen Punkt der
Bahn kam ich ab und rasselte, wie am Schnürchen, Treffer um
Treffer herunter. Zuerst lachten Farr und die anderen über
mein Glück. Aber meine Glückssträhne hielt an und Farr geriet mit seiner Punktzahl arg ins Hintertreffen. Nun wurde
aus dem Spiel plötzlich Ernst, denn was ich für ausgeschlossen gehalten hatte, geschah: Ich endete mit einer Punktzahl,
an die ich mich noch heute genau erinnere, weil es eine der
höchsten war, die ich je geworfen habe — 263!

Natürlich zogen die Freunde aus Marion Farr auf wegen dieser so unerwartet erlittenen Niederlage. Farr nahm ihren Spott gutmütig auf und in bester Laune verließen wir die Kegelbahn, um uns zum Bankett zu begeben. Hätten wir die Angelegenheit zu diesem Zeitpunkt fallen gelassen, so wäre alles gut gewesen.

Unglücklicherweise aber war mir mein Sieg ein bißchen zu Kopfe gestiegen. Denn als ich aufgerufen wurde um zu sprechen, konnte ich der Versuchung nicht widerstehen, Walker in meinen Einleitungssätzen zu hänseln. Ich hatte jedoch kaum damit begonnen, als ich auch schon sicher war, einen Fehler begangen zu haben, weil mir diese Bemerkung nicht lustig genug gelang, um nicht zu verletzen oder gar zu beleidigen. Aber ich hatte einmal damit angefangen, nun mußte ich durchhalten — mochte auch das Lächeln in meinem Gesicht gefrieren, während die übrigen Teilnehmer des Banketts unbehaglich herumrutschten. Doch da warf ich einen Blick auf das Gesicht von Walker Farr. Es war rot wie Glut.

In diesem Augenblick, an diesem Punkt hätte ich aufhören und mich entschuldigen müssen. Aber wer bei der Ausführung eines peinlichen Fehlers ertappt wird, versucht meist, diesen so schnell wie möglich ganz hinter sich zu bringen. Und genau das habe ich auch getan. Ich beendete meine Einleitung mit etwas, das wie das Gerede eines Aufschneiders geklungen haben muß, und kam dann, aufatmend, zum Hauptteil meiner Rede. Aber auch der wurde — ich bemerkte es — erschreckend schwach. Selbstverständlich erschien er mir am schwächsten, denn nette Freunde behaupteten später, meine Rede sei gut gewesen. Aber noch heute, wenn ich nach all den Jahren die damalige Erfahrung aus meinem Unterbewußtsein heraufsteigen lasse, fühle ich immer die alten, schmerzenden Gewissensbisse.

Wie hatte ich so etwas tun, wie mich so geschmacklos verhalten können vor Zuhörern, die meine ältesten Freunde waren? Wie konnte ich mein Ego so mit mir durchgehen lassen? — Aber es war geschehen. Und nicht etwa, weil ich es nicht besser gewußt hätte. Das ist ein Beweis dafür, daß wir

52

immer wachsam sein müssen — gleichgültig, wieviel Wissen wir uns schon über unsere geistigen und emotionalen Kräfte angeeignet haben!

Wir werden jeden Tag von den Erfahrungen des Lebens belehrt, das ist einer der Aspekte unserer Existenz auf dieser Erde. Das heißt, wir werden belehrt, wenn wir lernen und die Lektionen annehmen wollen, die auch Erfahrungen wie die eben berichtete uns lehren können.

Es gibt keinen vernünftigen Grund, daß Sie beginnen sich gegen alle die falschen Bilder zu verteidigen, die von Ihnen in den Köpfen anderer Leute spuken. Es lohnt nicht einmal, sie deshalb nicht leiden zu können oder vorzugeben, daß es Ihnen völlig schnuppe sei, was man über Sie denkt.

Heutzutage wird ja von fast jedem Menschen eine Akte angelegt, entweder wegen eines Kredits, oder wegen seiner Beschäftigung, oder wegen seiner Sozialversicherung, oder gar als Strafregister.

Oft werden auch Ihre Freunde und Bekannten mittels Fragebogen um vertrauliche Informationen über Sie gebeten. Aber was wissen diese über Ihren Charakter und Ihre Persönlichkeit, über Ihr Verhalten, Ihre Zuverlässigkeit und Ihre finanzielle und wirtschaftliche Situation? Da ist es ein Glück, wenn nur Ihre Religion, Ihr Club, Ihre Vereinszugehörigkeit oder Ihre kommunale oder soziale Betätigung im Mittelpunkt eines solchen Interesses stehen!

Immerhin aber regen solche Befragungen Leute, die Sie zu kennen vorgeben, an, sich eines mehr oder weniger exakten geistigen Gesamteindrucks von Ihnen zu erinnern, falls Sie sie während vorausgegangener Kontakte beeinflußt haben.

Fragen Sie sich selbst, was die meisten von ihnen wohl heute über Sie aussagen würden!

Wenn Ihre eigene, nüchterne Analyse Ihnen sagt, daß Ihr in den Augen anderer vorhandenes Image nicht so ist, wie Sie es gern hätten, dann sollten Sie etwas dafür tun. Auch ich hoffe und bete und glaube, daß ich nicht alle Fehler wiederhole, die ich in der Vergangenheit gemacht habe. Auch ich mag der Versuchung ausgesetzt sein, unter verschiedenen, bedrückenden Umständen in Verhaltensmuster meines früheren Denkens zurückzufallen. Aber ich habe mir fest vorgenommen, mich aufmerksam zu beobachten, um jeden Rückfall und alle neuen Fehler auszumerzen, ehe sie Gestalt annehmen können.

Sie sollten dasselbe tun!

Einer der klügsten Männer, der mir je begegnete, ein Mann von hoher seelisch-geistiger Entwicklung, sagte einmal zu mir:

„Vergessen Sie niemals, in keinem Augenblick: *Das Leben ist ein individueller Plan,* den jeder Mensch für sich erhält und mit dem jeder sich selbst auseinandersetzen muß. Wie sehr Sie es auch manchmal wünschen mögen, die Verantwortung für Ihre Gedanken und Taten auf andere abzuwälzen, oder wie gern Sie den Folgen mancher Geschehnisse, in die Sie verwickelt worden sind, auch entfliehen möchten — Sie leben in der Welt von Ursache und Wirkung. In einer Welt, in der tatsächlich nichts zufällig geschieht, und Sie selbst schaffen durch Ihr Denken die Ursachen für alles, was Ihnen geschieht!"

Ich habe dies mein Leben lang immer wieder von neuem bestätigt gefunden, und Sie ebenso, wenn Sie es nur eingestehen wollen. Aber wenn ich diese Wahrnehmung anderen Menschen mitzuteilen versuchte, zweifelten sie meist: „Das ist ja ein erschreckender Gedanke! Meinen Sie, daß ich Scheitern und Not, Krankheit, Antipathie, den Verlust von Freunden oder anderes Unglück selbst angezogen habe...?" Und wenn ich solchen Leuten dann sagte: „Ja, wenn irgendeiner dieser Umstände bei Ihnen aufgetreten ist, dann sind dafür nur Sie selbst verantwortlich", dann erwiderten sie regelmäßig: „Aber an solche Folgen haben wir doch niemals gedacht!"

Nun, konkret daran gedacht haben sie wohl wirklich nicht oft. Sie haben sich nicht als Gescheiterte *gesehen,* auch nicht ohne Geld oder einen Nervenzusammenbruch erleidend, unbeliebt und ohne Freunde, oder ins Unglück gestoßen. Aber ihre geistige Haltung äußerte sich nicht selten in solchen Gedankenmustern:

„Könnte das jetzt nicht mir zugestoßen sein?"

„Es hat keinen Zweck, das zu probieren!"

„Ich möchte ihn oder sie gar nicht erst kennenlernen...
ich weiß, ich würde sie nicht mögen!"

„Das mir das passiert, ist eben mein Pech. Mir passiert
immer das Unangenehmste!"

„Was der und der von mir denkt, ist mir völlig gleichgültig. Er muß mich einfach so nehmen, wie ich bin!"

„Oh, ich fühle mich so schlecht, ich wollte, ich würde
sterben!"

„Ich bin pleite, für mich gibt es keinen Ausweg mehr!"

„Ja, heute geht es mir schon einigermaßen gut, aber das
bedeutet gar nichts. Wahrscheinlich werde ich mich morgen um so schlechter fühlen!"

Sind das nicht wunderbare Suggestionsformeln? Können
Sie sich vorstellen, mit dem bereits von Ihnen erworbenen
Wissen über die Wirkungsweisen geistiger Kräfte, wie irgend-
einer dieser Gedanken etwas Gutes anzuziehen vermag?

Im Gegenteil, diese Art des Denkens kann nur *ein* Ergebnis bringen. Aber dennoch geben viele von uns in Augenblicken emotionaler Depression solchen Gedanken leichtfertig
Raum und dann wundern wir uns, daß in unserem Leben so
viele Dinge falsch laufen, daß die Menschen keinen besseren
Eindruck von uns haben und daß niemand uns besonders gut
leiden kann.

Seien Sie bereit, allem ins Gesicht zu blicken

So — jetzt zu Ihrer Inventur! Wir leben, wie Sie wissen,
in einer ungeheuerlichen Zeit, in einer phantastischen Zeit.
Für viele, die ihren Geist nicht darauf vorbereiteten, ist es
eine verwirrende, erschreckende Zeit.

Das Tempo des Lebens und all der Umgestaltungen erhöht
sich ständig. Die Dinge entwickeln sich schon jetzt zu schnell,
um vom menschlichen Geist noch völlig erfaßt zu werden.
Immer noch mehr weltbewegende Entwicklungen sind unter-

wegs. Vieles, das vor wenigen Jahren noch für unmöglich gehalten wurde, ist inzwischen zur vollendeten Tatsache geworden. Jetzt kann alles geschehen — und das wird es wahrscheinlich auch!

Sie müssen jetzt trainieren, um geistig wendig zu werden. Sie brauchen einen weltoffenen Geist, um in Kontakt treten zu können zur schöpferischen Kraft in Ihnen, und zu allen künftigen Veränderungen. Sie brauchen Einsicht, Verständnis und Mut, aber auch Glück und Erfolg, um mit all den Menschen umgehen zu können, mit denen Sie verbunden sein werden.

Sie müssen lernen, wie Sie die Wahrheit erkennen können. Sie müssen lernen zu akzeptieren, was sich mit Ihren vergangenen Erfahrungen deckt, was das Urteil Ihres Verstandes billigt und was den Ideen Ihrer Intuition entspricht. Sie müssen lernen, Ihr Urteil zurückzuhalten bei allen Dingen, die Ihnen noch nicht vertraut sind, bis Sie diese Dinge in Ihrem eigenen Leben erproben können.

Es genügt nicht, daß Sie die Gesetze des Geistes kennenlernen. Sie müssen auch lernen, wie Sie Ihre Intelligenz in Übereinstimmung mit diesen Gesetzen *gebrauchen.*

Sie haben das alte Sprichwort gehört: „Glaube ohne Werke ist tot". So beginnen Sie denn an sich selbst hart zu *arbeiten,* damit Sie in sich die schöpferische Kraft entwickeln, die in Ihnen und durch Sie dasselbe bewirken kann wie für und durch andere.

Die glücklichen Männer und Frauen der Welt sind jene, die wissen, wie sie ihre Ängste und Sorgen ausschalten, wie sie unter allen Umständen innerlich ruhig und gelassen bleiben, wie man eine positive geistige Einstellung erlangt und wie man seine emotionelle Stabilität auch unter äußerem Druck bewahrt.

Ihr großes Ziel im Leben sollte es sein, die gleiche Fähigkeit zu erwerben. Sie wird Ihre einzige Führung und Ihr einziger Schutz sein in der sich schnell bewegenden Welt von **heute.**

56

Befreien Sie Ihr Denken

Beginnen Sie mit der Vorbereitung Ihres Geistes jetzt, indem Sie jedes beengte und begrenzte Denken beiseite schieben. Sagen Sie nie wieder, daß *irgend etwas* unmöglich sei, wie unmöglich es im Augenblick auch erscheinen mag. Engen Sie Ihren Geist nicht ein, legen Sie ihn nicht in Ketten und fesseln Sie ihn nicht durch kleinliche Vorurteile. Befreien Sie Ihr Denken von Erregungszuständen wie Groll und Unmut, Widerstand und Haß gegenüber Feinden und ähnlichen emotionellen Reaktionen gegenüber anderen. Solche Empfindungen halten Sie nur vom richtigen Denken ab und erschweren es Ihnen, sich selbst und anderen gegenüber die richtige Perspektive zu finden. Sie halten Ihren Fortschritt auf, denn sie verhindern, daß Ihre schöpferische Kraft in Ihnen arbeitet.

Natürlich können Sie Wirkungen, die das falsche Denken bereits in Ihnen hervorgerufen hat, überwinden. Aber dazu müssen Sie die Kontrolle über Ihre Emotionen gewinnen. Sie müssen lernen, wie Sie Ihren Körper entspannen können, wie Sie Ihren bewußten Geist vorübergehend zur Passivität veranlassen können und wie Sie, was Sie begehren, in Gestalt der richtigen Bilder Ihrem Geist zugänglich machen können. Sie müssen lernen, sich freizumachen von allen Fehlern der Vergangenheit, die seither in Ihrem Unterbewußtsein gespeichert sind, — von den Nachwirkungen dieser Fehler in Ihnen bis zum heutigen Tag.

Da „Gleiches stets Gleiches anzieht" (ich wiederhole das noch einmal!), zieht Gutes immer nur Gutes, Schlechtes dagegen immer das Schlechte an. Diese Erkenntnis allein wäre sehr einfach. Aber da ist noch etwas: Sie können sich nicht selbst zu einem neuen Leben erheben, ohne daß Sie bereit sind, Ihrer Vergangenheit ins Gesicht zu schauen. Und dazu mußte ich mir schon oft und von vielen Männern und Frauen anhören: „Aber meine Vergangenheit versuche ich ja gerade zu *vergessen!*"

Auf diese Weise arbeitet der Geist leider nicht mit. Was er ins Bewußtsein hereingenommen hat, das bleibt darin, wenn

Sie nicht durch einen Akt der Erinnerung, des Entschlusses und des Willens das Bild *ändern* oder ausdrücklich entfernen.

Wie oft lassen Sie sich aus der Fassung bringen von irgend etwas, das irgend jemand tut oder sagt? Die Bilder solcher Vorfälle und der damit verknüpften Gefühle speichern Sie in Ihrem Geist.

Wenn Sie an einen Menschen denken, dann erinnern Sie sich gleichzeitig Ihrer ihm gegenüber beobachteten Gefühle, solange Sie diese nicht überwunden haben. Denn was Sie nicht ändern, bleibt im Bewußtsein als Ärgernis bestehen. Solche Ärgernisse aber führen schließlich zu Reflexionen in irgendeiner gestörten Körperfunktion oder Krankheit, oder zu einer unglücklichen menschlichen Erfahrung.

Wollen Sie verhindern, daß die Fehler Ihrer Vergangenheit gleichartige Störungen anziehen und damit Ihre Zukunft beeinträchtigen? Dann sollten Sie noch heute beginnen daran zu arbeiten und sie in Ihrem Bewußtsein auszulöschen.

Sie kennen sich selbst besser als jeder noch so enge Freund oder Verwandter Sie jemals kennen kann. Schon oft mag es Ihnen gelungen sein, Ihre wahren Gefühle und Gedanken vor anderen zu verbergen; vor Ihrem tiefsten Innern aber müssen Sie sich immer zu Ihren wahren Gedanken und Gefühlen bekennen, die Sie über irgend etwas oder irgend jemanden hegen. Wenn diese Gedanken und Gefühle nicht gut sind, dann beschäftigen Sie sich damit und arbeiten Sie an sich, bis Sie sie gut *gemacht* haben. Sie können sicher sein, daß andere Ihrer wahren Gesinnung irgendwann auf die Spur kommen werden, wenn es Ihnen bisher noch nicht gelungen ist. Verzeihen Sie anderen Menschen, was diese Ihnen angetan haben. Übernehmen auch Sie Ihren Anteil an jeder Schuld. Behalten Sie keinen Groll, keine Mißgunst oder Haßgefühle zurück. Sie vergiften sonst Ihren Geist und Ihren Körper, Sie verderben das chemische Gleichgewicht Ihres physischen Organismus' und machen ihn empfänglich für mancherlei Störungen und Erkrankungen. Selbst Leiden wie Arthritis, Asthma, Rheumatismus, Gürtelrose, einige Formen der Epilepsie und viele andere Krankheiten führen die Ärzte heute schon auf nervliche und emotionale Störungen zurück. Auch das Fortschreiten von Krebserkrankungen kann man, so glaubt man inzwischen entdeckt zu haben, stoppen oder doch verlangsamen, wenn es den Patienten gelingt, sich zur Kontrolle ihrer Emotionen durchzuringen oder zu erziehen und gegenüber der Krankheit eine furchtlose Haltung einzunehmen.

Das „Etwas" im menschlichen Geist verfügt über unbegrenzte Kraft, zu überwinden, zu heilen und anzuziehen, was immer Sie wünschen oder fürchten —, wenn Sie erst einmal gelernt haben, wie man „es" gebraucht.

Ob und wie Sie diese Kraft zum Guten zu entwickeln vermögen, hängt von Ihnen ab, ist Ihre Aufgabe, deren Lösung Sie sich und anderen schulden. Sind Sie willens, die notwendigen Anstrengungen auf sich zu nehmen, die erforderliche Kraft aufzubringen, keine Mühe zu scheuen? Wenn ja, dann gehen Sie mit mir von Kapitel zu Kapitel, studierend, unablässig übend und sich bemühend, und schließlich alles Erlernte erfolgreich anwendend... Und wenn wir gemeinsam das Ende dieser Reise erreichen, werden Sie Antworten gefunden haben auf alle Ihre Probleme. Dann werden Sie auf Ihrem erfolgreichen, glücklichen Weg weitergehen — *allein*.

Leitsätze für Ihr künftiges Leben

Im Interesse meiner Selbstvervollkommnung werde ich jede Anstrengung auf mich nehmen, um mich selbst so zu sehen, wie andere mich sehen mögen.

Wenn ich entdecke, daß ich irgend etwas gesagt oder getan habe, das einen anderen beleidigte oder verletzte oder das falsch verstanden worden ist, dann werde ich mich bei diesen Parteien entschuldigen; auch werde ich, wenn nötig, den durch mich verursachten Schaden wiedergutzumachen versuchen, um so das möglicherweise von mir entstandene falsche Bild zu korrigieren.

Ich will stets auf der Hut sein, damit ich mir nicht selbst destruktive Suggestionen gebe und so schlechte oder unglückliche Erfahrungen zu mir herziehe.

Ich weigere mich, jemals Bilder voller Haß oder Groll, voller Ärger, Unlust oder verwirrender Depressionen von anderen aufzunehmen und meinem Geist einzugeben, denn ich weiß, daß sie mir zu physischen oder geistigen Ärgernissen werden, welche schlechte Ergebnisse zur Folge haben.

Ich will anderen alles vergeben, was sie mir angetan haben. Ich will aber auch meinen Anteil an entstandener Schuld auf mich nehmen, denn ich bin davon überzeugt, daß aus jeder Erfahrung Gutes erwachsen kann, mag sie vorher auch als schlecht erscheinen.

5. Kapitel

WIE SIE FALSCHE BILDER AUS IHREM GEIST ENTFERNEN

Wenn Sie Ihre Kamera nehmen und überall Bilder schießen würden von allem, was Sie sehen oder hören und erleben — ob es für Sie von Wert ist oder nicht —, dann hätten Sie zuletzt, wenn diese Bilder je entwickelt würden, das verrückteste Durcheinander, das Sie sich vorstellen können.

Bei den meisten dieser Bilder würden Sie nicht wissen, was Sie damit anfangen sollten. Am besten wäre es, sie so bald wie möglich wegzuwerfen, damit sie keinen Platz wegnehmen — ohne Rücksicht auf die entstandenen Kosten an Zeit und Mühe und Geld.

Sind Sie sicher, daß Sie auch Ihren Geist ebenso von allen nutzlosen Bildern und Vorstellungen befreien werden? Nein, auch Sie üben zu wenig oder überhaupt nicht das Auswählen und Filtern der Bilder, die Ihr Geist unablässig und wahllos aufzeichnet von allem, was Sie sehen und hören und tun.

Sie nehmen alles auf, die schlechten Bilder ebenso wie die guten, und speichern sie auf Ihrer Erinnerungsbank zusammen mit den Gefühlen, die Sie zu jenem Zeitpunkt gehabt haben.

Ein Zusammenstoß mit einem Geschäftspartner, mit einem Nachbarn oder mit Familienangehörigen und die dabei gewechselten harten oder hitzigen Worte werden dann ebenso automatisch registriert wie Ihre unausgesprochenen Eindrücke und Gefühle. Daß es so ist, können Sie sich in diesem Augenblick selbst beweisen, indem Sie solche Eindrücke und Gefühle hier und gleich zurückrufen — augenblicklich drängen die geistigen Bilder dieses Ereignisses aus Ihrem Erinnerungsspeicher hervor und wiederholen sich vor Ihrem geistigen Auge. Aber nicht nur das. Auch die gleichen Empfindungen werden Sie in sich von neuem wahrnehmen, genauso, als würden Sie einen Tonfilm zum zweitenmal anschauen.

Der in Ihnen funktionierende Aufnahmemechanismus läßt sich mit einem Magnetbildband vergleichen, das sich weit, weit zurück erstreckt bis zum Augenblick Ihrer Geburt, bis zu Ihrem ersten Atemzug außerhalb des Mutterleibes, bis zu Ihrem ersten Babyschrei.

Daß es wirklich so ist, wurde von Hypnotiseuren demonstriert, die Menschen zurückversetzten bis in die früheste Kindheit. Einige von ihnen waren während des hypnotischen Zustands sogar in der Lage, ihre Gefühle im Augenblick der Geburt zu beschreiben. Vieles, woran Sie sich nicht erinnern können, ist im Gedächtnis gespeichert; auch jene oft tragischen oder unerfreulichen Ereignisse Ihres Lebens, die Sie, meist unbewußt, zu vergessen sich bemühten, weil Sie jede Erinnerung daran für alle Zeiten zu vermeiden wünschten.

Auf vielen Gebieten Ihres Lebens aber hemmen Sie gerade diese noch ungelösten Erlebnisse und Erfahrungen, denen Sie nicht ins Gesicht geschaut haben, seit Sie ihnen davongelaufen sind. Um den Umfang dieser Hemmungen festzustellen, brauchen Sie nur daran zu denken, daß jeder Bewußtseinsinhalt — auch die im Gedächtnis gespeicherten Inhalte also — durch Assoziation mit gleichen oder ähnlichen anderen Inhalten verknüpft wird, deren Funktion unabhängig vom Zeitpunkt ihrer Aufnahme auch gegen Ihren Willen jederzeit einsetzen kann.

Ein Beispiel: Wenn Sie außer Haus sind und hören einen Hund bellen oder eine Katze miauen, so ist es möglich, daß Sie plötzlich Zuneigung zu diesem Tier empfinden, weil Sie es, oft unbewußt, mit Ihrem eigenen Hund oder Ihrer eigenen Katze vergleichen, oder daß Sie sich irgendwelcher Erfahrungen mit einem solchen Tier erinnern.

Oder: Irgend jemand erzählt Ihnen von einem Autounfall, den er gehabt hat, und Sie, voller Mitgefühl, erinnern sich sofort an einen anderen Autounfall, den Sie selbst hatten und den Sie zu jenem Ihres Gesprächspartners in Beziehung setzen.

Alles das geschieht in Übereinstimmung mit dem geistigen Gesetz, daß ich immer wieder hervorgehoben habe: „Gleiches zieht Gleiches an" im Bereich des Geistes!

Sie sind, was Sie denken und fühlen

Nun ist hier etwas, das Sie vielleicht noch nicht in Betracht gezogen haben: Die Gesamtsumme aller Ihrer gegenwärtig gespeicherten Gedanken und Gefühle, der erinnerten wie der nicht erinnerten, hat Sie zu dem Ego werden lassen, das Sie heute sind!

Je tiefer Erfahrungen in Sie einwirkten, um so stärker haben diese Ihre geistige und emotionale Haltung gegenüber allen späteren Ereignissen und Dingen geformt. Lassen Sie uns hierzu eine einfache Illustration anschauen:

Wurden Sie als Kind von einem Hund erschreckt, der Sie vielleicht sogar gebissen hat? Dann können Sie aus Ihrem Gedächtnis nicht nur das geistige Bild dieses Geschehens abrufen, Sie können auch Ihre damals wahrgenommene Schmerzempfindung wieder hervorbringen. Natürlich wird Ihre Erinnerung nach all den vergangenen Jahren nicht so lebendig sein wie unmittelbar nach dieser Erfahrung. Die Intensität von Bildwirkung und Gefühlseindrücken ist jedoch stark genug, um Ihnen zu beweisen, daß jenes geistige Bild und jene Gefühle durch keines der später aufgenommenen Erlebnisse ausgelöscht werden konnte!

Entstand durch dieses Erlebnis in Ihnen eine anhaltende Furcht vor Hunden, und haben Sie es unterlassen alles zu tun, um diese Furcht zu überwinden, so werden Sie auch heute noch unter Ihrer früheren Angst vor Hunden zu leiden haben und immerfort fürchten, es könnte Sie einer von ihnen beißen, sobald er sich Ihnen nähert.

Können Sie sich jetzt vorstellen, wie viele Bilder vergangener unglücklicher Erlebnisse noch heute Ihr Leben beeinflussen mögen?

Wiederholt habe ich bereits festgestellt, daß Sie und ich und alle heutigen normal entwickelten Menschen hauptsächlich in geistigen Bildern und Vorstellungen denken, nicht aber in Worten oder gar in abstrakten Begriffen. Dennoch wird es nützlich sein, wenn ich hier nochmals unterbreche, um Ihnen unwiderruflich zu beweisen, daß meine häufig wiederholte Behauptung wirklich der Wahrheit entspricht. Diese Arbeitsweise Ihres Geistes ist die Grundlage jedes Aufnehmens und jeder Wiedergabe dessen, was die Welt dem Menschen und was dieser wieder der Welt zuteil werden läßt. Leben, Erfolg und Glück aller Menschen beruhen darauf, wie ihre *Vorstellungskraft,* ihre *Bildekraft* das Leben wiederum aller anderen zu bereichern vermag.

Lesen Sie das Folgende:

Ehe noch die Sprache als Verständigungsmittel gefunden worden war, hatte der primitive Mensch schon begonnen, die Wände seiner Höhle mit rohen Zeichnungen aus dem Umkreis seiner Erfahrungswelt zu bedecken oder die gleichen Motive mit Feuersteinsplittern in Felsen zu ritzen. Kehrte er von der Jagd zurück, so versuchte er Kohle oder einfachste Erdfarben zu gewinnen, um in Abbildungen von fast naturalistischer Treue den Angehörigen seiner Sippe, seines Stammes, von der Jagd oder von anderen Abenteuern zu berichten. Diese Bilder, immer häufiger gebraucht, wurden einander zunehmend ähnlicher, wenn sie das gleiche Ereignis, die gleiche Erfahrung mitzuteilen hatten, bis sie infolge weiterer Stilisierung die Gestalt von Symbolen, von Ideogrammen annahmen. Spätere, weiter reduzierte und vereinfachte Formen genügten bald, um über Erinnerungen und Assoziationen wieder die ursprünglichen Bilder oder die diesen zugrunde liegenden menschlichen Erfahrungen im Bewußtsein des Betrachters nachzuschaffen.

Die kombinierten Symbole späterer Zeiten erlaubten es, aus diesen ersten Schriftzeichen Ereignisketten zu knüpfen, deren zunehmende Vielfalt Vorläufer erster, gegliederter

Schriftsysteme wurde und deren vorzüglichste Eigenschaft in einer gewissen Allgemeinverständlichkeit bestanden haben mag. Die zweite entscheidende Vervollkommnung jener Zeit muß dann in der Verknüpfung der überlieferten und ständig vermehrten Lautfiguren mit den Schriftsymbolen erblickt werden.

Möglicherweise wurden so einmal Schrift und Sprache geboren. — Aber erst die Jahrtausende später gelungene Erfindung der Druckpresse ermöglichte die weite Verbreitung des kontinental unterschiedlichen Wissens, das über die mittelalterlichen Kulturen schließlich zur heute weltumspannenden Zivilisation der Gegenwart heranreifte.

Aber trotz der Weiterentwicklung des Menschen — seiner Ausbildung der Sprache und seiner modernen Methoden der Kommunikation — unterscheiden sich seine *geistigen Prozesse* kaum von denen seines urfernen Vorfahren, des *primitiven Menschen*.

Sie *denken* heute noch in *geistigen Bildern* und Sie werden es immer tun!

Ein Beispiel: Wenn ich Sie bitte mir zu sagen, welches der gestern von Ihnen erlebten Ereignisse Sie am meisten beeindruckte — was müssen Sie dann tun?

Sie müssen zuerst mit Hilfe einer Anspannung Ihres Willens Ihr Gedächtnis veranlassen, die lange Reihe Ihrer gestrigen Erfahrungen vor Ihrem geistigen Auge vorüberziehen zu lassen, damit Sie unter all diesen *Bildern* das wesentlichste auswählen können, um mir darüber zu berichten.

Erst dann fassen Sie, was Sie *sehen,* in Worte und beschreiben es mir.

Aber diese Worte sind genaugenommen nur die Klangsymbole alles dessen, was Ihnen gestern passierte. Während ich Ihnen zuhöre, versuche ich sie für meinen Geist zurückzuübersetzen in die Anschaulichkeit des geistigen Bildes. Nun erst sehe ich, welches Erlebnis Sie gestern am stärksten beeindruckt hat.

Vielleicht verstehen Sie jetzt besser, daß Sie es bei jedem Gedankenaustausch immer zu tun haben mit der Übermittlung von *geistigen Bildern* zwischen Ihrem Geist und dem eines anderen — durch das Medium der Sprache.

Sie können an nichts denken, ohne es in Ihrem Geist zuerst *vorzubilden!*

Wir haben von der großen schöpferischen Kraft gesprochen, die als Teil Ihres Unterbewußtseins existiert. Diese Kraft wird nur begrenzt durch die *Natur* der Gedanken oder durch geistige Bilder, die Sie dieser Kraft eingeben. Wie ich bereits feststellte, wurde es dem Menschen nur durch den Gebrauch dieser wunderbaren schöpferischen Kraft möglich, die Welt um alle die Ideen und Erfindungen zu bereichern, die ihn erhoben haben vom *Primitiven* zum Gestalter des Atomzeitalters!

Es kann gar nicht oft genug wiederholt werden: *Was Sie sich in Ihrem Geist so bildhaft vorstellen, daß es sich mit der schöpferischen Kraft in Ihnen vereint, das kann Ihnen herbeiziehen, was immer Sie sich wünschen oder was Sie für sich fürchten.*

Die schöpferische Kraft gleicht dem Magneten

Geben Sie der schöpferischen Kraft in Ihnen ein starkes, klares Bild Ihres Wunsches ein, und sie beginnt für Sie zu arbeiten wie ein Magnet, der sogleich herbeizieht alle die Dinge und Mittel, die Gelegenheiten und Umstände, ja selbst die Menschen, die Sie brauchen und die Ihnen helfen können, damit in Ihrem äußeren Leben sich erfüllen und materialisieren kann, was Sie sich bildhaft vorgestellt haben.

Es fällt Ihnen noch immer schwer, daran zu glauben? Dann blicken Sie einmal zurück in Ihr vergangenes Leben! Erinnern Sie sich, daß auch Sie schon Zeiten der Furcht hatten vor irgend etwas, das geschehen könnte; schließlich geschah es. Vielleicht haben Sie es nicht bemerkt, aber diese Bilder der Furcht hatten dieses „Etwas" in Ihnen so beeindruckt, daß es Sie gerade für das anfällig machte, was Sie fürchteten, und daß es den Gegenstand oder das Ereignis Ihrer Furcht magnetisch anziehen *mußte*.

Sie sehen, die wirkende schöpferische Kraft in Ihnen denkt weder logisch, noch diskutiert sie, sie produziert lediglich für Sie, was Sie in der Form einer Vorstellung oder eines geistigen Bildes, erfüllt von starken Gefühlen der Furcht oder des Wünschens, bestellen. Diese Freiheit Ihrer Bildekraft liefert den Grund dafür, warum diese innere Kraft für oder gegen Sie arbeitet, je nachdem, ob Ihr Denken konstruktiver oder destruktiver Natur ist.

Nun können Sie wohl leichter verstehen, warum sowohl gute als auch schlechte Dinge in Ihrem Leben geschehen konnten? Die schöpferische Kraft hat Ihnen zwar beständig gedient, aber die Art der Ergebnisse, die Sie erhielten, hing doch ab von der Art all der geistigen Bilder, die Sie ihr angeboten haben.

Welche Bilanz können Sie nun auf dieser Basis für Ihr bisheriges Leben ziehen? War es erfüllt von nahezu ebenso vielen unglücklichen wie glücklichen Erfahrungen? Dann sollten Sie dieses Verhältnis sehr schnell ändern! Und Sie sollten es sofort verbessern durch eine grundlegende Neuorientierung Ihrer geistigen Einstellung, indem Sie Ihre Ängste und Sorgen überwinden und ersetzen durch positives, vertrauensvolles Denken.

Es kann keinen Zweifel daran geben (für diejenigen, welche die Wirkungsweise des Bewußtseins frühzeitig verstanden haben, hat es ihn nie gegeben), daß der Satz stimmt: „Wie die *Bilder* in deinem Geist und in deinem Herzen sind, so bist du auch!"

Behalten Sie diese großartige Tatsache immer vor Augen. Lassen Sie sie Ihr tägliches Denken beherrschen. Kontrollieren Sie sich jedesmal, wenn Sie dazu neigen, sich geistig oder gefühlsmäßig zu erregen und negative Bilder in Ihrem Geist zu speichern. Oder wollen Sie Ihre schöpferische Kraft an der Verwirklichung solcher Bilder arbeiten lassen? Wollen Sie, daß solche Ängste von Ihnen angezogen werden und als gleichartige Erfahrungen Verwirrung in Ihr Leben tragen?

Natürlich wollen Sie das nicht, aber dann lassen Sie diese Art von Bildern auch sofort fallen. Tauschen Sie sie gegen bessere. Befreien Sie sich von allen Gefühlen der Furcht, des Vorurteils, des Hasses oder der Eifersucht, oder was immer es für Gefühle sein mögen, und unterstützen Sie jede positive Art von Gefühlen und geistigen Einstellungen. Sobald Sie das tun, zerstören Sie die Macht, die alle falschen Bilder über Sie hätten erlangen können.

Wie Sie ein negatives Bild durch ein positives ersetzen

Es gibt eine Technik, negativ wirkende geistige Bilder loszuwerden — geistige Bilder vergangener Ängste und Sorgen, immer wiederkehrender Haßgefühle und anderer destruktiver Gedanken und Gefühle.

Dazu bedürfen Sie nur des Mutes, in der Rückschau Ihr vergangenes Leben kritisch zu überblicken. Sie werden dann in der Erinnerung zurückgehen in Zeiten, denen alle diese Ängste, Sorgen, Haß- und ähnliche Gefühle, aber folgerichtig auch Unglück und unerfreuliche oder sogar tragische Erfahrungen entstammen. So unglücklich diese Erfahrungen auch gewesen sein mögen, — Sie müssen von all den Wunden, die sie in Ihrem Geist hinterlassen haben, befreit werden. Damit dies für alle Zukunft gelingt, müssen Sie ihnen mit Hilfe Ihres Geistes noch einmal ins Gesicht schauen.

Was Sie zu tun sich anschicken, ist die Vorbereitung eines neuen geistigen Bildes, eines neuen Entschlusses in Ihrem Bewußtsein. Es gründet auf Ihrer neuen Einsicht, daß Sie geistig und gefühlsmäßig anders reagiert haben würden, hätten Sie gleich einem solchen Ergebnis gegenüberstanden, wie Sie es dann durch Ihr Verhalten hereingezogen haben mögen in Ihr Leben. Wenn Sie sich nicht an das erstemal zurückerinnern, als Sie solche Ängste und Sorgen oder Haßgefühle entwickelten, dann richten Sie Ihre Aufmerksamkeit auf andere Erfahrungen gleicher Art, die Ihnen noch gegenwärtig sind.

Verlassen Sie sich darauf, Angst, Sorgen oder Haßgefühle, die Sie in Ihrer Vergangenheit entwickelt haben, werden immer noch in Ihnen sein und wirken, solange Sie sie nicht durch eine neue emotionale oder Geisteshaltung ersetzt haben, welche ihren Anlaß noch heute auszulöschen vermag!

Haben Sie schon einmal beobachtet, wie Ihnen plötzlich eine Melodie in den Sinn kam und sich noch und noch wiederholte, trotz aller Versuche, sie loszuwerden? Das kann ein ärgerliches und unbehagliches Gefühl sein. Es kann entstanden sein durch irgendeine Verrichtung in einem bestimmten, meist unbewußt angenommenen Rhythmus, der zufällig mit dem Tempo und dem Takt einer Melodie übereinstimmte. Da „Gleiches stets Gleiches anzieht", taucht so urplötzlich dieses Lied oder jene Melodie aus dem Lagerhaus der Erinnerung auf ins Bewußtsein und läuft nun synchron mit Ihrer augenblicklichen Tätigkeit und bleibt und bleibt und bleibt immer noch, bis Sie das, was Sie tun oder denken oder fühlen, ändern. Dann piep — und die Melodie ist weg, ist zurückgekehrt zu Ihren abgelegten Erinnerungen, um erst wieder anzuklingen, wenn wieder irgendeine Assoziation sie erneut zum Leben erweckt.

Eine wirkungsvolle Art, eine Melodie auszuschalten, nachdem sie Besitz ergriffen hat von Ihrem Bewußtsein, ist, an eine andere Melodie zu denken und anzufangen, nun diese laut zu pfeifen oder in Ihrem Geist zu summen. In Ihrem Bewußtsein können Sie immer nur einem Gedanken zur gleichen Zeit Raum gewähren, so daß diese zweite Melodie sogleich die andere überlagert und zum Verstummen bringt. Sie verlieren Ihre Erinnerung daran fast in der gleichen Art, wie Sie einen schlechten oder unwillkommenen Gedanken oder ein negatives geistiges Bild aus Ihrem Geist entfernen, indem Sie einen anderen Gedanken oder ein anderes geistiges Bild an dessen Stelle setzen.

Wenn Sie Ihren Geist einmal von falschen geistigen Bildern und emotionalen Reaktionen gereinigt haben, sind Sie auch darauf vorbereitet, sich gläubig und vertrauensvoll die Verwirklichung guter und nützlicher Vorhaben auszumalen.

Der Energiespender der schöpferischen Kraft, dieses „Etwas" in Ihnen, ist der Glaube. Über ihn werde ich später noch mehr zu sagen haben, zunächst aber müssen Sie einmal daran glauben, daß alles, was Sie sich ausmalen, wirklich geschehen kann. Jeder Zweifel würde Ihr Bild zerstören und die schöpferische Kraft ihrer magnetischen Wirkungen berauben, so daß Sie nur ein halbes oder überhaupt kein Resultat — oder sogar ein verfälschtes Ergebnis — als Frucht Ihrer Bemühungen erhalten würden.

Malen Sie sich, was immer Sie wünschen, in Ihren Gedanken so aus, als wäre es bereits vollendete Tatsache. Sehen Sie sich bereits im Besitz des zuversichtlich erwarteten Gegenstands oder der ersehnten Veränderung. Versuchen Sie nicht, sich die Ihrer Meinung nach im einzelnen erforderlichen Schritte zu Ihrem Ziel vorzustellen. Ihr Bewußtsein ist viel zu begrenzt in seiner Wirkungsweise — begrenzt auf Ihre fünf physikalischen Sinne —, als daß es wissen könnte, welches der beste Schritt oder welches die beste Richtung sind, die Sie wählen müssen. Ihr Unterbewußtsein aber, dieses „Etwas" in Ihnen, ist durch Zeit oder Raum nicht begrenzt. Es kann auf allen Ebenen und in allen Richtungen gleichzeitig funktionieren und Sie in Verbindung bringen mit allen Menschen und Gelegenheiten, derer Sie bedürfen, von deren Existenz Sie jedoch bis jetzt noch nicht einmal wissen.

Was immer nötig ist, um das Muster dessen, was Sie sich ausgemalt haben, zu vervollständigen, zieht die Kraft in Ihnen für Sie herbei, solange Sie in sich die Vorstellung Ihres tiefsten Herzenswunsches lebendig erhalten.

Nur dieser einfachen, aber unfehlbaren Technik brauchen Sie zu folgen. Sie allein kann zur rechten Zeit die Ergebnisse hervorbringen, die Sie je nach dem Grad Ihrer Beherrschung der Kunst des „Vorausbildens" erwarten dürfen.

Sind Sie der „vorstellende" oder der „fühlende" Typ?

Hier sollte ich verdeutlichen, daß es zwei Arten des geistigen Vorwegerlebens gibt: Die den gewünschten Gegenstand im voraus als Bild wahrnehmende Art und die ihn im voraus fühlende Art. Gelingt es Ihnen nicht, ein klares Bild vor Ihrem geistigen Auge entstehen zu lassen, dann sollten Sie sich bei Ihrer Bemühung darum keinesfalls überanstrengen. Sie gehören dann wahrscheinlich dem *fühlenden* Typ an. Sie sollten sich dann nur auf einen imaginären Brennpunkt im dunklen Raum Ihres inneren Geistes konzentrieren und sich dabei *fühlen* lassen, daß alles, was Sie sich wünschen, wiederum schon in Ihrem Bewußtsein erreicht ist. Was dann noch zu tun bleibt, vollbringt die magnetische Kraft in Ihnen: Sie zieht die Erfüllung herein in Ihre äußere Welt. So werden Sie die gleichen Ergebnisse erhalten wie diejenigen, die ein ausgeprägteres Vorstellungsvermögen besitzen.

Die suggestive Kraft der Bilder

Da wir fast ausschließlich in Bildern denken, werden wir nicht nur durch die Bilder beeinflußt, die unser Geist aufzeichnet von allem, was wir denken oder fühlen oder tun, sondern auch von allem, was wir lesen und hören oder im Radio oder Fernsehen miterleben.

Denken Sie immer daran: *Was sich ein Mensch in seinem Geist ausmalen kann, das kann er eines Tages auch im Leben erreichen oder tun!*

Lassen Sie uns diese unwiderlegbare Wahrheit für einen Augenblick auf Presse und Unterhaltungswelt anwenden:

Welche Art von Bildern wird in das Bewußtsein aller Leser der Zeitungen, Magazine und Romane, der Radiohörer, Fernsehzuschauer und Theaterbesucher eingepflanzt?

Gedanken sind Dinge; sie sind die heute — jetzt! — schon entstehende Welt von morgen!

Nun werden die meisten menschlichen Wesen mehr von ihren Emotionen beeinflußt als von ihrer Verstandeskraft. Sie werden fast ausschließlich von ihren Gefühlen beherrscht. Deshalb hat alles, was sie lesen, deshalb haben auch die Radioprogramme, die sie hören, und die Fernsehsendungen, die sie anschauen, die Bühnen- und Filmwerke, die sie aufnehmen, ihren unmittelbaren und unverwechselbaren Einfluß auf ihr Leben.

Sie, als Mitglied der menschlichen Familie, sind nun imstande, die Kräfte zu erkennen, die Ihr Bewußtsein zusammen mit zahllosen Formen geistiger Bilder aufnimmt.

Fragen Sie sich selbst: Welche geistigen und gefühlsmäßigen Wirkungen werden in mir hervorgerufen durch das, was ich sehe und höre?

Erzieher, Theologen und Juristen äußern immer wieder Beunruhigung und Besorgnis, wenn sie dem Übergewicht von Sex und Pornographie, von Gewalt und geschmacklosem Kitsch konfrontiert werden, die Werbung und Unterhaltungsmedien, Fernsehen und Film, Bücher, Illustrierte und sogar die Tagespresse beherrschen und mit ihren oft verheerenden Beiträgen längst als Schule des schlechten Benehmens, des Ehebruchs und der Kriminalität gelten müßten.

Diejenigen, die das Denken großer Menschenmassen zu beeinflussen und zu kontrollieren wünschen, kennen die Macht der *Verfilmung*. Sie wissen, wie man starke Gefühle für oder gegen bestimmte Verhältnisse oder Erscheinungen aufruft und wie man Menschen dazu bringt, das zu denken, was man sie denken lassen will — es sei denn, die betroffenen Individuen sind aus eigenem Antrieb wachsam genug und wissen sich gegen alle diese Versuche zu schützen.

Denn alle diese Bilder, mit denen Sie heute bombardiert werden, brauchen Sie natürlich nicht zu akzeptieren! Wenn Ihr Geist von Furcht und Sorge, von Haßgefühlen, Vorurteilen und ähnlichen destruktiven Empfindungen frei ist, dann wird er die falschen Bilder überall erkennen, wann und wo sie auch auftreten, und Sie können sich weigern, sie zu einem Teil Ihres Bewußtseins werden zu lassen.

Wird ein falscher *Gedanke* in Ihr Bewußtsein eingepflanzt — vor diesem Vorgang kann nicht oft genug gewarnt werden! —, so wird er zu irgendeinem zukünftigen Zeitpunkt zu einer *falschen Handlung* werden, wenn er nicht rechtzeitig durch einen richtigen Gedanken widerlegt und neutralisiert worden ist.

Jedesmal, wenn Sie eine schädliche Vorstellung aufnehmen, von einem gewissen sexuellen Verlangen zum Beispiel, wird dieses durch bereits früher unterdrückte sexuelle Wünsche gleicher Natur verstärkt, weil diese in Ihrem Unterbewußtsein noch existieren. Da aber, wie ich mehrfach wiederholt habe, Gleiches immer Gleiches anzieht, wird die schöpferische Kraft in Ihnen, die als Ihr Ihnen bedingungslos gehorchender Diener handelt, eines Tages die Gelegenheit finden, Ihr sexuelles Verlangen in eine physische Handlung umzusetzen.

In dieser Weise arbeitet Ihre schöpferische Kraft, sie tut es zuverlässig unter allen und jeden Bedingungen. Was immer Sie ihr in Form von geistigen Bildern eingeben, ob gut oder schlecht, sucht sie in tatsächliche, lebendige Ereignisse umzuwandeln.

Welche Art von Bildern haben Sie in Ihrem Geist gespeichert? Gibt es unter ihnen einige, von denen Sie nicht möchten, daß sie in Ihrer äußeren Umgebung Gestalt annehmen? Einige, die Sie nicht einmal Ihren engsten Freunden und Bekannten vorlegen würden?

Es liegt eine große Gefahr im falschen Gebrauch der geistigen Kraft in Ihnen. Sie dürfen sie nicht mit den falschen geistigen Bildern programmieren!

Ein kleiner Schneeball — oder eine geringe Anwandlung von Furcht — oder der geringfügige Wunsch eines beinahe belanglosen Augenblicks — sie alle beginnen bergab zu rollen! Und ein Schneeball wächst schnell, weil er fortwährend mehr Ängste oder Wünsche gleicher Natur anzieht. Solange er klein ist, kann er noch gestoppt werden; schon der Wille eines einzelnen kann ihn aufhalten, wenn er ihm seine Antriebskraft entzieht, die ihn bewegenden Ängste und Begierden. Bald aber wird er so riesengroß angewachsen sein, daß sein unaufhaltsam wachsendes Gewicht, seine Schwerkraft, ihn abwärts reißt, in den Abgrund. Dann wird der Mensch, der sich ihm auf seiner Bahn entgegenstellt und ihn wider besseres Wissen aufzuhalten sucht, von ihm begraben.

Welche Art von Schneeball haben Sie angestoßen? Die richtige oder die falsche Art?

Sie — Sie ganz allein — sind verantwortlich für alles, was Sie denken und fühlen. Denn was Sie denken und fühlen, bestimmt — vervielfacht mit dem Denken und Fühlen aller Wesen, die unseren Planeten bewohnen — nicht nur Ihre persönliche Zukunft, sondern zugleich die der ganzen Menschheit!

Die Verwandlung Ihrer Welt und Ihrer Person beginnt in *Ihnen!*

Leitsätze für Ihr künftiges Leben

Ich weiß, daß seit dem Augenblick meiner Geburt alle Erfahrungen meines Lebens als geistige Bilder und als Gefühle in mir gespeichert wurden.

Wenn ich damit aufhören will, künftig noch mehr unglückliche Erlebnisse anzuziehen, muß ich in meiner Erinnerung zurückgehen und jedes geistige Bild ausmerzen, mit dem negative Erfahrungen wie Angst, Not oder Haß gespeichert wurden. Ich weiß, daß Gleiches stets Gleiches anzieht und daß ich negative geistige Bilder nur dann ausmerze und ihre Speicherung verhindere, wenn ich die Ursachen ihrer Entstehung ausschalte.

Die Ausschaltung solcher Ursachen erreiche ich, indem ich alle von Unglück und Furcht erfüllten Erinnerungsbilder ersetze durch positive geistige Bilder, deren Inhalte dem entsprechen, was ich damals hätte tun oder sagen müssen.

Bei der bildlichen Vorstellung dessen, was ich in Zukunft zu erreichen hoffe, muß ich mich selbst so sehen, als ob ich bereits alles das erreicht hätte, was ich zu tun, zu sein oder zu besitzen begehre — geradeso, als hätte ich das erreichte Ziel fotografiert.

Ich werde wachsam sein, um mich selbst zu schützen gegen alle negativen Gedanken und geistigen Bilder, die andere von mir haben können.

Ich will immer daran denken, daß das Bild, das ich selbst von mir besitze, für mein Glück und für meinen Erfolg das allerwichtigste ist.

6. Kapitel

DIE KRAFT, KÖRPER UND GEIST
ZU ENTSPANNEN

Können Sie sich jederzeit entspannen, wenn Sie es wünschen? Können Sie alle Spannungen lösen, die sich in Ihrem Körper und in Ihren Nerven aufbauen konnten? Können Sie alle Ihre Sorgen und Ängste, alle übertriebenen Gefühle von Verantwortung, die Sie gelegentlich mit sich herumtragen, fallen lassen?

In unserer einem Hochdruckkessel gleichenden Welt ist es so leicht, sich selbst zu ernst zu nehmen und in einem zu kurzen Zeitraum zuviel tun zu wollen.

Gehen Sie einmal in irgendeiner großen oder kleinen Stadt irgendeine Straße entlang und studieren Sie die Menschen, die dort zu Fuß oder in ihren Autos an Ihnen vorbeihasten. Wieviele von ihnen schauen entspannt aus? Wieviele von ihnen sehen tatsächlich glücklich und zufrieden aus?

Können Sie in all den Gesichtern wirklich den gehetzten Ausdruck übersehen?

Geben Sie acht, wie die Bremsen kreischen, wie die Autos an den Straßenkreuzungen beinahe zusammenstoßen, weil niemand bereit ist, einem Mitmenschen ein Mindestmaß an Rücksicht zu schenken!

Sie treffen irgend jemanden, den Sie kennen. Hat er, hat sie gewöhnlich Zeit, einmal anzuhalten und mit Ihnen zu plaudern?

„Hallo, wo hast Du gesteckt? Was hast Du getan? Wohin gehst Du? Oh, Du hast keine Zeit, mir davon zu erzählen?" — „Was ich getan habe? Nun, — ach nein, ich habe keine Zeit, jetzt davon zu reden, leider. Aber wir sollten uns treffen, bald, wenn wir einmal einige ruhige Augenblicke haben! Du weißt nicht, in welchem Jahr das sein wird? Ja, nicht wahr? Einfach zu beschäftigt, um sich noch daran zu freuen, daß man sich kennt!"

Dies etwa könnte Ihre Unterhaltung gewesen sein, natürlich leicht übertrieben, aber nicht einmal sehr. Und was haben Sie gewonnen, wenn Sie ein paar Minuten hier und ein paar Minuten dort einsparen? Haben Sie nicht mehr an geistiger und physischer Energie verloren, als für Ihre Gesundheit gut gewesen wäre? Denn dies alles summiert sich von Tag zu Tag.

Sie schlingen Ihre Mahlzeiten hinunter, und Ihre Verdauungsstörungen zwingen Sie, zu rülpsen. Aber anstatt das Tempo zu mindern, greifen Sie nach Aspirin oder Natron, nehmen Sie Beruhigungsmittel und nachts Schlaftabletten, und möglicherweise zu allen übrigen Zeiten auch noch die berüchtigten „Stimmungsverbesserer". Sie entspannen sich niemals auf *natürliche* Weise, Sie schlagen sich einfach selbst zu Boden. Aber am Morgen, oft noch benommen, quälen Sie sich wieder hinauf auf die Füße und stürzen sich erneut in die unaufhörliche wilde Jagd.

Früher oder später beginnt Ihr Körper zu rebellieren. Er hat soviele Grobheiten und Prügel eingesteckt, daß er Ihnen nur noch ungenügend dienen kann. Nun droht Ihnen der Kopf zu zerspringen, und Sie klagen über schmerzhafte, durch das stockende Blut noch verstärkte Empfindlichkeit im Nervensystem des Nackens, des Magens und des Sonnengeflechts. Sie beginnen sich zu fragen, ob Sie ein Magengeschwür ausbrüten oder ob Sie sich darauf vorbereiten sollten, daß Sie der Schlag rührt, oder Sie denken darüber nach, daß es vielleicht ein Nervenzusammenbruch ist, dem Sie entgegengehen.

Was ist da zu tun? Die Aspirintabletten verdoppeln? Das Sortiment der Entspannungs-, Abführ- und Energiepillen ergänzen? Oder einen Arzt oder Psychiater konsultieren? Endlich gestehen Sie es sich ein, *etwas* müssen Sie tun.

Die Antwort kann ganz einfach sein

In vielen Fällen brauchen Sie tatsächlich nichts anderes zu tun, als sich selbst in die Hand zu nehmen und den Entschluß zu fassen, sich jeden Tag endlich etwas Zeit zu nehmen, um Ihrem Körper und Ihrem Geist die notwendige Entspannung zu ermöglichen.

Natürlich, diese Theorie hat die beliebten Pausen mit Kaffee, Tee, Cola oder Milch hervorgebracht. Alle diese Getränke sind auch gut und schön, nur sie können nichts Grundsätzliches ändern. Sie gewähren zwar einige Minuten Aufschub, aber dann kehren Sie auch schon wieder zurück in die unermüdlich mahlende Mühle, in der Ihnen vielleicht gerade noch einige nervöse Züge an einer Zigarette, an einer Pfeife oder an einer Zigarre die Illusion Ihrer so notwendig gewesenen Entspannung vorgaukeln. Ich kenne viele Männer und Frauen, die während eines solchen Tages auch noch einen Strom von Barbituraten in sich hineingehen lassen. Ihnen genügen die normalen Kräfte des Körpers nicht, aber darum können sie sich auch nicht „entspannen", ohne zugleich noch mehr Pillen zu schlucken.

Ich richte hier keine Anklage gegen die Arzneimittelindustrie, aber je weniger Drogen und Medikamente Sie im allgemeinen gebrauchen, um so besser ist mit Sicherheit Ihr Gesundheitszustand!

Sind Sie bereit, täglich in der Mitte des Vormittags, in der Mitte des Nachmittags und am Abend fünf bis zehn Minuten von Ihrer kostbaren Zeit zu investieren, um eine einfache Übung zur Entspannung von Körper und Geist auszuführen? Bald werden Sie sich so neubelebt fühlen, daß Ihr Bedürfnis nach Medikamenten kaum noch ins Gewicht fällt!

Während Sie sich entscheiden, ob Sie die erforderlichen Minuten zur Verfügung haben, lassen Sie mich Ihnen von einer Erfahrung berichten, die ich einmal mit einem Topmanager machte, der sich auch nicht entschließen konnte.

Der unentbehrliche Mann

Im mittleren Westen lernte ich vor einiger Zeit durch einen Freund den Generaldirektor eines großen Automobilwerks kennen. Zur Erklärung hatte mir der Freund gesagt: „Ich fürchte, Mr. Trent ist auf dem Wege zu einem Nervenzusammenbruch. Die Größe seines Werks hat sich in den letzten sechs Monaten verdoppelt. Er steht unter ständig wachsendem Druck, ißt und schläft kaum noch — ich hoffe sehr, Sie können ihm noch helfen!"

Am nächsten Morgen betraten wir um neun Uhr Mr. Trents Büro. Als er sich erhob, um mich zu begrüßen, läutete gerade das Telefon. Es war ein Ferngespräch aus einem Zweitwerk in Toledo/Ohio. Er hatte den Hörer kaum ans Ohr gehoben, da wurde sein Gesicht aschfahl.

„Was?" rief er. „Sie haben diese Lieferung nicht erhalten? Eine Minute!"

Er drückte einen Knopf seiner Wechselsprechanlage, und schon meldete sich der zuständige Abteilungsleiter.

„Was in aller Welt ist da los?" brüllte Mr. Trent in das Mikrophon. „Warum ist die Lieferung nach Toledo nicht abgegangen?"

Ich konnte deutlich hören, wie der Abteilungsleiter, ebenfalls brüllend, etwas erwiderte. Das war ja eine nette Art, den Tag zu beginnen. Mr. Trent hatte einen aufregenden Anruf von einem zornigen Geschäftsführer aus Toledo erhalten, hatte ihn durch seinen Körper hindurchfließen lassen und ihn dann dem Abteilungsleiter weitergegeben — und nun waren *drei* Menschen verstört.

Endlich war diese Angelegenheit erledigt und Mr. Trent legte auf; aber nur, damit das Telefon wieder klingelte. Noch ein unangenehmer Anruf, diesmal aus Detroit. Wieder „dicke Luft" und ein anderer Abteilungsleiter, der angebrüllt wurde... und als dieser Anruf beendet war, ein dritter Konfliktanruf — jetzt aus Cleveland. Noch mehr Knöpfe drükken, noch mehr gestörte Emotionen — und alles innerhalb von zehn Minuten!

Endlich war Mr. Trent für einen Augenblick frei, so daß mein Freund mich ihm vorstellen konnte.

„Erfreut, Sie zu sehen, Sherman", sagte Mr. Trent. „Was führt Sie zu mir?"

Mein Freund warf ein, daß ich in der Stadt einige Vorträge halten werde, deren wichtigster Bestandteil es wohl sei, wie ich die Menschen lehre, sich zu entspannen.

„Entspannen?" griff Mr. Trent das Stichwort auf, „das ist etwas für mich!" Er griff zum Telefon und wies seine Sekretärin an: „Keine Anrufe für zehn Minuten!" Dann wandte er sich mir zu und sagte: „Okay, ich bin Ihr Mann. Zeigen Sie *mir*, wie man sich entspannt!"

Ich erklärte Mr. Trent, in einer so kurzen Zeit könne ich das nicht, da seine Verkrampfungen offensichtlich längst chronisch geworden seien, und daß er vor allem seine Lebensgewohnheiten und seine geistige Haltung ändern müsse. Aber wenn er zu meinen Vorträgen kommen wolle, werde er an fünf Abenden lernen können, wie man sich entspannt.

„Fünf Abende!" explodierte Mr. Trent. „Wissen Sie, wann ich heute morgen hierhergekommen bin? Um sieben Uhr! Wissen Sie, wann ich in der letzten Nacht nach Hause gegangen bin? Gegen ein Uhr! Wissen Sie, wann ich in den letzten sechs Monaten meine Frau und meine Kinder gesehen habe? Allabendlich zum Abendessen, zwischen sechs und sieben Uhr! Mein Stellvertreter liegt mit Herzinfarkt im Krankenhaus, drei meiner Abteilungsleiter liegen krank zu Hause — mit Nervenzusammenbrüchen und Magengeschwüren! Ich gebe es zu — alle meine Mitarbeiter sollten Ihre Vorträge besuchen, *aber sie haben einfach nicht die Zeit dazu!"*

Ich blickte Trent an — ein Mann nahe der Vierzig, der um Jahre älter wirkte. Er war ein Nervenbündel, von all den Anspannungen längst überfordert, trieb er einem physischen, wenn nicht gar einem geistigen Kollaps entgegen.

„Mr. Trent", sagte ich zu ihm, „für mich ist es offenkundig, daß Sie sich die Zeit nehmen, sich selbst *umzubringen,* aber *nicht* die Zeit, um Ihr Leben zu *retten!"*

Einen Augenblick lang blickte er mich schockiert an, schüttelte dann grimmig seinen Kopf und erwiderte: „Ich nehme an, das stimmt ungefähr."

Überall zwischen Atlantik und Pazifik, wohin ich auch komme, habe ich Tausende von Trents getroffen — natürlich auch Frauen —, die sich selbst zu ernst nehmen. Dabei überschätzen sie ihre Bedeutung, weil sie sich suggeriert haben, die Welt könne ohne sie nicht auskommen. Aber wenn sie dann wegen Überarbeitung, plötzlichem Nervenzusammenbruch, Krankheit oder Unfall ersetzt werden *müssen*, findet man immer andere, die ihre Plätze wenigstens so gut ausfüllen wie jene, so daß es der Welt bis heute stets gelungen ist, sich weiterhin zu drehen — *ohne sie.*

Sie können Ihr Leben um Jahre verlängern, wenn Sie *jetzt*, auf der Stelle, innehalten und sich entschließen, daß Sie sich künftig an jedem Tag die zur *Entspannung* erforderliche Zeit nehmen werden. Sie müssen die vielerlei emotionellen Störungen und Verwirrungen abwerfen, die vermutlich auch von Ihnen längst Besitz ergriffen haben. Ob Sie bei Ihrer Arbeit oder ob Sie zu Hause sind — Sie werden sich für fünf bis zehn Minuten abseits setzen, wie ich es Ihnen bereits geraten habe, um sich aus freien Stücken an jedem Vormittag und an jedem Nachmittag selbst zu entspannen!

Lassen Sie dann das Telefon ruhig einmal läuten ... zünden Sie sich keine Zigarette an ... trinken Sie nichts ... essen Sie nichts ... unterlassen Sie einfach alles ... lassen Sie sich einfach gehen — lassen Sie sich für diese Zeitspanne von der Gotteskraft in Ihnen überwältigen.

Fragen Sie sich: „Gehe ich zu schnell? ... Verwirrt oder erregt mich irgend etwas? ... Bin ich nervös und überspannt?"

Wenn Sie etwas dergleichen sind, dann befreien Sie sich von diesen irrigen Gefühlen. Wenn Sie das nicht tun, werden sie sich in Ihnen einnisten, Sie werden sie während des ganzen Tages nicht loswerden, ja Sie werden sie am Abend auch noch mit nach Hause nehmen. Und dann wird es noch ärger: Diese irrigen Gefühle werden Ihnen in Ihr Bett folgen und

— sie sind die unruhigsten, mörderischsten Bettgenossen auf Erden.

Je länger Sie diese Gefühle in sich dulden, um so eher werden Sie von ihnen in Stücke gerissen. Machen Sie sich das zur unveränderlichen Regel: Niemals, niemals essen, während Sie erregt sind! Während Sie unter Druck stehen, während lästige Gedanken durch Ihren Kopf stürmen, Ihr Magen wie verknotet ist, ein Gefühl der Enge im Nacken die Lähmung Ihres Nervensystems und ein Druck in der Magengrube die Lähmung Ihres Solar plexus anzeigt — essen Sie um keinen Preis, wenn Sie sich so fühlen! Nehmen Sie sich soviel Zeit, wie Sie brauchen, und schütteln Sie diese Gefühle ab, entspannen Sie. Denn wenn Sie Ihren Körper zwingen, Nahrung aufzunehmen, während er nicht bereit ist, sie zu empfangen, dann zerstören Sie sich selbst, Schritt für Schritt.

Wenn Sie Ihren Gesundheitszustand zu verbessern wünschen, müssen Sie sich vor allem für die Heilkraft Ihres Geistes empfänglich machen. Keinesfalls können Sie dann fortfahren, die *Gesetze* der Gesundheit zu brechen und dennoch anhaltende Heilung Ihrer physischen Krankheiten oder Ihrer übel zugerichteten Nerven erwarten.

Ihre Formel für eine gute Gesundheit

Das ist die einfachste Methode, die Tausende von Männern und Frauen bereits angewendet haben, um Körper und Geist zu entspannen. Dabei hatten sie nicht nur das Ziel, eine gute Gesundheit zu erlangen, sondern sie stellten sich auch die Dinge bildhaft vor, die sie im Leben am meisten begehrten. Mit Übung und Ausdauer, unterstützt durch diese geistigen und physischen Anweisungen, können so auch Sie die vollständige Kontrolle Ihres Körpers und Geistes erlangen. Probieren Sie es gleich! Geben Sie sich selbst die ersten Anweisungen und befolgen Sie diese:

Ich entspanne jetzt meinen Körper...

Ich lockere meine Füße und Beine...

Ich lege meine Hände und Arme in meinen Schoß...

Ich lasse den Stuhl mein ganzes Gewicht tragen...
Ich löse los aus dem Körper meinen Geist...
Ich lasse alle Ängste und Sorgen hinter mir...
Ich fühle mich leichter... leicht — alle physischen Spannungen sind aufgehoben...
Ich schließe meine Augen und verdränge die Welt aus mir...
Ich richte mein Denken nach innen und empfinde mich nicht mehr als Körper...
Ich fühle, daß ich jetzt nur im Bewußtsein existiere..
Eine Ahnung von großem inneren Frieden und von Ruhe beginnt auf mich herabzusinken...
In diesem Augenblick der Ruhe — der inneren Stille — beschreibe ich in Worten und stelle in Gestalt geistiger Bilder dar, was ich fühlend wünsche...
Wenn es bessere Gesundheit ist, dann male ich mir die heilende Kraft aus, die jede Zelle und jedes Organ meines Körpers durchdringt, erneuert und wiederbelebt...
Wenn ich neue Gelegenheiten und Ziele suche, welche es auch sein mögen, dann stelle ich mir bildhaft vor, wie ich sie bereits empfangen habe...
Dann, als eine Übung des Glaubens, richte ich in mir alle Erwartung vertrauensvoll darauf, daß, was ich mir bildhaft vorgestellt habe, in meinem äußeren Leben geschehen wird...
Daß alle nun benötigten Quellen mir nahe sind und rechtzeitig zu strömen beginnen werden...
Und daß meine schöpferische Kraft und meine Intuition mich führen, um zur rechten Zeit am richtigen Ort zu sein — geschützt und geführt an jedem Tag meines ganzen Lebens.

Hierin liegt, Ihren Bedürfnissen und Wünschen angepaßt, eine unschätzbare Technik zur Kontrolle und Führung Ihres Unterbewußtseins — der in Ihnen wirkenden schöpferischen Kraft Ihres Geistes. Sie gewinnen diese Kontrolle durch die Entspannung von Körper und Geist mit Hilfe der hier beschriebenen grundlegenden Schritte. Diese sollten jeden Tag geübt werden. Erst durch die Wiederholung werden sie Ihnen immer so mühelos gelingen, daß Sie jederzeit durch den Prozeß des Sich-fallen-lassens gehen und sich dabei augenblicklich geistig und physisch entspannen können.

Ich zum Beispiel kann körperlich und geistig so beschäftigt sein, wie ich es gerade jetzt bin, während ich diese Worte diktiere — trotzdem könnte ich, wenn ich es wollte, sogleich meinen Schreibtisch verlassen, mich auf der in meinem Studio stehenden Couch ausstrecken, mich entspannen und in weniger als einer Minute einschlafen. Ich tue dies mehrmals an jedem Tag, wenn ich bemerke, daß ich ermüdet und abgespannt bin. Wenn ich mich so niederlege und dann „fallen lasse", suggeriere ich mir selbst, daß ich für etwa fünf bis fünfzehn Minuten schlafen will und nach dieser Zeit, erfrischt in Geist und Körper, aufwachen werde — und dies *geschieht!* Wenn Ihnen dies ungewöhnlich erscheint, so erinnern Sie sich daran, daß ich diese Technik jahrelang geübt habe. Sie aber brauchen keine Jahre dazu, um sie zu erlernen. Sie können die gleiche Fähigkeit schon in kurzer Zeit erwerben.

Jeder Mensch hat seinen Rhythmus des Denkens und des Ausdrucks

Jeder von uns erwirbt mehr oder weniger Wissen mehr oder weniger schnell als andere. Weil die hierfür geltenden Unterscheidungsmerkmale oft nicht genügend berücksichtigt werden, fürchtet mancher unter uns, er sei dumm oder unfähig, während wir alle das gar nicht sind.

Die Wissenschaft ist gerade dabei zu entdecken, daß jeder Mensch seinen eigenen Rhythmus hat, sein eigenes Tempo in Bewegung und Denken, wie es für ihn selbst natürlich ist und wie er es für sich ein für allemal selbst festlegen und dann beibehalten sollte.

Wenn Sie Ihr „natürliches" Tempo über seine normal funktionierenden physischen und geistigen Grenzen hinaus zu beschleunigen versuchen, verlieren Ihr Denken und Handeln an Wirksamkeit.

„Ich kann nicht denken oder die richtigen Entscheidungen treffen, wenn ich so zur Eile gedrängt werde", sagen viele Männer und Frauen.

„Ich habe gelernt, mich in einer wichtigen Angelegenheit niemals sofort zu entscheiden!" haben andere gesagt. Und „gewöhnlich schlafe ich erst eine Nacht darüber".

Es ist gut, diese Unterschiede in Temperament, Persönlichkeit und in den „geistigen und physischen Schwingungszahlen" anzuerkennen. Wer sich deshalb verkrampft und sorgt, bis er sich infolge seiner nun entstehenden Unsicherheit noch unvorteilhafter von anderen Menschen unterscheidet, kann damit seiner Gesundheit schaden. Aber wenn Sie Ihre eigene natürliche Geschwindigkeit im Denken und Handeln entdecken und bejahen, kann Ihnen diese Kenntnis helfen, die zu Unrecht entstandene Unsicherheit und Unterlegenheit zu überwinden.

Dabei kann es überhaupt nicht wahr sein, daß Sie weniger fähig und intelligent sind als andere. Wenn man Ihnen Gelegenheit gibt, sich zu beteiligen und zu äußern, „wann Sie es für richtig halten", dann können Sie die gleiche, wenn nicht eine noch größere Leistungsfähigkeit vorweisen als der mitarbeitende Freund oder Kollege, dessen geistige Gaben lediglich den Schnellgang, seltener dagegen auch den Tiefgang nützen.

Sie können Ihren Geist trainieren, daß er schneller zu reagieren vermag auf Erfahrungen oder Begegnungen, aber damit erziehen Sie ihn bloß zu größerer Wachsamkeit unter Beibehaltung Ihres vorherigen Tempos.

Nicht zwei Menschen gleichen einander

Vor Jahren — ich war eben in die Ford Motor Company in Highland Park, Michigan, eingetreten und dort an eine Maschine gestellt worden, die Dreiganggetriebe weiterbeförderte — lernte ich das Geheimnis des „Tempos" kennen.

Dort lernte ich Männer aus allen Schichten kennen, einige von ihnen besaßen eine ausgesprochene Neigung zu diesen mechanischen Vorgängen, andere besaßen sie nicht. Alle aber versuchten die Bedienung dieser Maschine zu erlernen. Und nicht zwei von ihnen erfaßten die Arbeitsweise mit der gleichen Geschwindigkeit. Einige beherrschten den Vorgang nach einer oder zwei Stunden, andere benötigten Tage. Frühere Erfahrungen mit manueller Arbeit waren natürlich nützlich — aber auch wenn ein Mann mit der Maschine und ihrer Funktion vertraut geworden war, hing seine Arbeitsgeschwindigkeit immer noch von seinem eigenen „geistigen und physischen Rhythmus" ab.

Einige ließen sich einfach nie „antreiben" zu Produktionsziffern, wie die anderen sie erreichten. Wenn man die Maschine beschleunigte in der Hoffnung, damit die Männer zu schnelleren physischen Aktionen zu zwingen, dann verlangsamte diese Veränderung oft sogar den Arbeitsablauf, ja nicht selten verdarben dann die kurz zuvor erst montierten Getriebe. Überließ man die Männer dagegen ihrem „eigenen Tempo", nachdem die natürlichen individuellen Geschwindigkeiten ihrer Bewegungen erst einmal festgestellt waren, so erreichten alle diese Männer durchaus befriedigende Stückzahlen pro Stunde.

Wer auch dann noch zu langsam blieb, wurde in andere Abteilungen und zu anderen Arbeiten versetzt, wo er sich leichter eingliedern ließ und nun noch immer nützliche und gewinnbringende Leistungen erzielte.

Dem Himmel sei dafür Dank, daß wir alle verschiedene Geschwindigkeiten des *Denkens und Handelns* haben, weil die sich zwar unterscheidenden, allesamt aber gleichermaßen wichtigen Aufgaben in der Welt aller dieser unterschiedlichen Geschwindigkeiten zu ihrer erfolgreichen Vollendung bedürfen.

Wenn Sie Ihr eigenes Tempo noch nicht gefunden haben, sollten Sie sich schnellstens die Zeit nehmen, es zu bestimmen. Haben Sie es aber entdeckt, dann hören Sie auf mit Ihren Versuchen, ihm entgegenzuarbeiten. Bemühen Sie sich statt dessen um eine Beschäftigung, die für dieses Tempo geeignet ist, und Sie werden in Ihrem Leben bald weit größere Erfolge erreichen als bisher und unvergleichlich glücklicher sein! Das betrifft auch die Freunde und jene, die Sie lieben und mit denen Sie sich verbunden wissen. Wenn Sie selbst sich ihrem Rhythmus des Denkens und Handelns anpassen — ebenso wie Sie von anderen wünschen, daß sie sich Ihnen anpassen —, dann wird von Spannungen zwischen Ihnen kaum noch die Rede sein können.

„Ich komme gut mit Tieren aus", sagte einst ein weiser Mann zu mir, „weil ich niemals versuche, einen Hund miauen zu lassen wie eine Katze oder eine Katze bellen zu lassen wie einen Hund."

Entspannen. Nehmen Sie weder das Leben, noch was andere denken und tun, allzu schwer. Sie haben genug damit zu tun, Ihr eigenes Gleichgewicht zu bewahren. Steigern Sie die Schrittzahl und behalten Sie sie bei, ohne sich zu überanstrengen. Gewiß, morgen ist auch wieder ein Tag, aber versuchen Sie nicht heute schon, morgen zu leben. Und vergessen Sie nie, sich an jedem Tag die Zeit zu der Pause zu nehmen, die Ihren Körper und Ihren Geist „erfrischt". In dieser Welt des Überdrucks können Sie nicht ewig ohne diese Regeneration weitermachen. Befreien Sie sich von der fixen Idee, daß Sie ein Supermann oder eine Superfrau seien. Ohne Ihre Gesundheit sind alle Ziele, die Sie im Leben zu erreichen hoffen, nur schwer, wenn nicht unmöglich zu gewinnen. Selbst wenn Sie nichts weiter aus diesem Buch empfangen als die Fähigkeit, sich zu entspannen, Ihren Geist und Körper von seinen täglichen Spannungen zu befreien, wird kein zu erarbeitendes Vermögen je den Wert dieses Buches erreichen.

Leitsätze für Ihr künftiges Leben

Die Fähigkeit, Körper und Geist bewußt zu entspannen, ist für meine Gesundheit und mein Wohlbefinden unbedingt erforderlich.
Als Mittel, alle meine Spannungen zu beseitigen, wer-

de ich morgens fünf bis zehn Minuten und nachmittags wenn nötig auch mehr Zeit investieren, um in diesen Augenblicken das „Fallen lassen" — physisch und geistig — zu üben.

Während dieser Entspannungspausen werde ich das Telefon meiden; ich werde nicht rauchen, nicht trinken, nicht essen; ich will alles stoppen — während ich mich frage: „Gehe ich zu schnell?... Bin ich aufgeregt oder verwirrt wegen irgend etwas?... Bin ich nervös und angespannt?"

Danach will ich mich von unguten Gefühlen entlasten, ehe sie sich in mir aufbauen und vielleicht chronische Erkrankungen hervorrufen können.

Vor allem aber werde ich mich immer weigern, etwas zu essen, wenn ich unter Druck stehe oder emotional erregt bin, weil ich weiß, daß diese Praxis allmählich meine Gesundheit ruinieren kann.

Zu guter Letzt werde ich es mir nicht mehr erlauben, das Leben oder die Gedanken anderer über mich allzu ernst zu nehmen.

7. Kapitel

DIE MAGNETISIERENDE KRAFT
DES ENTSCHLUSSES

Besitzen Sie die *Kraft zum Entschluß?* Können Sie sich für alles entscheiden, was Sie möchten? Kein gutes und wertvolles Ziel kann je erreicht werden, wenn Ihr Geist unentschlossen und unsicher ist. Die sich nicht entschließen und keine Entscheidung treffen können, bleiben immer in irgendwelchen Schwierigkeiten stecken.

Haben Sie jemals mit einem Magneten und Eisenspänen gespielt? Zeigt der Magnet in eine Richtung, so werden sich alle Eisenspäne entlang der Kraftlinien gruppieren, die sie anziehen. Drehen Sie den Magneten in eine andere Richtung, so werden die Eisenspäne sich zu einer neuen Figur ordnen. Bewegen Sie den Magneten abwechselnd in die eine und dann in die andere Richtung, so scheinen die Eisenspäne nicht zu wissen, wohin sie sich bewegen sollen.

Sie verhalten sich dann wie die weibliche Fahrerin, die in New York an der Ecke der 42. und 5. Straße mit einem Bus kollidierte. Der Verkehrspolizist, der zum Ort des Zusammenpralls geeilt kam, fragte sie: „Was ist geschehen? Warum haben Sie kein Zeichen gegeben?"

„Aber ich habe ein Zeichen gegeben!" behauptete die Frau.

„Sie haben?" fragte der Busfahrer. „Ich habe es nicht gesehen."

„Dann müssen Sie blind sein", sagte die Frau. „Ich habe deutlich signalisiert, daß ich nicht sicher war, in welche Richtung ich abbiegen wollte!"

Wissen Sie, in welche Richtung Ihr Leben sich wenden soll? Kennen Sie sich selbst gut genug — Ihre Wünsche, Ihre Fähigkeiten, Ihr Temperament, Ihre Bedürfnisse —, um zu beurteilen, wie Sie sich richtig verhalten, wenn irgendein

Problem auftaucht? Oder neigen Sie, wie diese weibliche Automobilistin, dazu, sich gleichzeitig zwei Richtungen zuzuwenden?

In der Welt gibt es zwei Gruppen von Menschen: die „Ich-will-Menschen" und die „Soll-ich-oder-soll-ich-nicht-Menschen". Die zweite Gruppe umfaßt die große Mehrheit aller Männer und Frauen.

Wie oft haben Sie selbst sich schon gefragt: „Soll ich oder soll ich nicht?" Noch immer zerschellen mehr menschliche Leben an den Klippen der Unentschiedenheit als an irgendeiner anderen Ursache.

Das „Etwas" in Ihnen, Ihre schöpferische Kraft, kann nicht mit magnetischer Kraft alle Dinge für Sie herbeiziehen, wenn Sie nicht zuvor den notwendigen Magnetismus durch Ihren Entschluß erzeugt haben. Auch müssen Sie die magnetische Kraft Ihres Geistes in die Richtung lenken, in welche Sie zu gehen beabsichtigen. Nur wenn Sie das tun, beginnen Sie augenblicklich alle Elemente anzuziehen, die Sie brauchen und die Ihnen helfen werden, auch das zu bekommen, was Sie wirklich haben wollen.

Wenden Sie sich aber geistig und emotional gegen sich selbst, dann können Sie Ihre Kräfte der magnetischen Anziehung zeitweilig ausschalten oder sogar zerstören. Ist das Gleichgewicht von Körper und Geist aber erst einmal so gestört, werden nur noch ebenso ungeordnete und unbestimmte Bedingungen angezogen. Die Kraft, positive Ergebnisse zu bewirken, ist zumindest vorübergehend verloren.

Der große Jammer Tausender und Abertausender menschlicher Wesen ist: „Ich kann mich nicht entschließen!" Dies ist eines der traurigsten Klagelieder, die aus menschlichen Herzen aufsteigen können. Es läßt die Totenglocke erklingen für jede Hoffnung und alles Selbstvertrauen, für Initiative, Leistung und Vervollkommnung.

Solange Sie keinen Entschluß fassen können, sind Sie ziemlich hilflos und unfähig, um sorglos, unerschrocken und voll Selbstvertrauen irgendeine Richtung einzuschlagen.

„Mein Verstand ist wie ein ungemachtes Bett", sagte eine

Frau zu mir. „Alles ist durcheinander. Ich habe Angst, mich zu entschließen. Ich fürchte mich, etwas anzurühren, weil ich Angst habe, alles nur noch schlimmer zu machen. Ich denke, ich werde es einfach so lassen, wie es jetzt ist!"

Wollen Sie wirklich da stehenbleiben, wo Sie sich jetzt befinden? Wenn Sie das meinen, werden Sie niemals mehr einen Entschluß fassen. Denn Ihre Position wird sich nicht ändern, solange Sie nicht Ihr Denken ändern. Eher werden Sie in eine untergeordnetere Stellung absinken, weil nichts im Leben stillsteht. Alles bewegt sich, entweder hinauf oder hinab. Auch Metall rostet ja, wenn nichts getan wird, um es blank zu halten, frei von den zersetzenden Kräften der Korrosion.

Sie dürfen in dieser Parade des Lebens nicht zurückbleiben. Sie müssen weitergehen, sich selbst zuliebe, in jedem Alter. Die Natur verabscheut jeden, der seiner Nützlichkeit entsagt. Die Bussarde lauern ihm auf, um ihr Aufräumungsgeschäft zu versehen an den Gefallenen, die ihren Kampf aufgegeben haben. Klingt das zu erbarmungslos? So ist es nicht gemeint. Aber irgend etwas ist immer vorgesehen, um auf die verschiedenen Stufen der Lebensaktivität zu achten und auf das, was man „tot" nennt. Auch an Ihrem Körper sterben ständig Millionen alter Zellen ab, und die ganze Zeit über werden ständig neue Zellen geboren. Sie sind sich dessen nur nicht bewußt.

Das gleiche gilt für Ideen. Wenn Sie Erfahrungen sammeln, dann töten Sie gleichzeitig ältere Ideen in Ihrem Geist ab und bringen neue hervor. Tun sie das nicht, so behindern veraltete und überholte Ideen Ihren Geist, verlangsamen Ihr Denken, lassen Ihr Gehirn rosten und verzögern Ihren Fortschritt, bis Sie schließlich steckenbleiben.

Wenn Sie finden, daß Sie keine Entscheidungen so treffen können, wie Sie es gewohnt sind, dann mag das auf das Alter Ihrer Ideen, Denkmuster, Gewohnheiten und Wünsche zurückzuführen sein, die Sie auch dann nicht aufgeben wollen, wenn bereits die „Stimme in Ihnen" Sie auffordert, sich nicht länger damit herumzuschlagen, sondern sie einfach abzuwerfen. Kein Zweifel, aus dem alten Trott müssen Sie heraus; beginnen Sie endlich zu tun, was Sie, Ihrer „inneren Stimme" folgend, längst hätten tun sollen!

Bleiben Sie niemals ohne Hoffnung am Ufer Ihres „Roten Meeres" stehen, es gibt dort für Sie weder einen Ausweg noch eine Umkehr. Entschließen Sie sich, die Wassermassen zu durchqueren! Werfen Sie sich hinein in die Wogen, und das Meer wird sich vor Ihnen teilen!

Wenn Sie Ihren Geisteszustand und Ihre Situation im Leben in diesem Augenblick ebenso sehen, ist es gut! Wenn Ihren Rücken nur noch eine letzte Wand deckt, nachdem Sie herumgeworfen worden sind durch Ihre eigene Unentschlossenheit, mit der Sie alle die widrigen Umstände bewußt oder unbewußt herbeigeführt haben, dann gibt es für Sie „keinen anderen Weg als durch".

So blicken Sie der Realität endlich ins Gesicht. Nun orientieren Sie sich neu, ordnen Sie Ihre zersplitterten Kräfte wieder, fassen Sie einen Entschluß und gehen Sie vorwärts!

Erst entscheiden, dann handeln

Viele Männer und Frauen haben die scheinbare Grenze ihrer Leidensfähigkeit nur erreicht, um herauszufinden, daß in Stunden großer Not eine neue Kraft sie erwartet, sobald sie eine positive Entscheidung getroffen haben — wenn sie sich voller Überzeugung erst einmal selbst gesagt haben: „Ich will dem Unglück ins Gesicht blicken! Ich will es durchstehen!"

Es gibt keine „elfte Stunde", in der es für Sie zu spät wäre, dieses „Etwas", die schöpferische Kraft in Ihnen, einzusetzen und mit Hilfe des richtigen Denkens und der richtigen Entscheidung die Stärke und die Weisheit zu gewinnen, die Sie aufrichten.

„Gott sprach zu mir im Augenblick meiner größten Not", haben Tausende dankbarer Männer und Frauen bezeugt. Sie meinten, daß sie endlich dazu getrieben wurden, ihre gottgegebenen inneren Quellen anzurufen, nachdem sie alle anderen Möglichkeiten probiert hatten und gescheitert waren... Und die innere Kraft, die sie die ganze Zeit hätten in Anspruch nehmen können, beantwortete ihre Rufe!

Hören Sie auf, Ihr Schicksal zu beklagen — erkennen Sie sich selbst!

Sie haben nur zwei Möglichkeiten. Sie können entweder höher steigen oder Sie werden tief fallen. Sie können zum Trinker werden oder sich einen erstklassigen Nervenzusammenbruch einhandeln, und Sie können den Rest Ihres Lebens umherirren und jammern über alles, „was hätte sein können", wenn Sie nur Ihr Leben anders gelebt hätten. — Aber Sie sagen sich nur: „Jetzt ist es zu spät".

Wenn Sie jedoch zu dem kleinen Prozentsatz jener Männer und Frauen gehören, die „sich über sich selbst klargeworden" sind, dann haben Sie auch entdeckt, daß es nie zu spät ist, um den richtigen Weg zu beschreiten. Es ist menschlich, Fehler zu machen; menschlich ist es auch, daß bestimmte emotionale Wünsche uns überwältigen oder uns weit wegtragen von den echten und wahren Absichten und Möglichkeiten speziell unseres Lebens.

„Ich wußte es besser, aber ich habe es trotzdem getan", sagten viele traurigere und weisere Menschen, nachdem sie sich gefangen und einem gesünderen, glücklicheren und vernünftigeren Leben zugewandt hatten.

Wenn auch Sie diesen Drehpunkt Ihrer Existenz erreicht haben, dann ist es *jetzt* an der Zeit! Es wird für Sie keinen anderen, besseren Zeitpunkt mehr geben als dieses *Jetzt!* Wenn Sie jetzt nicht umkehren, werden Sie es niemals tun. Ihren *Augenblick der Entscheidung* haben Sie erreicht!

„Es gibt keinen Weg heraus, es gibt keinen Weg zurück; der einzige Weg führt hindurch!"

Wagen Sie den entscheidenden Schritt! Ziehen Sie sich selbst heraus! Sehen Sie diesem Menschen oder jener Situation ins Gesicht, nachdem Sie nun einmal irgendwem oder irgendwas ins Gesicht blicken müssen, und bringen Sie es hinter sich! Je länger Sie zögern, um so schwerer wird es sein.

Schlagen Sie Ihre Richtung ein! Folgen Sie den Weisungen Ihres inneren wahren Selbst, folgen Sie seinem Drängen, egal wie schwierig dies im Augenblick auch scheinen mag. Bitten Sie diejenigen um Vergebung, denen Sie Unrecht zugefügt haben. Klären Sie alle Verstimmungen und Ressentiments der Vergangenheit. Befreien Sie Ihr Bewußtsein von allen in früherer Zeit wurzelnden Ängsten, Hemmungen und Behinderungen, damit Ihr Geist endlich zum Flußbett werden kann für die wartenden guten Gedanken, die nun beginnen werden, Ihnen zu helfen und das Gute anzuziehen.

Verzichten Sie, vergessen Sie für immer Ihr unentschlossenes „Ja und Nein, Vielleicht oder Vielleicht nicht". Denn dies wird Ihnen niemals irgend etwas einbringen. Und wer möchte schon eine elende Ja-und-Nein- oder Vielleicht-und-Vielleicht-nicht-Existenz führen?

„Ich würde lieber eine falsche Entscheidung treffen und dann etwas zu ihrer Berichtigung unternehmen, als überhaupt keinen Entschluß fassen", erklärte mir ein erfolgreicher Geschäftsmann. „Wenn ich auf Draht bin, weiß ich im allgemeinen, ob eine Entscheidung falsch oder richtig ist, bevor sie mich allzu sehr verletzt. Außerdem lehrt jede falsche Entscheidung mich, die richtige leichter zu treffen. Aber keine Entscheidung führt überhaupt nicht weiter."

Auch wenn der Zugriff Ihrer Unentschlossenheit Ihnen schon vertraut ist, brechen Sie mit dieser lebenslang falschen Gewohnheit! Tun Sie das nicht, werden Sie auch für den Rest Ihres Lebens unglücklich bleiben und der hohe Prozentsatz falscher Entscheidungen wird Ihnen immer noch mehr Schwierigkeiten herbeiziehen.

Unentschlossenheit ruinierte ein Leben

Das Leben meines Großvaters wurde durch seine Unentschlossenheit ruiniert. Er war Pfarrer gewesen, aber je mehr er seine Bibel studierte, um so mehr bestürmten ihn Zweifel. Irgend etwas in der Bibel in Frage zu stellen, empfand er als Blasphemie. Aber schließlich fühlte er sich doch in zunehmendem Maße unfähig, weiterhin bestimmte Gedanken und Begriffe zu akzeptieren.

Er begann sich zu fragen: „Soll ich weiterhin fortfahren zu predigen — in der Art, wie ich die Bibel nun verstehe —, oder darf ich das nicht? Bin ich noch ein ehrlicher Christ, wenn ich auch künftig Glaubenssätze vortrage, die ich nicht mehr glauben kann...? Soll ich diese Zweifel meiner Frau bekennen, einer treuen, hingebungsvollen Gläubigen...? Was werden meine Freunde denken, was die Mitglieder meiner Kongregation...? Werden sie mich verdammen für das, was ich denke — dafür, daß ich *so* denke...?"

Dieser innere Aufruhr und die Unentschiedenheit begannen seine Gesundheit zu beeinträchtigen. Er fürchtete das Nahen des Sonntags, wenn er die Kanzel zu besteigen und ohne Glauben und Überzeugung zu predigen hatte. Jedesmal hoffte er, daß irgend etwas geschähe, das ihm eine legitime Entschuldigung geben und so das Predigen ersparen würde. Und dann geschah tatsächlich etwas! Die Kraft seines Unterbewußtseins begann ihm in negativer Weise zu nützen. Sie gab ihm die erhoffte Entschuldigung.

Ganz plötzlich begann mein Großvater unter schweren Asthmaanfällen zu leiden; immer gerade vor dem Gottesdienst. Er wurde dann so kurzatmig, daß andere ihn vertreten mußten. Dann verschlimmerten sich die Anfälle so sehr, daß er schließlich aus dem geistlichen Amt entlassen werden mußte.

Jedermann hatte Verständnis für ihn, niemand verdammte ihn — niemand, außer ihm selbst. Noch dreißig Jahre danach lebte mein Großvater abseits dahin, unfähig, sich zu entschließen, unfähig, sich für eine neue Richtung seines Handelns zu entscheiden, voller Furcht, irgend jemandem seine Zweifel zu bekennen. Es war ein Leben innerer Qualen, das ihn um so heftiger an seinem Asthma leiden ließ, je mehr er gegen sein Problem anzukämpfen versuchte.

Niemals werde ich vergessen, wie ich als junger Mann das Sterben meines Großvaters miterlebte...

Er sagte zu mir: „Oh, Harold, *wenn ich nur mein Leben noch einmal leben könnte!* Ich würde meine Überzeugung ehrlich und offen aussprechen, weil ich jetzt — zu spät —

weiß, daß viele Männer und Frauen so dachten, wie ich dachte; daß es nicht falsch war, in dieser Art zu denken — daß ich sogar meine Gedanken in meiner eigenen Kirche hätte aussprechen können. Aber durch Furcht und Unentschiedenheit und Selbstverdammung ließ ich mich von meiner wahren Lebensaufgabe abhalten."

Lassen Sie uns hoffen, daß Sie nicht in solchem Ausmaße von Unentschlossenheit gequält werden. Aber auf mich übte diese Erfahrung meines Großvaters eine grundlegende und langanhaltende Wirkung aus. Dann beschloß ich, die Kraft zur Entscheidung in mir zu entwickeln. Nur so würde ich genügend Verständnis für meine eigene Existenz entwickeln können, würde meine Emotionen ausreichend kontrollieren und darum wissen, was ich *wirklich wollte,* um dann einen Entschluß darüber fassen und bei diesem bleiben zu können.

Natürlich habe auch ich falsche Entscheidungen getroffen. Das haben wir alle getan und das werden wir alle tun. Aber in zunehmendem Maße habe ich doch gelernt, auf die Stimme in mir zu hören und ihr zu folgen. Darum ist es mir gelungen, die Anzahl meiner falschen Entscheidungen zu verringern. Auch Sie werden fähig sein, dies zu tun.

Jede Entscheidung wird aus dem Mut geboren. Mut aber entspringt dem Glauben an das Selbst und an die Wirksamkeit der guten Kraft in jedem von uns. Warum also sollten Sie damit fortfahren, sich noch länger die nur Negatives bewirkenden Probleme und Bedingungen bildhaft vorzustellen, deren Ergebnisse Sie jetzt umgeben?

Entscheiden Sie sich, mit dieser Tendenz Ihrer Vergangenheit fertig zu werden durch den klaren Wechsel der Sie erfüllenden Bilder. Sie geben damit dem „Etwas" in Ihnen die Kraft, Ihre Zukunft zum *Besseren* zu verändern.

Leitsätze für Ihr künftiges Leben

Ich weiß, daß ich die Kraft der Entscheidung besitzen muß, um in meinem Leben etwas Wertvolles zu erreichen.

.. daß der Mangel an Entscheidungskraft mich schwächt und zerstört, weil Menschen, die keine Entscheidungen zu treffen vermögen, für das Leben immer zu ängstlich und zu unbeständig und schließlich untauglich sein werden.

... daß jede Entscheidung, die ich treffe — mag sie sich als richtig oder als falsch herausstellen — mir zeigt, daß ich mich wenigstens in irgendeine Richtung bewege und daß ich dennoch in der Lage bin, die Richtung jeder meiner Handlungen zu ändern, wenn dies nötig sein sollte.

... daß in dem Augenblick, in welchem ich mich zum Handeln entschließe, ich auch die hierzu erforderlichen Voraussetzungen, die Menschen und die Umstände anziehe, die es mir erlauben, aus jeder Situation Nutzen zu ziehen.

... daß jede Entscheidung Selbstvertrauen und Mut erweckt und meinen Geist zu positiven Handlungen frei macht!

8. Kapitel

DIE KRAFT, ÄNGSTE UND SORGEN
ZU ÜBERWINDEN

Wer oder was, würden Sie sagen, ist in Ihrem Leben Ihr *Feind Nr. 1?*

Irgendein Individuum, das Sie in gemeiner Weise hereingelegt und Sie finanziell übervorteilt hat? Das Ihnen die Zuneigung eines geliebten Menschen gestohlen oder Ihre Gesundheit verletzt hat? Das Ihr Leben beherrscht, Sie persönlich oder wirtschaftlich unter Druck gesetzt, Ihr Vertrauen verraten und Sie gezwungen hat, Dinge zu tun, die Sie nie tun wollten, und das Ihrem Ruf geschadet hat, indem es verleumderische und beleidigende Behauptungen über Sie verbreitete?

Das alles sind ziemlich unerfreuliche Vorkommnisse! Und sicherlich könnte man jeden, der Ihnen solche Dinge angetan hätte, als *Feind* charakterisieren. Aber Sie haben noch einen weit gefährlicheren Feind, als jede einzelne oder auch mehrere Personen, die Ihnen solches Leid zufügen würden, es je sein könnten.

Dieser gefährlichere Feind heißt — *Furcht!*

Keinem menschlichen Wesen, das je geboren wurde, blieb die Erfahrung der *Angst* erspart. Für viele von uns ist die Angst beinahe zur zweiten Natur geworden. In der Jugend wird man belehrt, die Angst diene einem nützlichen Zweck, da sie zur Entwicklung der Vorsicht beitrage. Der Erwachsene aber, reif und eines selbständigen Geistes inne, sei nicht dafür geschaffen, nun noch immer von entwürdigender Furcht beherrscht zu werden. Trotzdem aber beeinträchtigen die meisten von uns bewußt oder unbewußt mancherlei Ängste.

Der größte Teil unserer allzu menschlichen Ängste besteht aus Überbleibseln aus einer nicht eben sonderlich pädagogisch gelenkten Kindheit. Angst im Finsteren... Angst vor dem Fallen... Angst vor Feuer... Angst vor Schmerzen... Angst, Menschen zu begegnen ... Angst vor diesem und Angst vor jenem — das alles sind Erinnerungen an frühere, leider unvergeßliche Erfahrungen.

Vielleicht ertappen Sie sich bisweilen dabei, daß Sie einer bestimmten Situation auszuweichen versuchen, weil Sie ihr nicht so entgegenzutreten wagen, wie Sie glauben es zu müssen. Das geschieht dann nicht, weil Sie im Grunde feiger sind als andere. Es geschieht deshalb, weil Sie Ihre Emotionen nicht genügend unter Kontrolle haben. Unter dem Einfluß Ihrer Angst brauchten Sie sich nur bildhaft vorzustellen, daß Sie körperlich oder psychisch verletzt werden könnten, und schon sah Ihr Unterbewußtsein, das ja dieses Bild als Anweisung aufnehmen mußte, sich veranlaßt, das gefürchtete Ereignis herbeizuführen. Und nun *fürchten* Sie, daß dies *wieder* geschieht!

„Ich weiß, daß ich schwach bin, aber ich kann ihm einfach nicht gegenübertreten", haben schon oft Menschen gesagt. Solche Menschen haben bestimmte Bildinhalte in ihrem Geist so verstärkt, daß der bloße Gedanke an eine vergleichbare Situation ausreichte, sie zu entmutigen.

Wenn Sie inmitten einer Menschenansammlung Zeuge eines unerwarteten, möglicherweise tragischen Ereignisses werden, können Sie die unterschiedlichsten emotionalen Reaktionen beobachten. So werden einige Menschen innerhalb der Gruppe unvermittelt stehenbleiben und zuschauen. Andere werden versuchen, den Schauplatz schnellstens zu verlassen. Ein Teil dieser Menschen aber wird wie fixiert, gebannt, ja gefangen sein und in einem Zustand geistiger und körperlicher Paralyse verharren, unfähig, zu denken oder zu handeln. Alle diese unterschiedlichen Reaktionen auf dasselbe Ereignis zeigen, daß alle diese Menschen ihre Emotionen in recht unterschiedlichem Maße zu kontrollieren imstande sind.

Angst weist auf das mangelnde Gleichgewicht hin zwischen Ihrem physischen und psychischen Selbst. Hier wurde meist die richtige, nur durch äußere Erfahrung zu erzielende Anpassung an das reale DU nicht verwirklicht, die allein die Angst vor jeder von außen herandrängenden Bedrohung hätte verhindern oder doch ausmerzen können.

Sie fürchten immer nur das, was Sie nicht in sich selbst überwunden haben. Immer, wenn eine Erfahrung bevorsteht, die Sie fürchten, verstärken Sie in sich Ihre Furcht davor und werden im gleichen Maße weniger fähig, dieser und ähnlichen Situationen zu begegnen.

Nicht zwei Menschen haben bei gleichen Erfahrungen jemals die gleichen emotionalen Reaktionen hervorgebracht. Aus diesem Grunde sind manche unter uns stark, wo andere schwach sind, oder sie sind schwach, wo andere stark sind. Auch können Ängste, die Sie bereits überwunden haben, immer noch diejenigen quälen, die Ihnen nahestehen. Anderes dagegen, das diese nicht im geringsten beeindruckt, kann Sie mit Schrecken erfüllen. *Es ist eine belegte Tatsache, daß der in der Schlacht furchtlose General Anthony Wayne sich vor einer Fledermaus tödlich fürchtete.*

An jedem Tag Ihres Lebens sind Sie, das wissen Sie, aufgerufen, den vielfältigsten Situationen ins Gesicht zu blik-ken. An einem Tag ist es vielleicht ein Krankheitsfall in Ihrer Familie, der Ihren Geist anregt, sich gleich das Schlimmste bildhaft vorzustellen. Vielleicht sind Sie auch für Wochen oder Monate ohne Arbeit gewesen und haben nun den Mut verloren, weil Sie nichts anderes mehr vor sich sahen als fortgesetzte Arbeitslosigkeit und schließlich den Verlust Ihres Heimes — ja, Sie mögen sich sogar schon den Verlust alles dessen bildhaft vorgestellt haben, was Sie für Ihr Leben als wertvoll betrachten. Oder Sie haben sich verliebt und fürchten nun, daß Sie das Objekt Ihrer Zuneigung niemals gewinnen werden. Vielleicht sind Sie auch schon einmal in Ihrem Leben beinahe ertrunken und haben von dem Erlebnis nichts als eine schreckliche Angst vor dem Wasser zurückbehalten.

Es gibt Hunderte solcher Situationen, denen man plötzlich gegenüberstehen kann, und es lassen sich genauso viele emotionale Reaktionen vorstellen, wie es Menschen gibt. Jede dieser Reaktionen bildet ein lebhaftes geistiges Bild, das — von Ihrem Unterbewußtsein quasi fotografiert — nicht nur ein Teil Ihrer Erinnerung, sondern auch Teil Ihrer emotionalen Natur wird.

Wenn eine Erfahrung in Ihnen als Angstzustand gespeichert wurde, wird dieser einmal programmierte Wert immer wieder die gleichen Angstgefühle hervorrufen, wenn ein zweites, ähnliches Ereignis eintritt. Und jedesmal, wenn Sie es zulassen, daß diese Angst von Ihnen Besitz ergreift, verstärken Sie damit den Einfluß, den dieses gefürchtete Ereignis bereits erlangt hat. Aber nicht nur das! Denn zugleich intensivieren Sie auch das geistige Bild, das Ihnen diese Angst aufzwingt, um künftig auch dieses unerfreuliche Bild noch durch Ihr Unterbewußtsein herbeirufen zu lassen.

Angst schädigt Ihre Gesundheit

Oft unbemerkt von Ihnen, üben Ihre Ängste doch häufig einen beständigen Einfluß aus auf Ihr Nervensystem und stören so Gleichgewicht und Gesundheit Ihres Körpers.

Der Körper des durchschnittlichen Menschen ist eine „Feuerfalle" für unkontrollierte Emotionen. Er besitzt ein „leicht entflammbares" Nervennetzwerk, welches — entzündet durch den „Funken" einer Angstreaktion — auf die Bemerkung eines Augenblicks hin das Bewußtsein in Flammen aufgehen zu lassen vermag. Eine solche „emotionale Feuersbrunst" verhüllt oder vernebelt das Bewußtsein mit einem „Rauchvorhang" und verwirrt den Geist eines Menschen derart, daß er schließlich unfähig ist, irgendeinen *logischen* Ausweg aus der bestehenden Notlage zu finden.

Von Angst gelähmt, mit zeitweilig „ausgebranntem" Nervensystem, gleichen Sie den Fernleitungen eines Telefonsystems, welches infolge eines Kurzschlusses keine Impulse mehr richtig weiterleiten kann. In solchen Fällen ist es für den Geist schwierig, wenn nicht unmöglich, eine Verbindung zu den erregten und heftig lebenden Nervenzentren wiederherzustellen und auf diese Weise die Kontrolle über den Körper wiederzugewinnen.

Wenn Sie alle die Empfindungen der Angst betrachten, die Sie bei bestimmten Ereignissen Ihres Lebens wiederholt wahrgenommen haben, so können Sie auch anfangen, die mit mathematischer Gesetzmäßigkeit sich vervielfältigende Kraft zu verstehen, die Sie so in sich aufbauen — eine destruktive emotionale Belastung, die Ihrem Körper stärkste Gifte zuführt und darum in verhängnisvoller Weise den Zusammenbruch Ihres Nervensystems und Ihrer Lebensorgane herbeiführt.

Sie können es sich weder körperlich noch geistig, weder emotional noch spirituell leisten, noch länger von der Angst regiert zu werden!

Ihre Lebenserfahrungen sollten Ihnen letzten Endes die Fähigkeit vermitteln, sich selbst ins Gesicht zu sehen — der Realität ins Auge zu schauen. Aber Ihre Tendenz ist es, unerfreuliche Eingeständnisse von Schwäche solange wie nur möglich beiseite schieben zu lassen. So ist die menschliche Natur. Nur — je länger Sie es vermeiden, der Wirklichkeit zu begegnen, um so schwerer wird es Ihnen fallen, sich von Ihren Ängsten zu befreien, und um so härter werden Sie dafür bestraft werden, daß Sie jene über sich herrschen lassen.

Natürlich beunruhigen Sie die alltäglichen Sorgen am meisten — kleine, unbedeutende Vorgänge, wenn man sie einzeln betrachtet, jedoch zusammengefaßt häufen sie sich zu einer nicht endenden Serie von destruktiven emotionalen Reaktionen.

In „Your Key to Happiness" (Ihr Schlüssel zum Glück), meinem ersten philosophischen Buch, habe ich eine Reihe von allgemeinen Ängsten aufgezählt und die Leser gebeten, mir diejenigen zu nennen, welche sie am häufigsten plagen. Eine Frau schrieb mir darauf einen verzweifelten Brief. Sie schrieb: „Gott im Himmel, Mr. Sherman - mich plagen sie alle!"

Hier lasse ich nun die gleiche Liste von Ängsten folgen. Sehen Sie sie aufmerksam durch und fragen Sie sich, wie viele davon gegenwärtig *Sie* quälen. Wenn Sie nur unter sehr wenigen zu leiden haben, können Sie sich dazu beglückwünschen, denn Sie erfreuen sich dann einer überdurchschnittlichen Kontrollfähigkeit über Ihr Nervensystem. Diese sind es:

Angst vor dem Aufenthalt in großer Höhe
Angst vor dem Fallen
Angst vor dem Wasser
Angst vor bestimmten Tieren
Angst vor Blitz und Donner
Angst vor Feuer
Angst vor Menschenansammlungen
Angst vor Krankheit
Angst vor Ansteckung
Angst vor Schmerzen
Angst vor dem Alter
Angst vor Begegnungen mit unbekannten Menschen
Angst vor den Gedanken der anderen
Angst, allein zu sein
Angst vor Armut
Angst, daß „immer das Schlimmste passiert"
Angst, in einen engen Raum eingesperrt zu werden
Angst vor Unglück, das einem geliebten Menschen zustoßen könnte
Angst vor dem Sterben

Das sind nur einige wenige von all den Ängsten, die täglich viele von uns bestürmen. Wie viele davon, glauben Sie, sind auch die Ihren? Wie viele haben Sie bereits überwunden? Wenn Sie von einigen dieser Ängste heute noch beherrscht werden, dann deswegen, weil Sie, bewußt oder unbewußt, sich das Recht zubilligen, unfähig zu sein, einer solchen vorgegebenen Situation zu begegnen. Sie haben zwar gelernt, Ihre Emotionen in einigen dieser Umstände zu kontrollieren; in anderen dagegen gelingt es Ihnen immer noch nicht.

Nehmen Sie sich einige Augenblicke Zeit und gehen Sie, bevor Sie weiterlesen, die Liste der Ängste noch einmal durch.

Versuchen Sie sich zu erinnern, wie jene, die Sie noch bedrohen, erstmals Einfluß auf Sie gewonnen haben. Versuchen Sie jene Situation noch einmal nachzuvollziehen und lassen Sie mich Ihnen hierzu eine Technik des Denkens darstellen, die Ihnen helfen wird, sich von einigen oder allen diesen Ängsten zu befreien.

Sind Sie bereit? Wenn Sie tatsächlich noch einmal einige dieser vergangenen Erfahrungen durchlebt haben, die zur Wurzel Ihrer heute zu überwindenden Ängste geworden sind, dann haben Sie sich gewiß auch dessen erinnert, wie damals die chemischen Eigenschaften Ihres Körpers in Aufruhr waren. Sie litten unter Herzklopfen, Verdauungsstörungen, Kurzatmigkeit, nervösem Schwitzen, schwerer Nervenanspannung, allergischen Reaktionen und einer Unmenge anderer physischer Störungen, während Sie von einer oder mehreren dieser Ängste „besessen" waren.

Sicher haben auch Sie schon das alte Sprichwort gehört: „Magengeschwüre bekommen Sie nicht von dem, was Sie essen, Sie bekommen sie von dem, was an Ihnen frißt!"

Präsident Franklin Delano Roosevelt gab einmal eine erstaunliche, ja gewaltige Erklärung ab. Darin hieß es: *„Das einzige, was wir zu fürchten haben, ist die Furcht selbst."*

Er wußte, wovon er sprach. Und Millionen Menschen, die seine Erklärung vernahmen, wußten, daß er es wußte. Brauchten sie doch nur die Wirkungen der Angst in ihrem Leben zu überprüfen, um in ihr den schlimmsten Feind des Menschengeschlechts zu erkennen.

Meist ist es leichter, irgendeiner gefürchteten Tatsache *plötzlich* ins Gesicht zu sehen, als ihr Gegenübertreten zu einem unbekannten Zeitpunkt, aber doch unabwendbar erwarten zu müssen. Aber gewöhnlich übertreibt die Vorstellungskraft und viele Menschen schämen sich, wenn sie schließlich einer Situation begegnen, die nicht annähernd so schlimm ist, wie sie es befürchtet hatten.

Löschen Sie Ihre Angstbilder aus

Sie sollten sich immer daran erinnern — diese Tatsache prägen Sie sich bitte fest ein —, daß jedes von Gefühlen der Furcht belastete falsche Bild, das Sie in Ihr Bewußtsein aufnehmen, zur Drachensaat wird und Wurzeln schlägt im Geist, bis es in Ihrem Leben schließlich die entsprechenden Geschehnisse hervorbringt.

Schützen Sie sich selbst vor den lawinenartig anwachsenden Wirkungen falscher emotionaler Reaktionen, vor den einmal auftretenden und dann immer wiederkehrenden Ängsten! Sie müssen fähig werden, Ihre Gefühle zu kontrollieren! Noch sind Sie mehr oder weniger ein Opfer Ihrer Angst und Ihrer Sorge, wenn Sie sich dabei ertappen, daß Sie Ihre Gefühle und Erwartungen so äußern:

„Ich mache mir solche Sorgen, ich kann nicht einmal richtig denken."

„Ich habe Angst ein Risiko einzugehen."

„Ich habe das Gefühl, daß nichts, was ich zu tun versuche, richtig gelingen wird. Ich habe den Glauben verloren, an mich — und an Gott."

„Ich kann nicht über das hinwegkommen, was mir passiert ist."

„Ich weiß zwar, daß es falsch ist, aber ich kann mir nicht helfen — ich brenne vor Haß und Groll und Angst."

„Ich habe das Interesse am Leben verloren — ich würde mich selbst aus dem Weg räumen, hätte ich nur nicht soviel Angst, es zu tun."

„Der Arzt sagte, wenn ich nicht lerne meine Ängste und Sorgen zu kontrollieren, werde ich mich noch selbst umbringen."

Klingt etwas davon wie Bemerkungen, die auch Sie schon gemacht haben? Wenn ja, dann ist es Zeit, daß Sie sich an die Arbeit machen und Ihre negative Haltung endlich ausmerzen.

Angst zieht immer die falschen Bedingungen an, Mut dagegen weist sie zurück und lockt die richtigen herbei.

Der erste Schritt, der zum Zweck der Entfernung aller Angst aus Ihrem Bewußtsein unternommen werden muß, ist der offene, direkte Angriff. Nehmen Sie sich jedesmal nur eine Angst vor. Betrachten Sie diese genauso wie sie ist, und bedenken Sie, wie lächerlich es von Ihnen gewesen ist, ihr in welchem Umfang auch immer Macht über Sie einzuräumen. Während Sie diese Angst untersuchen, mag Ihr Bewußtsein versuchen, Ihnen klarzumachen, wie töricht es ist, sich während eines Gewitters unter dem Bett oder in einem Schrank zu verstecken. Aber wenn Sie es tatsächlich blitzen sehen und donnern hören, überwältigt Sie doch wieder die gleiche Angstemotion und zerfetzt Ihre so vernünftigen Argumente. Statt dessen erscheint Ihnen Ihr Bedürfnis, sich für den Augenblick lieber doch noch einmal zu verstecken, als durchaus verständiges und kluges Handeln. So kann alles als vernünftig und richtig erscheinen, wenn Ihre Emotionen sich unter Ihrer Kontrolle befinden — nichts aber ist gefährlicher, als den gleichen Emotionen das Recht einzuräumen, Ihren Geist und Körper zu beherrschen.

Während Sie unter dem Einfluß der Angst stehen, ist es kaum möglich, Ihre Emotionen unter Kontrolle zu bringen, weil Ihre emotionalen Reaktionen zu stark sein dürften. Diese Kontrolle kann jedoch *jetzt* entwickelt werden, während Sie, entspannt und geistig ausgeglichen, sich wohl fühlen und daher fähig sind, vergangene Handlungen zu analysieren und von Ihrem Verstand sich sagen zu lassen, wie grundlos die meisten Ihrer Ängste sind.

Blicken Sie doch zurück auf die am meisten der Angst verfallenen Augenblicke Ihres Lebens. Beleben Sie diese Vorgänge noch einmal auf der „Kinoleinwand" Ihres Geistes. Sobald Sie sich an die Einzelheiten dieser Geschehnisse erinnern, werden Sie — wie zuvor, als Sie unsere Liste der Ängste durchsahen — wahrscheinlich auch wieder jene Empfindung von Angst wahrnehmen, welche bereits das erste Erlebnis dieser Art hervorgerufen hatte.

Während Sie diese Erfahrung vor Ihrem geistigen Auge wieder entstehen lassen, können Sie infolge der seither erreichten Übung Ihres Verstandes ermessen, welches Ihre richtige Haltung hätte sein sollen — wie Sie diese Situation hätten meistern können, wäre nicht Ihr Urteilsvermögen durch die Angst am Erkennen der wahren Situation gehindert gewesen.

Halten Sie nun das Bild dieser unerfreulichen Situation vor Ihrem geistigen Auge fest, während Sie es möglichst mit dem genauen Bild eines gleichartigen Geschehens überlagern, wie dieses sich ohne Beteiligung Ihrer damaligen Ängste — auf Grund der Erfahrungen also, die Sie inzwischen sammelten — entwickelt haben würde. So, wie Sie jetzt die geistige Überwindung dieser Angst klar erkennen können, werden Sie ihr künftig in jeder ähnlichen Situation begegnen, mag sie in der Gegenwart oder in der Zukunft entstehen. Wenn Sie Ihre Emotionen erst einmal Ihrer Kontrolle unterworfen haben, werden Sie nun voll Mut und Vertrauen in Ihre Kraft und Zähigkeit allem ins Gesicht schauen, was immer es sein mag.

Ersticken Sie Angstbilder im Keim

Jedesmal, wenn Sie eine Neigung zur Angst spüren, stoppen Sie das geistige Bild, das Ihnen diese Angstempfindung aufzwingen will und übernehmen Sie bewußt selbst die Herrschaft über sich. Prägen Sie Ihrem Unterbewußtsein ein, daß es solche Angstbilder nicht beachten darf. Dann werden Sie sofort beginnen, jedes der die wahrgenommene Angst erzeugenden Bilder aus Ihrem Unterbewußtsein zu entfernen und durch Vorstellen eines Handlungsablaufs zu ersetzen. Dieser sollte eine vergleichbare Situation mit nun furchtloser Auseinandersetzung enthalten, deren Ausgang Sie über die zuvor sich ankündigende Angst erhebt. Durch die wiederholte Wahrnehmung Ihrer *richtigen* emotionalen Reaktionen auf alles, was Ihnen geschieht, werden Sie die Einflüsse bestimmter Ängste zunehmend verringern, bis diese mit der Zeit vollkommen verschwinden werden.

Piloten, die vielleicht nicht einmal das Gesetz des Unterbewußtseins kennen, wissen meist sehr genau, daß sie ein falsches geistiges Bild überwinden müssen, wenn sie tragische Ergebnisse vermeiden wollen. Wenn zum Beispiel ein Flugschüler während seines Fluges einen Unfall hatte und unverletzt blieb, so wird ihm sein Trainingsleiter ohne Zweifel befehlen, mit einer anderen Maschine sogleich wieder zu starten, um so eine Fixierung der Erinnerung auf seine „Bruchlandung" zu verhindern.

Wer Infektionskrankheiten fürchtet, sollte sich der gläubigen Badenden im Ganges erinnern. Kaum je hat einer von ihnen sich in den bakterienverseuchten, ja tödlich verunreinigten Wassern des Stromes irgendeine Krankheit zugezogen. Dies mag als Musterbeispiel erwähnt werden für die Schutzwirkung eines fast sublimierten, vergeistigenden, gewaltigen Glaubens, dessen emotionale Begeisterung, bis zur religiösen Raserei reichend, gegenüber den umgebenden Verunreinigungen eine kaum zu fassende Widerstandskraft entwickelt, die in der medizinischen Welt noch heute als Wunder gelten kann. Ein unwiderlegbarer und doch rein sachlicher Beweis dafür, daß der Geist im Wirkungsbereich und bei der Kontrolle des äußeren Lebens eine bedeutsame Rolle spielen kann und auch spielt!

Die Angst davor, sich an hochgelegenen Aussichtspunkten aufzuhalten, ist oft entstanden aus einem unbewußt aufgezeichneten Fall, der sich während der Kindheit ereignet haben kann, mit einer daraus resultierenden instinktiven negativen Reaktion auf Höhe. Die Angst vor der Höhe ist häufig verbunden mit einer Angst vor dem Fallen, und die Entdeckung des Ursprungs eines dieser Angstgefühle wird beide entfernen.

Wenn die Höhe eines Gebäudes, eines himmelhoch sich auftürmenden Berges oder eines aufwärts strebenden Aufzugs Sie verwirrt oder beunruhigt, dann stellen Sie sich Ihren Körper ganz bewußt in einer unverrückbar festen, sicheren Position vor und ersetzen Sie auf diese Weise das Bild Ihres durch den Raum gewirbelten, stürzenden Körpers. Da in

Ihrem Bewußtsein in jedem Augenblick nur *ein* geistiger Eindruck Raum hat, wird diese Vorstellung Ihr Angstbild überwinden und beseitigen. Beachten Sie dabei, daß bloßes Hinunterschauen aus Ihrer Höhe Ihren Körper geistig nicht zur Erde hinabstürzen läßt. Vielmehr durchmißt allein Ihr Auge diese Entfernung, während Sie sich der Tatsache bewußt bleiben, daß Ihr Körper in Ihrer gegenwärtigen Position sicher verwurzelt ist. Etwas Übung in dieser geistigen Einstellung wird Sie von Ihrer Höhenangst und Ihrer Furcht vor dem Fallen befreien.

Die Vernunft hilft die Furcht zu zerstören

Wenn Sie sich jetzt davon überzeugt haben, daß Ihre Ängste größtenteils töricht sind und keinem nützlichen Zweck dienen, dann haben Sie ihnen einen geistigen Schlag versetzt, von dem sie sich nicht wieder erholen werden. Sie waren es, der Ihre Ängste am Leben erhalten hatte, und Sie sind es, der sie beseitigen muß, wenn Sie vermeiden wollen, im Laufe der Zeit von ihnen zerstört zu werden.

Sie können Ihr Bewußtsein so trainieren, daß es jede Angstemotion in dem Augenblick zurückweisen wird, in dem irgendeine Angst Sie beunruhigen könnte. Sie werden ihm dann mutige Gedankenbilder eingeben und mit ihrer Hilfe alle Ihre Ängste aussperren. Dann wissen Sie: Jetzt haben Sie die Kommandogewalt über sich selbst inne. Und Sie können es wagen, einer gefährlichen oder riskanten Situation ins Gesicht zu sehen, anstatt, wie früher, Ihren Angstempfindungen den Weg freizugeben ... Nun endlich sehen und erleben Sie, wie sicher Ihre Erfahrungen Sie tragen. Ihr Unterbewußtsein wird den Rest erledigen und mit Hilfe Ihrer Intuition gelingt Ihnen zum richtigen Zeitpunkt auch die rechte Tat.

Natürlich bleibt noch die Sorge, die „Magd der Angst" zu bezwingen. Aber schon George Washington Lyon sagte: „Sorge ist der Zins, der von denjenigen gezahlt wird, die sich Lasten borgen."

Und John Bunyan berichtete freudig erregt von zwei sorgenfreien Tagen in jeder Woche:

> „Es gibt in der Woche zwei Tage, nach denen und vor denen ich mich niemals sorge. Zwei sorgenfreie Tage, geheiligt, freigehalten von Angst und Besorgnis. Einer dieser Tage ist gestern ... Und der andere ist morgen!"

Nun, wenn auch Sie Angst und Sorge um gestern und morgen ausschalten können, so bleibt nur noch die Sorge um den heutigen Tag auszuschalten und Sie haben sie besiegt!

Aber heute — ich habe versucht, das ganz deutlich zu machen —, heute ist die einzige Zeit, in der Sie leben. Heute ist die einzige Zeit, die Sie haben, um der Wirklichkeit ins Gesicht zu blicken. Heute ist die einzige Zeit, die Sie haben, um überhaupt etwas Konstruktives oder Destruktives zu tun. Heute, bevor es zum Gestern wird, ist Ihre einzige Gelegenheit, vorwärts zu gehen oder zurückzubleiben! Heute, bevor es zum Morgen wird, haben Sie Ihre Chance, ein besseres Fundament für Ihre Zukunft zu legen!

Was tun Sie mit diesem Heute? Füllen Sie es an mit Ihren gewohnten Ängsten und Sorgen? Legen Sie denn so großen Wert auf die Garantie, dann morgen wieder nur eine Wiederholung des unveränderten Heute zu durchleben?

Wie ein berühmter Arktisforscher die Furcht besiegte

Den Vorabend von Sir Hubert Wilkins' unglückseliger Polarexpedition unter dem Polareis verbrachte ich im Hause des Forschers. Ich war neugierig zu erfahren, wie dieser berühmte Wissenschaftler über die Gefahren dachte, mit denen er — wie er genau wußte — bald konfrontiert werden würde, und welches seine wirklichen Gefühle und Empfindungen wären zum Zeitpunkt dieser Begegnung. Als sich die Gelegenheit ergab, fragte ich ihn: „Haben Sie eigentlich Angst, wenn Sie unversehens einer großen Notlage, vielleicht dem Tod, gegenüberstehen?"

Ich werde nie den Ausdruck von gelassener Heiterkeit vergessen, mit dem Sir Hubert meiner Frage begegnete:

„Die Empfindung von Angst habe ich nie gekannt, wenn ich im Begriff war, mich einer bedenklichen oder gefährlichen Erfahrung zu unterziehen", antwortete er. „Das ist so, weil ich bereits vor dem Aufbruch zu einer Expedition meine Ängste vor allem, was passieren könnte, bekämpft und überwunden habe. Ich versuche, stets vorauszuschauen und alles das in meiner Planung zu berücksichtigen, was mißlingen könnte. Man fürchtet ja immer nur das, was man nicht verstehen kann oder worauf man sich nicht vorbereitet fühlt. So habe ich es mir zur Pflicht gemacht, für jeden möglichen Notfall Vorbereitungen zu treffen. Ich versuche, alle jene unglücklichen Zufälle vorauszusehen, die physikalischen Gesetzen folgen und die daher unmöglich zu verhindern sein mögen, und arbeite dann einen Plan aus, um solche Zwischenfälle zu überwinden und zu überleben, wann, wie und wo sie auch eintreten.

Das Ergebnis: Befinde ich mich während meiner Expedition plötzlich in einem Engpaß, so springt mein Geist sogleich auf die ja vorbereitete Lösung des Problems und übernimmt, einem Computer gleich, völlig selbständig das geistige und körperliche Kommando, so daß eine Angstemotion gar keine Chance hat. Mit anderen Worten, ich habe bereits jede Möglichkeit einer Störung durchdacht und Hilfsmaßnahmen vorbereitet, um allen Störungen des Expeditionsablaufs erfolgreich begegnen zu können. Angst als Alternative kann keinen Einfluß auf mein Bewußtsein gewinnen. Sie kann einfach nicht existieren!"

Ich habe nur wenige Menschen mit dem Charakter und vom Format des Sir Hubert Wilkins getroffen und kennengelernt. Er bediente sich in hohem Grade der überwältigenden kreativen Kräfte seines Unterbewußtseins. Einmal erzählte er mir, daß er in einer großartigen geistigen Schau sich und alles, was er später vollbrachte, gesehen habe. Und als er von unseren ausgedehnten telepathischen Experimenten über die weiten Entfernungen von 2000 bis 3000 Meilen hörte, stimmte er mit mir darin überein, daß „ein großes, auf keiner Karte verzeichnetes Gebiet noch zu erforschen sei — das Gebiet des menschlichen Bewußtseins".

Auch andere Männer und Frauen haben ihre tief eingewurzelten Ängste überwunden oder sind noch dabei, sie zu überwinden. Ihnen gelingt das gleiche. Es ist leichter, als Sie es sich jetzt vorstellen. Malen Sie sich aus, wie Sie einer ähnlichen Situation begegnen! Ihre Kräfte werden um so größer, je mehr Sie sie gebrauchen. Und je häufiger Sie diese Vorstellung wiederholen, um so machtvoller wird Ihr Entschluß sich auswirken.

Versuchen Sie aber nicht, sich zu solchen geistigen Bildern zu zwingen. Jeder Versuch, Ihr „Angstdenken" gewaltsam aus Ihrem Geist zu vertreiben, würde bedeuten, daß Sie noch nicht sicher genug sind, sich auch wirklich davon befreien zu können. Nur wenn Sie fest davon überzeugt sind, daß Ihre Ängste Sie nicht weiter beherrschen können, sollten Sie Ihre Angstbilder gelassen, aber unerbittlich ersetzen durch Vorstellungen von der nun für alle Zeiten durch Sie selbst ausgeübten Kontrolle Ihrer Emotionen.

Stellen Sie sich vor: Sie sind der „Boss" jeder Ihrer Regungen, der Meister jeder Situation!

Ein Appell an Ihre Vernunft zerstört die Angst. Sie würden ja auch nicht wissentlich an einer Hochspannungsleitung herumbasteln. Noch unendlich gefährlicher und zerstörerischer als jene aber ist Ihr eigenes Unterbewußtsein, wenn es mißbraucht wird! Auch Ihr Angstdenken ist wie ein elektrischer Strom, der, mit der Zeit, zuverlässig zu Ihrem Elektrischen Stuhl wird, wenn Sie nicht lernen, ihn abzuschwächen und schließlich seine Stärke zu kontrollieren.

Der Mensch schafft sich seine eigenen Übel und verbringt das ganze Leben damit, sie zu bekämpfen. Die meisten von ihnen können Sie kurieren, wenn Sie die Angst beseitigen. Auf, beginnen Sie schon damit, sich von Ihren Ängsten zu befreien, die Ihnen nichts als Elend und Leid gebracht haben!

Wenn Sie den Suchscheinwerfer Ihres Verstandes gebrauchen und Ihren Mut und Ihren Glauben dazuschalten, werden Ihre Ängste in der klaren Luft entschwinden und Sie werden alle die wertvollen Dinge anziehen, die Sie so lange begehrt haben.

Die Furcht, die Plage der Menschheit, muß überwunden werden!

Heute noch wird die Welt von Angst gepeinigt. Die Drohungen von Atom- und H-Bomben und von wer weiß welchen anderen Arten neuer und noch zerstörerischerer Waffen hängen über dem Erdball. Unter solchen erschreckenden Bedingungen ist es kein Wunder, daß in allen Ländern das wirtschaftliche Leben von Millionen sich in einem zerbrechlichen, bedenklichen Zustand der Instabilität befindet und daß in den Köpfen großer Menschenmassen die Angst vor einem dritten Weltkrieg umgeht. Zählen Sie hinzu die zwischen den verschiedenen Rassen und Völkern schwelenden tiefen Haßgefühle und Ressentiments, die Ängste und das Mißtrauen, die tragischerweise existieren, so wird vom einzelnen schon ein beträchtliches Maß an Glauben und Mut gefordert, um für sich wie für alle anderen Menschen seinen Baustein zur rechten geistigen Haltung beizutragen.

Aber im Angesicht solcher Gefahren ist es unumgänglich, daß Sie lernen, Ihre Emotionen, Ihre Ängste und Sorgen zu kontrollieren; daß Sie sich zuverlässig ausmalen, wie Sie Führung und Schutz von der Macht in Ihnen empfangen, so daß Sie sicher und beschützt sind, was in der Welt auch im Großen passieren mag; daß Sie alles in Ihrer Macht stehende tun können, um Ihren eigenen positiven Einfluß soweit wie möglich auszudehnen.

Seien Sie positiv! Seien Sie mutig, glauben Sie, haben Sie Vertrauen, bereiten Sie Ihren Geist heute schon darauf vor, daß Sie, allmählich wachsend, morgen Ihre persönliche Zukunft kontrollieren können.

Ich erkenne, daß ich nur das fürchte, was ich in mir selbst noch nicht überwunden habe.

Um die Wirkungen vergangener Ängste in mir auszuschalten, muß ich sie in meinen Geist zurückrufen und mir vorstellen, wie ich allen ähnlichen Erfahrungen, die täglich auftreten können, so begegnen kann, wie ich das früher schon hätte tun müssen.

Jedesmal, wenn ich einen Hang zur Angst verspüre, werde ich dieses geistige Bild stoppen, das mir die Furcht aufzwingt, und das Kommando in mir bewußt selbst übernehmen.

Ich will meinem Unterbewußtsein einprägen, daß es diesen Angstbildern keine Aufmerksamkeit schenken darf, sondern sie sofort aus meinem Geist entfernt, indem ich mir vorstelle, wie ich der Situation mutig entgegentrete.

Wenn ich mich selbst davon überzeugt habe, daß meine Ängste größtenteils töricht sind und keinem nützlichen Zweck dienen, werden sie ihre Herrschaft über mich aufgeben.

Ich will mich immer an die großartige Aussage erinnern: „Angst klopfte an die Tür — Glaube öffnete ihr — und es war nichts da!"

9. Kapitel

DIE KRAFT DES GLAUBENS UND DES SELBSTVERTRAUENS

Glaube — das ist nicht nur so ein Wort, sondern eine entschiedene Macht, eine belebende Kraft, ein Energiespender, ein Organisator, ein dynamisierender Einfluß, der Voraussetzung schafft und Menschen zu Taten begeistert!

Alle *Tätigen* in der Welt wurden *aktiviert durch* den Glauben. *Glaube ist die treibende Kraft, um etwas zu erreichen. Sie* brauchen ihn zum Erfolg — um sich und um andere *zu bewegen.*

Wenn Ihnen der Glaube fehlt, fehlt Ihnen das Selbstvertrauen, denn beide gehen Hand in Hand. Wenn Glaube und Selbstvertrauen für Sie arbeiten, kann Ihnen nichts mißlingen. Richten Sie Ihren Geist auf irgendein erstrebenswertes Ziel, fügen Sie dann den Glauben an sich selbst hinzu, ferner den Glauben an die Menschen, mit denen Sie sich verbunden wissen, und den Glauben an dieses „Etwas" in Ihnen, das eines jeden Menschen Geschick kontrolliert. Scheiden Sie alles negative Denken aus und setzen Sie Ihren Weg fort im Vertrauen auf sich selbst — und alle Widerstände haben bereits angefangen, sich zu verflüchtigen!

Glaube, Sie wissen es, ist der Grundton einer jeden großen Religion. Er wurde immer wieder bekundet durch geistige Führer wie Buddha, Konfuzius, Mohammed, Moses, Jesus Christus und von vielen Philosophen. Er kann zusammengefaßt werden in der einen Erklärung: „Wenn Du es glaubst, ist es so!"

Nun, diese Feststellung ist nicht immer auch buchstäblich wahr. Nur einfach an etwas zu glauben, an irgend etwas, schafft noch keine Tatsachen. Ich schüttele mich, wenn ich höre, wie manche sich für besonders religiös haltende Menschen diese Formel gebrauchen — als hätte ein solches Lippenbekenntnis die magische Bedeutung einer uralten Zauberformel wie „Abracadabra". Mit dem Wort „Lippenbekenntnis" meine ich hier eine Aussage, die weder von Überzeugung noch von Gefühl getragen wird, so, als wäre ein bloßes Wort bereits das Gefäß einer absoluten Kraft! Denn die Tage Aladins und seiner Lampe sind vergangen, und vielleicht haben sie ebensowenig existiert wie Zauberstab, Zauberteppich und alle die anderen Dinge aus Märchen und Legenden. Unterhaltsam oder gar faszinierend, aber ohne echte Grundlage, ohne Realität.

Es gibt jedoch *eine* Tatsache, an die Sie sich immer erinnern müssen. Sie ist eine alte religiöse Tatsache ersten Ranges, die Sie als eindringliche Mahnung schon oft gehört haben:

Der Glaube ohne Werke ist tot

Ob Ihrem Vertrauen oder Ihrem Glauben eine Wirklichkeit zugrunde liegt oder nicht — nichts von allem, was Sie sich wünschen, geschieht ohne Ihre wirkliche und wahre Bemühung.

Daran ist absolut kein Zweifel möglich, obwohl — durch die richtige Ausübung des Glaubens anscheinend selbst Wunder bewirkt werden können. Alle großen Ereignisse erhielten ihren entscheidenden Impuls von einem Menschen, von einem Glaubenden. Es macht keinen Unterschied, ob er auch die Idee dazu als erster hatte. Alle großen Neuerungen sind natürliche Ergebnisse des ganzen Systems des Glaubens — des Glaubens an sich selbst, an Ihre Idee, Ihre Fähigkeiten und an Ihr Vermögen, sie durchzusetzen. Auch alle großen Verkäufer wissen das. Sie benutzen diese Macht. Darum sind sie Verkäufer ihrer Religion, von Gebrauchsgütern, von Entwürfen oder Plänen geworden. Jede Gemeinschaftsströmung, jeder Fortschritt, jede Wertsteigerung hat Erfolg, weil irgendwo ein einzelner fest daran glaubt. Dieser ist die treibende Kraft, der Motor, der immer anregende Mittelpunkt. Er ist fähig, der Masse alles das zu verkaufen, an das er selbst glaubt — und er vermag diesen Glauben weiterzugeben wie eine ansteckende Krankheit. Denken Sie darüber einmal nach. Ja, denken Sie ruhig noch etwas mehr darüber nach, denken Sie immer wieder daran. Meditieren Sie darüber und Sie werden erkennen, daß jedes meiner Worte wahr ist.

Sie glauben an eine Religion, an ein kommerzielles Produkt oder Programm, an eine Gemeinschaftsströmung, weil zuvor irgend jemand Ihnen den Glauben daran eingegeben hat. Sie akzeptieren bestimmte Menschen als Autoritäten, weil Sie ihnen vertrauen. Was sie sagen, das glauben Sie ohne zu fragen, und Sie kaufen, was jene Ihnen anbieten. Auch das ist Glaube.

Gelegentlich wird irgend jemand Sie irreführen und Sie veranlassen, etwas zu glauben, das nicht richtig ist; wenn Sie das erkennen, sind Sie oft verärgert und enttäuscht. Sie sagen: „Ich werde niemandem mehr vertrauen!" Aber Sie werden es dennoch wieder tun, weil zu glauben nun einmal ein wesentlicher Charakterzug der menschlichen Natur ist. Ganz instinktiv wollen Sie anderen und natürlich vor allem sich selbst glauben. Es wäre eine schreckliche Welt, wenn wir niemandem vertrauen und glauben könnten.

„Foghorn" Murphy, in USA bekannt als scharfer Kritiker vieler Schiedsrichter, dessen Spitzname „Foghorn" vielleicht mit Nebelhorn übersetzt werden kann, sagte in einer Rundfunksendung einmal, „... das ‚billigste', was ein Mensch tun kann, ist, nett zu sein zu anderen Leuten, sie mit einem Lächeln zu grüßen und ihnen zu vertrauen — das ergibt die höchsten Dividende". Er hatte völlig recht: Aufrichtiger Glaube an Mitmenschen zahlt sich immer aus. Sie mögen Ihren Glauben einigemale an den falschen „Propheten" verschwenden, aber das bleibt eine Seltenheit. Die meisten Menschen strengen sich besonders an, um *Ihr* Vertrauen zu rechtfertigen. Sie mögen andere enttäuschen, sie sogar übervorteilen, aber *Ihren* Glauben schätzen sie so hoch ein, daß sie Sie nicht enttäuschen würden.

Ich begegnete zuweilen Männern und Frauen, die mir vorhielten: „Warum verschwenden Sie Ihre Zeit auf diesen betrunkenen Habenichts? Auf ihn kann man sich doch nicht verlassen. Er wird Sie nach Noten bestehlen oder doch bei der ersten Gelegenheit übervorteilen!"

Nun, ich habe mein Vertrauen schon in Hunderte und Aberhunderte von Männern und Frauen gesetzt, aber bis heute bin ich noch nicht mit Vorbedacht hereingelegt worden. Einige unter all den Menschen, denen ich vertraut habe, waren einfach zu schwach, um ihrer selbst sicher zu bleiben, aber sie hatten nicht den Vorsatz, mich „auszunehmen". Und dann hielten sie sich für schlimmer als ich es tun konnte, nur weil sie nicht das Maß meiner Wertschätzung erfüllt hatten; die meisten von ihnen haben sich zusammengenommen oder haben es doch wieder und wieder versucht. Sie wissen, daß ich immer noch an sie glaube, daß ich sie nie verdammt habe, daß ich immer noch willens bin, ihnen zu helfen wann und wo ich es kann. Aber sie wissen auch, daß ihr Erfolg allein von ihnen abhängt, weil man keinem Menschen über einen bestimmten Punkt hinaus helfen kann, und daß sie die Aufgabe, wieder auf ihre Füße zu kommen, selbst lösen müssen — unterstützt durch die Kraft ihres Glaubens.

Die Kraft kann nicht für Sie arbeiten, ehe Sie nicht an sie glauben!

Lassen Sie Ihren Glauben für sich arbeiten

Erfahrung ist der größte und gleichzeitig der strengste Lehrer. Durch Erfahrung *wissen* Sie, was Sie falsch gemacht haben; gelegentlich schlägt sie auf Sie ein. Und hinterher erkennen Sie: Sie fangen an zu arbeiten, indem Sie sich selbst korrigieren, weil Sie erkannt haben, daß Sie die Hilfe einer Kraft brauchen, die größer ist als Sie selbst, wenn Sie Ihre Angelegenheiten ordnen und sich zum richtigen Denken bringen wollen. So entdecken Sie dieses „Etwas" in Ihnen und Sie sagen — und fühlen und denken und wollen es auch —: „Ich glaube!" Und damit beginnt ein magnetischer Strom in Ihnen zu fließen und alles das anzuziehen, was Sie glauben. Jetzt fühlen und sehen Sie, wie die Dinge zu Ihnen kommen, die Sie sich vorgestellt haben — zu Ihnen kommen, weil Ihr Glaube Ihnen dazu verholfen hat: „... und es ist so!"

Damit ist dieser ganze Vorgang an sich kurz zusammengefaßt. Er mag nicht religiös sein in irgendeinem orthodoxen oder kirchlichen Sinne, er ist „nur" spirituell dargestellt; aber damit ist er geistig und seelisch und religiös dargestellt und muß infolgedessen als göttlich inspiriert gelten, zumal er keiner der geistlichen, kirchlichen und metaphysischen Auffassungen widerspricht. Er ist alles das auch, er ist, worüber die geistigen und die geistlichen Führer aller Zeiten gesprochen haben, nur reduziert auf unsere gewohnte Alltagssprache.

Es laufen zahllose wohlorganisierte Kampagnen, deren Zwecke es sind, Sie an dies oder jenes glauben zu machen. Halten Sie inne und denken Sie einen Augenblick nach. Was ist Propaganda — jede Art von Propaganda, die gute wie die schlechte? Oft nichts mehr und nichts weniger als die gut entwickelten, geschickten und zuweilen genial erfundenen Pläne, zu deren Verwirklichung der jeweilige Propagandist lediglich Ihrer Zustimmung bedarf, denn Sie sollen an seine Thesen glauben.

Die Wirkungen der Propaganda haben Sie in den Kriegen der vergangenen Jahre beobachtet, oder wenn Ihr Land oder die Welt großen Problemen gegenüberstanden; wenn Sie aufgeschlossen genug sind für alles, was um Sie herum vorgeht, so wissen Sie, was und wieviel mehr *heute* geleistet wird auf dem längst unentbehrlich gewordenen weiträumigen Gebiet der Werbung — und zugleich auf allen Gebieten des menschlichen Lebens —, wie vor Tausenden von Jahren und wie in Tausenden von Jahren!

Sie sollten nur sehr vorsichtig alle die Verlockungen und Verführungen aufnehmen, ehe Sie sich verleiten lassen, ihnen zu glauben. Versichern Sie sich zuerst, daß Sie mit Hilfe der werblichen Information in den Besitz von unverfälschten Tatsachen gelangen. Wenn nicht, so halten Sie Ihr Urteil zurück und erlauben Sie weder Ihrem Verstand noch Ihrer Intuition, sich hinwegfegen zu lassen durch die bloß überzeugend *klingenden* emotionalen Appelle.

Alles, was Sie in Ihrer Zeitung lesen, im Radio hören, im Fernsehen anschauen, bedarf kaum der Erläuterung durch mich. Dennoch sollten Sie mir zuhören und alles behalten, was ich zu sagen habe. Sie werden bemerken, daß alle Reden unserer Führer, unserer großen Politiker, die uns so regelmäßig wie die Jahreszeiten und so pünktlich wie die Uhrzeiger besuchen, zu *einem* Zweck gesprochen werden — um uns etwas glauben zu machen. Diese Männer wissen das. Darum noch einmal: Studieren Sie alles, was heute gesagt wird, wägen Sie beide Seiten, ziehen Sie Ihre eigenen Schlüsse, treffen Sie Ihre Entscheidung so fair und unvoreingenommen wie Sie können, bevor Sie etwas davon glauben.

Jeder von uns, einmal auf die richtige Spur gesetzt, kann ebenso erreichen, wonach er strebt. Er braucht sich nur zu sagen: „Wenn du es glaubst, ist es so!" Und er kann sich noch des alten Sprichwortes bedienen: „Wo ein Wille ist, dort ist auch ein Weg."

Mit anderen Worten: Lassen Sie Ihre Willenskraft, Ihren Glauben, Ihr Vertrauen jede Minute des Tages arbeiten — vierundzwanzig Stunden am Tage, sieben Tage in der Woche, zweiundfünfzig Wochen im Jahr. Dann, ich verspreche es Ihnen, werden Sie sich an die Spitze schieben und mit Ihrem persönlichen Fortschritt Ihre Mitbewerber überholen, denn Sie sind schnell wie hochfrequente Entladungen oszillierender Ströme im Äther!

Der Glaube bringt Sie mit der Geschwindigkeit von Düsenflugzeugen wohin Sie wollen. Zweifel und Unglaube jedoch bringen Sie genauso schnell in die entgegengesetzte Richtung. Der Glaube magnetisiert immer; Unglaube entmagnetisiert.

Sie wissen bereits etwas über die Wirksamkeit des Gebets. Was ist das Gebet anderes als der Ausdruck eines im Herzen gefühlten ernsten, ehrlichen Wunsches oder Bedürfnisses? Sagte nicht der *große Lehrer:*

Alles was ihr bittet in eurem Gebet, glaubt nur, daß ihr's empfangen werdet, so wird's euch werden.

Das ist die Wahrheit! Jeder von uns kennt die Wirkung seiner eigenen Wünsche an sich selbst und weiß, wie Ereignisse beeinflußt werden durch große Wünsche. Jede wirtschaftliche Veränderung während der vergangenen Jahrhunderte kam zustande durch den Wunsch der Menschen, einander zu nützen. Jedoch wir *müssen* glauben, müssen Glauben haben. Sonst werden unsere innigsten Wünsche (Gebete) einfache zerplatzende Seifenblasen.

Der große Lehrer sagte auch:

Wenn du glauben könntest! Alle Dinge sind dem möglich, der da glaubt.

Alles dies haben Sie schon gehört. Aber was haben Sie daraus gemacht? Und was werden Sie künftig damit tun?

Glaube ist etwas, das von Ihnen Besitz ergreifen muß, nachdem Sie von ihm Besitz ergriffen haben. Der Glaube muß in Sie hineingehen und von „innen nach außen" arbeiten. Alles, woran Sie fest und unverrückbar glauben, wird in Ihrem Geist zu existieren beginnen. Die schöpferische Kraft in Ihnen schafft es für Sie. Dann beginnt sie damit, den Schöpfungsvorgang auch in Ihrem äußeren Leben zu wiederholen. Wenn Sie Ihr geistiges Bild nicht von Ihren Ängsten und Sorgen und Zweifeln verändern lassen, wird ein Tag kommen, an dem Sie es genauso materialisiert sehen, wie Sie es einst Ihrem Bewußtsein eingegeben haben.

Glauben Sie — haben Sie den Glauben — und, wie ich bereits sagte und immer wieder sage, um es unauslöschlich Ihrem Geist einzuprägen, „alles, was Sie wünschen, kann Ihnen gehören!"

Die gewaltige Macht des Glaubens

Sie denken, Glaube sei für die Alltagspraxis nicht brauchbar, weil er nichts von alledem tun könne, was ich für Sie fordere und auch Ihnen gegenüber behaupte? Nun, hier biete ich Ihnen eine Demonstration aus der Wirklichkeit des Lebens über Werke des Glaubens, während die Wetten Millionen zu eins standen gegen jene Kraft im Universum, die diesen Mann retten sollte! (Nachdem ich über diese Erfahrung bereits in einem früheren Buch berichtet hatte, schrieb mir eine große Anzahl von Männern und Frauen, daß ich ihrem Glauben an sich selbst *und* an die göttliche Kraft in ihnen einen gewaltigen Auftrieb gegeben hätte. Auch einen Brief von dem Helden meines nachfolgenden Berichts habe ich inzwischen erhalten. In meiner Antwort konnte ich ihm mitteilen, wieviel das Beispiel seines Glaubens seither für zahllose andere Menschen bedeutet.)

Lesen Sie nun dieses bemerkenswerte Glaubensabenteuer und bereiten Sie sich auf eine machtvolle geistige Erhebung vor!

Im September 1949 wurde der neunzehnjährige Marineangehörige William Toles aus Rochester, Michigan, von seinem Transporter ohne Schwimmweste über Bord gespült. Es war vier Uhr früh und das Schiff befand sich weit draußen vor der afrikanischen Küste. Niemand sah ihn über Bord gehen. Während er im Wasser wild um sich schlug, wußte er genau, daß seine Chancen, gerettet zu werden, fast Null waren. Aber anstatt sich der drohenden wilden Panik zu überlassen, zog der junge Toles schwimmend seine Arbeitskleidung aus, verknotete die Hosenbeine und benutzte das Gesäß der Hose, um damit Luft zu fangen und die Beine aufzublasen. Auf diese Weise gewann er eine improvisierte Schwimmweste.

Später erzählte Bill Toles, er habe dann versucht zu üben, was den Mariners neben vielen anderen notwendigen und unnützen Dingen auch gelehrt wird: sich nicht um die Zukunft zu sorgen. Immerhin wußte er, daß er an Bord des Schiffes spätestens beim 8-Uhr-Appell vermißt werden würde. Und dann würde man Suchflugzeuge nach ihm ausschicken, weil er zur Besatzung eines Kriegsschiffes gehörte, das weit abseits vom Kurs der regulären Linienschiffe operierte.

Toles hatte sich ausgezeichnet unter Kontrolle; er versuchte sogar zu schlafen, legte seinen Kopf auf ein Bein der aufgeblasenen Arbeitshose und ruhte aus. Aber die hohen Wellen schlugen ihn immer wieder wach. Natürlich hatte er Angst. Aber er versuchte auch sie unter Kontrolle zu behalten und verfiel auf den ihn früher viel zu simpel anmutenden Glauben an dieses „Etwas", das die Kraft Gottes in ihm sein sollte. Schließlich begann er zu beten, einmal ums anderemal: „Bitte, Gott — laß mich gerettet werden ... bitte, Gott — laß mich gerettet werden!

Dann kam der Morgen herauf — und verging. Flugzeuge erschienen nicht. Bills Mut begann zu sinken. Dazu war er nun auch noch seekrank geworden, die mächtigen Wellen schleuderten ihn hin und her und hinauf und hinab. Immerfort mußte er Wasser schlucken. Aber den eben erst wiederentdeckten Glauben verlor er nicht. Er fuhr fort, sein Gebet zu wiederholen: „Bitte, Gott — laß mich gerettet werden!"

Nachmittags um drei Uhr wurde Bill Toles von Seeleuten der *Executor,* einem amerikanischen Export-Linienfrachter gesichtet. Kapitän und Besatzung des Schiffes waren erstaunt, einen Mann mitten im Ozean zu entdecken, der sich bereits elf Stunden über Wasser gehalten hatte.

Aber noch erstaunlicher ... der Kapitän des Frachters konnte nicht erklären, warum er sein Schiff vom gewohnten Kurs entlang der afrikanischen Küste auf einen spanischen Kurs gebracht hatte, der die Route der heimkehrenden amerikanischen Schiffe kreuzte!

Hätte er aber seinen Kurs nicht geändert, so wäre die *Executor* inmitten des riesigen Ozeans in einer Entfernung von einigen hundert Meilen an dem kleinen *Punkt* vorbeigefahren, wo Bill Toles mit seinem ungebrochenen Glauben an Gott auf seine Rettung wartete!

Bill war nach allem noch in so guter körperlicher Verfassung, daß er die Schiffsleiter der *Executor* ohne Hilfe erklimmen konnte. Er wurde von der ganzen Schiffsbesatzung mit Champagner gefeiert.

Bill Toles erste Tat war, Gott, der sein Gebet erhört hatte, zu danken.

Werden Sie angesichts solcher Tatsachen jemals wieder daran zweifeln, daß „alle Dinge möglich sind für den, der da glaubt?"

Wer oder was hatte den Kapitän beeinflußt, den Kurs seines Schiffes zu ändern und unbeirrbar den Punkt in all den Millionen von Quadratmeilen Wassers anzusteuern, an dem er einen Mann aufnehmen konnte, der daran glaubte, daß Gott ihn retten lassen würde?

Es gibt keine Grenze für den Geist! Wie stark ist Ihr Glaube? Nach diesem Bericht sollte er ein großes Teil stärker geworden sein. Wenn Sie auch wahrscheinlich nie in die Lage kommen werden, einen solchen Glauben unter vergleichbaren Bedingungen erproben zu müssen, so sollte es Ihnen um so leichter sein, wissen und glauben zu dürfen: „Es ist so."

Denn was immer Sie im Leben benötigen — auch Ihr Schiff wird Sie eines Tages finden, beladen mit all Ihren Wünschen, wenn Sie Ihren Glauben beibehalten.

Erinnern Sie sich noch daran, daß ich die Tätigen in der Welt die wahren Glaubenden genannt habe? Sie glauben an sich selbst, an ihre eigenen inneren Fähigkeiten, an Kapazität, Eigenschaften und Leistungsfähigkeit, sich auf die in ihnen wirkende Gotteskraft zu berufen und zu veranlassen, was nötig ist. Niemand hat eine Möglichkeit zu wissen, wie tief sein Glaube ist, ehe er nicht geprüft wurde.

Eine Prüfung des Glaubens

Schon 115 Jahre sind vergangen, seit der große französische Seiltänzer Charles Blondin (1824—1897) damit begann, auf einem fünfzig Meter hoch über dem Wasserfall gespannten Drahtseil den Niagara zu überschreiten. Das war eine erstaunliche und gewaltige Demonstration seiner Balance und Nervenkontrolle, die er in den Jahren zwischen 1855 und 1860 noch oft wiederholte. Die Zeitungen des Landes berichteten immer wieder davon. Eines Tages nun kündigten ihre riesigen Schlagzeilen an, Blondin habe sich entschlossen, am folgenden Tage einen Mann in einer Schubkarre auf dem Seil hinüber zum jenseitigen Ufer zu schieben!

Nur wenige glaubten diese Ankündigungen. Bis ein Mr. Ruth auftrat, der unermüdlich die Straßen von Niagara auf und ab schritt und jedem anbot mit ihm zu wetten, daß Blondin dieses Kunststück tatsächlich vollbringen werde. Am Morgen der angekündigten Vorstellung traf Mr. Ruth auf den großen Blondin selbst. Sogleich waren sie von einer großen Anzahl von Stadtbewohnern umgeben.

Als Mr. Ruth Blondins Hand schüttelte, sagte er: „Mr. Blondin, ich mache Reklame für Sie. Ich glaube, Sie verstehen Ihr Geschäft. Ich glaube, Sie können, was Sie versprechen. Ich glaube, Sie werden Ihren Mann sicher über die Schlucht bringen."

Der große Blondin lächelte. „Es ist mir ein Vergnügen, Sie zu treffen, Mr. Ruth", sagte er. „Nach einem Mann wie Sie habe ich seit Tagen gesucht. Ich möchte, daß Sie in den Schubkarren kommen!"

Es wird berichtet, daß Mr. Ruth seither nie wieder gesehen worden sei.

So mag Mr. Ruth auch hier beiseite bleiben. Wären Sie in diesen Schubkarren gestiegen? Ein Mensch *tat* es — ich habe echte Fotos von diesem aufsehenerregenden Ereignis gesehen — und wurde von dem großen Blondin im Schubkarren auf dem Seil hin und zurück gefahren über die große Schlucht — ohne einen Zwischenfall.

Für jede Krise Ihres Lebens muß Ihr *Glaube* dieser Krise entsprechend gewachsen sein, oder Sie sind unfähig, ihr zu begegnen. Die Kraft in Ihnen wäre dann machtlos Ihnen zu helfen.

Ihr *Glaube* muß positiv, erwartungsvoll, zuversichtlich, unerschütterlich, beharrlich und völlig ehrlich sein, oder er wird dieses „Etwas", die kreative Kraft in Ihnen, nicht wirken lassen. Diese muß jedoch aktiviert werden, bevor Sie zu Ihnen heranziehen kann, was Sie sich bildhaft vorgestellt haben.

Versuchen Sie aber auch in einer Notlage niemals, die erwartete Antwort innerhalb einer bestimmten Zeit zu erzwingen, denn das schöpferische Bewußtsein verpflichtet sich weder einen vertraglich festgesetzten Liefertermin einzuhalten, noch akzeptiert es unser irdisches Zeitmaß. Sie selbst aber wird die von Ihnen festgesetzte zeitliche Begrenzung zum eigenen Schaden anspannen und schließlich nur Zweifel in Ihnen wecken, ob die Hilfe Sie auch ja zur rechten Zeit oder doch früh genug erreichen wird.

Alles, was Sie tun müssen, ist, den Glauben und das Vertrauen zu behalten, daß Hilfe *dann* kommen *wird,* wenn Sie ihrer am dringendsten bedürfen. Eine solche Geisteshaltung macht die gottgegebene schöpferische Kraft frei von allen selbst auferlegten Begrenzungen, und Sie ermöglichen es ihr, Sie in dem Maß mit Hilfe und Führung zu versehen, wie Ihre spezielle Krise dies erforderlich macht.

Bill Toles zweifelte nicht daran, daß Gott sein Geschäft beherrschte, als er, seinem Glauben gemäß, stundenlang sein Gebet wiederholte: „Bitte, Gott — laß mich gerettet werden!" Er *wußte,* er *glaubte,* und darum geschah es.

Werfen auch Sie Ihre Zweifel für immer beiseite, denn: *Wenn Sie es glauben, ist es so!*

Leitsätze für Ihr künftiges Leben

Ich weiß, daß ich machtlos bin, irgend etwas Bedeutsames zu erreichen, ohne daß ich den Glauben an mich und an die Macht Gottes besitze.

Ich erkenne die Wahrheit des oft zitierten Satzes: „Glaube ohne Werke ist tot."

Wenn ich Erfolg zu haben hoffe, muß ich — zur Unterstützung meines Glaubens — jede echte und ernsthafte Bemühung in Richtung auf meine Pläne und Ziele unermüdlich fortsetzen.

Um meinen Glauben zu stärken, will ich die mutigen Beispiele anderer studieren, die ihren Glauben an sich selbst bereits unter schwierigen Bedingungen und in Notlagen bewiesen haben; dann beschließe ich, es ihnen gleichzutun.

Nachdem ich mir bildhaft vorgestellt habe, was ich begehre oder im Leben zu vollbringen wünsche, wird es von Nutzen sein, wenn ich aus tiefer Überzeugung sagen kann: „Ich glaube es — und es ist so!"

10. Kapitel

DIE MACHT DES GESPROCHENEN UND GESCHRIEBENEN WORTES

Wir leben im Zeitalter der mechanisch und elektronisch produzierten *Bilder* und *Töne*. Die Luft um uns ist überfüllt von Funk-, Radio- und Fernsehwellen. Und wenn wir bereits irgendeine Möglichkeit entwickelt hätten, um sie aufzuspüren und nachzuweisen, würden wir ohne Zweifel auch herausfinden, daß selbst Gedanken und bildhafte Vorstellungen uns ebenso umgeben wie die Wellen des Fernsehens, denn offenbar besitzt alles im Universum Schwingende eine bestimmte Wellenlänge.

Denken Sie an alle die Radio- und Fernsehstationen, die pausenlos senden; und denken Sie an alle Köpfe, an alle Gehirne, die auf diesem Planeten „funktionieren". In vielerlei Formen strömen Energie und Impulse, und sicherlich noch irgend etwas, das wir bisher nicht verstehen, auch aus dem Bereich des menschlichen Bewußtseins aus. Es ist gut, daß wir im allgemeinen dagegen abgeschirmt sind, daß wir alles das nicht bewußt empfangen, was um uns herum im Unsichtbaren vorgeht. Glücklicherweise sind wir noch in der Lage, auszuwählen, was wir in unsere Köpfe hereinnehmen wollen durch unsere Augen und Ohren und die übrigen physischen Sinne. Aber schon längst arbeitet die Wissenschaft daran, Apparate oder Vorrichtungen zu erfinden, die unser Unterbewußtsein erreichen und uns mit seiner Hilfe beeinflussen und lenken, ohne daß ein solcher Vorgang — wie wir ihn ähnlich bereits aus der sogenannten *unterschwelligen* Werbung kennen — uns sogleich bewußt werden müßte.

Denn heute schon haben Wissenschaftler herausgefunden, daß die im Bruchteil einer Sekunde von unseren Augen und Ohren aufgenommenen Bilder und Töne nicht mehr bewußt

wahrgenommen werden können. Und manche Verkaufs-
genies, die zuerst ein Bedürfnis in uns wecken und uns dann
das Mittel verkaufen wollen, es zu befriedigen, rechnen auch
mit dem Erfolg dieser Methode. Es sind blitzartig über den
Bildschirm schnellende „Lichtspiele", begleitet von fast un-
hörbaren Wort- und Geräuschfetzen, die kein menschliches
Wahrnehmungsorgan aufnehmen und an das Bewußtsein
weiterleiten kann, die darum nur das Unterbewußtsein erreichen und erst mittels ständiger Wiederholung sich dort
einnisten, um unsere zukünftigen Wünsche und Handlungen
zu beeinflussen. Ziemlich „clever", nicht wahr?

Ihreweißkosmetik... einneuesweiß... einsonnigesheite-
resstrahlendesweiß... pflegensiemitderneuenweißkosmetik..
infünfminutenneuesweißdasneuesteweißesteweiß... fragen-
sienachdemduftigstenweiß... fragensienachihrerweißkosme-
tik!

So etwa — blitzschnell — und vorbei an Ihren Augen...
Wissen Sie, was? Sie wissen es nicht. Aber Ihr Unterbewust-
sein nimmt alles auf, es wird auch diesen Mischmasch ent-
ziffern und Sie veranlassen, dieser Suggestion zu folgen —
natürlich, ohne daß Sie sich Rechenschaft ablegen über Ihre
Gründe. Natürlich übertreibe und vereinfache ich. Unter-
schwellige Werbung ist viel erfinderischer und verkörpert
eine weitaus größere Macht, als das Beispiel zeigt. Aber wenn
schnell vorüberblitzende Bilder hinzukommen zu den Gehör-
und Gehirnbombardements, dann absorbieren Sie tatsächlich
ein echtes Sperrfeuer, während Sie Werbesendungen sehen
und hören. Gleiches gilt für unzählige andere Ideen, die
Ihnen aus dem einen oder anderen Grund mit Hilfe der verschiedenen Kommunikationsmedien vorgesetzt werden. Ihr
Geist reagiert bewußt und unbewußt auf Abläufe, die ständig, während des Wachens und während des Schlafens, Sie
umgeben. Im Falle eines solchen Werbesperrfeuers ist es Absicht, Ihr Unterbewußtsein zu beeinflussen, damit Ihr Bewußtsein von Anfang an auf Widerstand verzichtet, bis
durch häufige Wiederholungen diese Ideen auch Ihrem Ich
als durchaus annehmbar erscheinen.

Nun, wenn diejenigen, die Ihnen irgend etwas verkaufen wollen, keinerlei Aufwendungen und Mittel scheuen, um Sie zu erreichen und zu überzeugen — sollten dann nicht auch Sie sich jeden Tag einige Minuten nehmen, um selbst zu entscheiden, was Sie mit Ihrem Geist und mit Ihrem Leben beginnen wollen?

Was immer Ihre Augen sehen und Ihre Ohren hören mögen, denken Sie stets daran: Wenn es oft genug (oder zu oft?!) gesehen und gehört wird, kann es leicht ein Teil Ihrer Existenz werden. Allein aus diesem Grund bemühen Wissenschaftler und Werbeleute sich mit so viel Hingabe um die Herstellung aller Arten von visuellen Hilfsmitteln und Aufzeichnungen, die darauf abzielen, die Psyche der unterdrückten Gruppe von Verbrauchern zu beeindrucken.

Manche Menschen lassen sich eher von dem beeinflussen, was sie sehen, andere wieder von dem, was sie hören. Worauf Sie ansprechen, hängt davon ab, welchen Sinn Sie entwickelt haben — aus Neigung oder aus Gewohnheit, weil Sie ihn während der Kindheit am meisten benutzten.

Sie können mit irgend jemandem eine Autofahrt unternehmen und im Vorbeifahren ständig Dinge bemerken, welche die andere Person nicht sieht. Dann ist er oder sie in der Beobachtung nicht ausreichend geübt. Aber es könnte auch sein, daß man Sie fragt: „Haben Sie das gehört?" Und Sie würden antworten müssen: „Nein, was denn?" Unsere Empfindlichkeit im Sehen und Hören ist eben — wie manches andere auch — durch unterschiedliche Grade gekennzeichnet.

„Als ich ein Kind war, wurde ich soviel kritisiert, daß ich nicht mehr hören wollte, was man über mich sagte; darum höre ich jetzt nicht so gut, wie ich eigentlich sollte", erzählte mir ein Mann.

„Als ich ein kleines Mädchen war", berichtete eine Frau, „sah ich etwas, das ich nicht hätte sehen sollen. Dieses Erlebnis schockierte mich so sehr, daß ich seither Angst davor habe, meine Augen mehr zu gebrauchen, als erforderlich ist, um zu sehen, was ich unbedingt sehen muß. Ich finde, daß ich vielen Dingen keine Aufmerksamkeit schenke, weil ich fühle, daß sie mich nichts angehen und daß ich sie nicht bemerken sollte".

Hemmungen sind eine der großen selbstauferlegten Plagen der menschlichen Rasse, aber wir haben alle unser Teil Kummer zu tragen in der einen oder anderen Form. Es ist fast unmöglich, unbehelligt zwischen ihnen hindurch gelangt zu sein, während wir allmählich zu Erwachsenen reiften.

Als Erwachsene jedoch sollten wir über genügend Intelligenz verfügen, um alle diese emotionalen Fesseln zu erkennen und auszumerzen, wenn wir uns jemals von ihrem zerstörerischen Einfluß befreien wollen.

Nicht zuletzt darum sollten Sie sich bildhaft vorstellen, was Sie vom Leben erwarten oder in Ihrem Leben vollbringen wollen. Es ist eine gute Methode, Ihren Wünschen eine feste, klare Form zu geben. So wird Ihr Geist seine Aufmerksamkeit besser auf sie richten und konzentrieren können. Und je klarer die Bilder Ihrer Wünsche vor Ihrem geistigen Auge erscheinen, um so nachdrücklicher wird die schöpferische Kraft in Ihnen daran arbeiten, sie zu verwirklichen.

Wortbilder als Gedächtnisstützen

Zwei überaus wirksame Methoden können Sie benutzen, um die bildhaften Vorstellungen Ihrer Wünsche zu verstärken, daß sie Ihnen helfen werden, Ihre Ziele in Ihren Gedanken die Oberhand gewinnen zu lassen.

1. Schreiben Sie das Wortbild eines Wunsches auf eine Karte, die Sie, jederzeit leicht zugänglich, so verwahren können, daß Ihr Blick so oft wie möglich darauf fällt.

2. Wenn Sie ein Tonbandgerät besitzen, sprechen Sie Ihre Wünsche in Gestalt positiv gestimmter Formeln in ein Mikrophon. Danach können Sie das Tonband, zu jedem gewünschten Zeitpunkt und so oft Sie es wollen, wieder abspielen und den suggestiven Anstoß Ihrer eigenen Stimme empfangen.

Damit haben Sie eine sichtbare und eine hörbare Hilfe gewonnen, die nun beide für Sie arbeiten.

Damit meine ich jedoch nicht, daß Sie nun herumlaufen und mit sich selbst sprechen oder sich Briefe schreiben sollen. Machen Sie auch keinen Fetisch daraus, und übertreiben Sie nicht; es kann jedoch nicht schaden, eine solche Karte über Ihren Spiegel zu stecken, wo Sie sie am Morgen sehen, während Sie sich rasieren oder Ihre Frisur herrichten. So erlauben Sie es Ihrem Wunsch, der klar formuliert auf der Karte steht, alle seine Einzelheiten zu verstärken und seine Intensität zu steigern, während Sie fortfahren, in sich die geistigen Bilder zu entwickeln.

Eine andere Karte können Sie so anbringen, daß Ihr Blick während Ihrer Mahlzeiten mühelos daraufällt. Auch bevor Sie schlafen gehen, sollten Sie eine solche Karte benutzen. Vor allem aber dürfen Sie niemals aufgeben, niemals den Mut sinken lassen. Denken Sie an die unfehlbare Macht der Wiederholung! Es hat jedoch keinen Zweck, Ihre Wünsche niederzuschreiben, bevor Sie sich nicht entschlossen haben, jedes einzelne Detail dessen, was Sie sich wünschen, mit größter Genauigkeit vor Ihrem geistigen Auge zu bewahren, bis es Realität geworden ist.

Wenn Ihr Wunschbild dem Bereich Ihrer persönlichen Neigungen entstammt und wenn die Sie umgebenden Menschen mit Ihren Wünschen vermutlich nicht sympathisieren oder sie als töricht betrachten würden, dann behalten Sie Ihre Karten für sich und gebrauchen Sie sie nur in Zeiten ungestörter Ruhe.

Gleiches gilt für den Gebrauch der Tonbandaufnahmen, auf denen Sie wiederum Ihre Wünsche und Neigungen festhielten. Wenn es ein Fehler oder eine Gewohnheit ist, die Sie zu überwinden wünschen, dann ist die von Ihrer eigenen Stimme gesprochene Erklärung des Entschlusses, nun endlich damit fertigzuwerden, eine kraftvolle Medizin. Ihr Unterbewußtsein wird sie einsaugen und sogleich beginnen, Sperren gegen diesen Fehler oder die Gewohnheit zu errichten. Und jedesmal, wenn Sie sich versucht fühlen, Ihrer Angewohnheit

erneut nachzugeben oder zu verfallen, wird Ihr Unterbewußtsein Ihnen einen geistigen Rippenstoß verabreichen:
„Halt, erinnere dich an deinen Entschluß — du wolltest
doch auf diese fragwürdige Gewohnheit verzichten! Sie ist
ein Teil deiner Vergangenheit geworden! In der Gegenwart
und in der Zukunft hat sie keinen Platz mehr!"

Das geschriebene und das gesprochene Wort

Eine ungeheure Macht ballt sich in Ihren geschriebenen
oder gesprochenen Worten. Wenigstens *kann* das so sein,
wenn Sie wirklich meinen, was Sie über sich selbst schreiben
und sprechen! Das müssen Sie *fühlen,* und daran müssen Sie
glauben, um zu bewirken, daß Sie es verdienen.

Niemals werden Sie irgend etwas für nichts erhalten, Sie
müssen sich *etwas* bildhaft vorstellen, bevor es in Ihren Besitz übergehen kann. Aber kein Ding kommt einfach vom
blauen Himmel herab, nicht einmal ein Gewitter. Immer
müssen zuvor alle Elemente beieinander sein, ehe irgendein
Geschehen hervorgebracht werden kann.

Pflanzen Sie Ihrem Bewußtsein dieses Bild ein! Ein voll-
kommenes, ausführliches Bild von genau den Dingen, die
Sie sich wünschen. Es schadet auch nichts, sich zur gleichen
Zeit mehr als ein Objekt bildhaft vorzustellen, solange keines davon in Konflikt gerät mit einem der anderen, und
solange Sie genügend Raum in sich haben für alle Bilder —
für jedes zu seiner Zeit. Die kreative Kraft in Ihnen kann
an so vielen Projekten arbeiten, wie Sie wollen; zumindest an
allen, für die Ihre Aufmerksamkeit und Ihre Bemühungen
ausreichen.

Schreiben Sie Ihre Wünsche nieder und sprechen Sie sie
aus. Tun Sie alles nur mögliche, um mitzuhelfen, sie zu verwirklichen, um sie aus dem Bereich der bloßen Vorstellung
in Ihre äußere Welt zu übertragen!

Wenn es bessere Verkaufsziffern und die Steigerung Ihres
Umsatzes sind, die Sie wünschen, dann setzen Sie genau die

132

zu erreichenden Beträge fest; wenn es etwas ist, von dem Sie wünschen, daß ein anderer Mensch es für Sie tut — oder die Liebe einer Frau oder die eines Mannes, ein neuer Anzug oder ein neues Auto —, so schreiben Sie es ebenfalls nieder und sprechen Sie es aus. Sagen Sie sich dann, daß es im Begriff ist zu geschehen, ja daß es schon auf dem Weg zu Ihnen ist, um in Ihren Geist einzudringen. Sie *wissen* einfach, daß Sie bereits begonnen haben, das anzuziehen, was nötig ist, damit Sie Ihr Ziel erreichen.

Da spielt es keine Rolle, ob Sie Kaufmann oder Vertreter, Angestellter oder Abgeordneter, Mechaniker, Schreiber, Hausfrau, Astronaut oder was auch immer sind; ob Sie sich Geld wünschen oder Liebe, die Verbesserung Ihrer gesellschaftlichen Position oder mehr Klienten für Ihre juristische, mehr Patienten für Ihre medizinische Praxis — es besteht absolut kein Unterschied. Immer wirkt die gleiche Kraft in Ihnen, und sie ist bereit, Ihnen zu bringen, was Sie sich wünschen. Jedes einzelne Ding, das Sie begehren, können Sie erhalten — ein Paar Schuhe oder ein Landhaus. *Sie nennen es — schreiben es nieder — sprechen es aus — und fangen an, daran zu arbeiten!*

Alle Gelegenheiten eilen unaufhaltsam an Ihnen vorbei im Strom des Lebens, wenn Sie nicht danach greifen und sie festhalten. Nur — falls Sie noch nicht wissen, wonach Sie suchen — wie können Sie es dann bekommen?

Jede Art, in der Sie artikulieren können, was Sie begehren — gleichgültig, ob durch Schreiben, durch Sprechen oder in Bildern —, verhilft Ihnen dazu, die schöpferische Kraft in Ihnen zum Leben zu erwecken und hält Ihre Gedanken magnetisch auf das Ziel gerichtet.

Manche Männer und Frauen verwahren irgendwo einen großen Umschlag mit der Aufschrift „Meine Herzenswünsche". Dieser Umschlag enthält die von ihnen aufgezeichneten Beschreibungen all der Dinge und Veränderungen, durch deren Verwirklichung sie ihr Leben zu bereichern wünschen, sei es ökonomisch, persönlich, physisch, geistig, spirituell. Zu bestimmten Zeiten, während des Tages oder am Abend, su-

chen sie die Einsamkeit und die Stille auf, lesen ihre Aufzeichnungen wieder und wieder und reflektieren, was sie
seither über die verschiedenen Formen und Inhalte ihrer von
Herzen kommenden Wünsche gedacht haben. Jeden einzelnen gehen sie immer noch einmal durch, als machten sie Inventur, um zu sehen, ob schon Fortschritte zu bemerken sind
in Richtung auf ihre ins Auge gefaßten Ziele. Wenn sie ein
bestimmtes Objekt für abgeschlossen halten, so vermerken
sie dies zusammen mit dem Ausdruck des Dankes an die
Gotteskraft, die ihnen geholfen hat, ihren Traum zu verwirklichen, auf der entsprechenden Karte und legen diese
ab. Danach gehen sie zum nächsten Punkt über, beständig sich
entfaltend und entwickelnd. Ein endloser, herrlicher, befriedigender Prozeß!

Wenn Sie noch am Anfang stehen, wird es für Sie nötig
sein, Ihr Denken zu erneuern und mancherlei fehlerhafte
Gedanken und emotionale Reaktionen auszumerzen, die bereits in Ihrem Bewußtsein gespeichert sind. Zu diesem Zweck
sollten Sie alles niederschreiben, was Sie — verglichen mit
anderen Möglichkeiten — nun als Ihre richtige Handlungsweise erkennen; auch sollten Sie Ihre Einstellung gegenüber
dem Geld und dem Geschäft, ja gegenüber allem und jedem
überprüfen, wenn Sie sich damit beruflich oder privat beschäftigen müssen.

Bilder als Ausdruck von Gefühlen

Denken Sie zuweilen an Bilder, die Sie gesehen haben? An
Malereien, Fotografien, Landschaften, an Bilder von Familienangehörigen und von Freunden, die deutlich sichtbar
irgend etwas tun? An wie viele von diesen Bildern erinnern
Sie sich? Und wie viele von ihnen ragen aus dem wogenden
Nebel Ihrer Erinnerungen hervor, und warum? Ich werde
es Ihnen sagen. Weil irgend etwas auf den Bildern, an die
Sie sich noch erinnern, Ihr persönliches Interesse fand und
festhielt; Sie erblickten etwas von sich selbst und Ihrer Tä-

tigkeit darauf, Sie fühlten darauf Ihre Verwandtschaft mit irgendeinem Ausdruck; Sie erkannten eine emotionale Bindung an einen ihrer Inhalte, der oder die sich Ihnen so stark einprägten, daß Sie sie einfach nicht vergessen können, selbst wenn Sie es wollen. In der Tat ist es so, daß diese und andere Bilder, die Sie irgendwann gesehen haben, neben zahllosen Bildern, die Sie — Sie selbst — sich als Imaginationen geschaffen haben, sich noch immer in die seit langem geprägten Muster Ihres Erinnerungsvermögens einpassen, wie alles, was Sie jemals gesehen oder gehört oder erfahren haben, daß dort fortfährt, als unveränderliches Bild zu existieren.

Gefühle, die mit solchen Bildern verbunden sind, beeinflussen Sie ebenfalls. Tatsächlich sind es gerade Ihre Gefühlsreaktionen auf alles, was Ihnen jemals passiert ist, die Sie am meisten beeinflussen. Wie tief Sie sich hineintasten können in das, was Sie wünschen — ich wiederhole dies absichtlich noch einmal —, es bestimmt, wie intensiv die schöpferische Kraft in Ihnen die Sie umgebenden Bedingungen anzuziehen vermag. Hier ist klar zu erkennen, daß auch, was Sie zutiefst fürchten, weil irgend etwas Ihnen in solchem Zusammenhang geschehen könnte, Ihre schöpferische Kraft anregen würde, Negatives aus Ihrer Umwelt anzuziehen.

Treiben Sie jede Furcht aus Ihrem Leben hinaus, indem Sie sich Ihren Mut und Ihren Glauben bestätigen. Schreiben Sie diese Bestätigung ebenfalls nieder, sprechen Sie sie auf Ihr Tonbandgerät und spielen Sie das Band immer wieder ab. Lesen Sie Ihre Worte und folgen Sie Ihrer Stimme! Sie *wissen* und Sie *glauben,* das erwartete Gute ist im Begriff zu geschehen. Sie vertreiben alle Gedanken an Angst und Sorgen aus Ihrem Bewußtsein, denn Sie wissen, sobald Sie ihnen erlauben zu bleiben, werden sie nur Unheil anziehen.

Ihr Bewußtsein ist Sieb und Filter zugleich. Es nimmt, was Ihnen in der äußeren Welt geschieht, in sich auf und gibt es in Form von geistigen Bildern weiter an das Unterbewußtsein. Das ist der normale Prozeß, den Sie nur unterbrechen, wenn Sie bestimmte Bilder stoppen, um sie zu verändern oder um ihnen den Zutritt zu verweigern.

Mag dieser Gedanke Ihnen auch als Schocker erscheinen — das unkontrollierte Bewußtsein eines jeden Menschen ist wenig mehr als eine offene Kloake, die alle Arten von Abfällen und Trümmern, von falschen und guten Gedanken und Gefühlen aufnimmt. Wenn Sie nicht darüber wachen, was Sie hereinlassen, wenn Sie selbst nicht sieben und filtern, dann trennt niemand das herandrängende Gute vom Schlechten. Dann dringt alles ein in Ihr inneres Bewußtsein. Und was aufgenommen wurde, muß schließlich wieder herauskommen in der gleichen Form, oder es bleibt drinnen und zieht noch mehr von der gleichen Art an, weil — lassen Sie mich dies nochmals wiederholen — *Gleiches immer Gleiches anzieht!*

Sie haben vom „Bewußtseinsstrom" gehört. Das ist eine sehr genaue Beschreibung. Denn Gedanken strömen hinein in Ihren Geist und heraus aus Ihrem Bewußtsein.

Kontrollieren Sie die Qualität Ihrer Bilder

Warnung: Lassen Sie Ihren Bewußtseinsstrom nicht noch mehr verunreinigen, als er es bereits ist! Bauen Sie Ihr Filtergitter ein! Stoppen Sie alle Angst-und-Sorgen-Gedanken, alle falschen emotionalen Reaktionen, bevor sie in Ihr inneres Bewußtsein eindringen, wo sie Ihnen unermeßlichen Schaden zufügen können. Fangen Sie an, die falschen Gedanken und Gefühle, die schon im Strom Ihres Unterbewußtseins fließen, herauszufiltern. Schöpfen Sie sie aus. Befreien Sie sich von ihnen. Reinigen Sie diesen Strom, daß er die guten, reinen Gedanken widerspiegelt, die Sie dann aussenden auf den Wassern Ihrer Lebenserfahrung.

Schreiben Sie nieder, was Sie sein möchten. Sprechen Sie es laut aus. Und schreiben Sie alles aus Ihrem Leben hinaus, was Sie *nicht* sein wollen. Sagen Sie sich immer wieder, daß es für Sie nicht länger existiert!

Üben Sie sich unaufhörlich darin, sich selbst — Ihr Wesen und Ihre Wünsche — klar und präzise zu formulieren und niederzuschreiben oder auszusprechen; das wirkt Wunder.

Nach kurzer Zeit schon sind die Bilder auch ohne den Gebrauch Ihrer Notizen Ihnen zu Willen, selbst wenn Sie trotz der guten Wirkung, die Sie erzielten, mit dieser Methode nicht fortfahren wollen.

Fürchten Sie nicht, des Guten zuviel zu tun oder mit Ihren Wünschen und Begierden zu übertreiben — Sie können und sollen wirklich jedes einzelne Ding erhalten, das Sie innerhalb der Grenzen Ihrer Vernunft wünschen, wenn Sie nur getreulich diese Techniken anwenden und willens sind, die notwendige Bemühung fortzusetzen, um Ihre guten Vorstellungsbilder zu unterstützen. Erst wenn Sie die Bilder fest und beständig im Auge behalten, kann die Tat folgen, weil nach allem jedes Tun nicht mehr ist als ein mit Energie aufgeladener Gedanke.

Verlieren Sie niemals Ihre Vision (Ihre geistigen Bilder), denn, wie König Salomon vor fast dreitausend Jahren sagte: „Wo es keine Vision gibt, stirbt das Volk."

Merken Sie sich, daß dieses ganze Thema so alt ist wie der Mensch. Ich gebe Ihnen die Botschaft lediglich in den Worten von heute wieder und entwerfe ein einfaches, leicht anzuwendendes System, das jeder benutzen kann.

Wir wissen es alle: Der Pudding besteht die Probe beim Essen. Wenn Sie also irgendwelche Zweifel daran hegen, ob ich Ihnen eine methodisch aufgebaute Lehre anbiete oder nicht, so *probieren* Sie sie aus! Das Auto wird anfangen, Gestalt anzunehmen, Sie werden die neuen Schuhe bekommen, und die Ziegelsteine für Ihr Haus werden auf Ihren Bauplatz fallen, als hätten magische Hände sie berührt.

Das Gewicht der Zeugenaussagen befindet sich auf der Seite von Tausenden und Abertausenden glücklicher, erfolgreicher, gesunder Männer und Frauen, welche die von diesem „Etwas", der gottgegebenen kreativen Kraft in uns, ausgehenden Wirkungen bereits nachgewiesen haben und in ihrem täglichen Leben immer von neuem beweisen werden.

Führen Sie ein Tagebuch über alle Dinge, die Sie sich wünschen, bis Sie sie abhaken können. Sie werden bald alle

Punkte darin abgehakt haben, weil sie Ihnen gehören werden.

Hören Sie auf mit Ihren Tagträumen, merzen Sie Ihre Zweifel aus, gehen Sie an die Arbeit und beginnen Sie damit, alle Ihre Wünsche niederzuschreiben oder auszusprechen, oder beides.

Es wirkt!

Leitsätze für Ihr künftiges Leben

Ich bin mir der Kraft der Suggestion bewußt, welche den organisierten Bemühungen von Werbefachleuten und Propagandisten zugrunde liegen, um meine Wünsche, meine Meinungen und meine Entscheidungen zu beeinflussen.

Es ist eine gute Übung, Wortbilder aller meiner Wünsche auf Karten zu schreiben, damit ich sie mir zu jeder Stunde des Tages und der Nacht vor Augen halten kann; oder die gleichen Wortbilder auf Tonband zu sprechen, damit ich sie nach Wunsch wieder abspielen kann. Auf diese Art schaffe ich mir sowohl sichtbare als auch hörbare Hilfen, die für mich arbeiten.

Die Art meiner geistigen Bilder muß ich jederzeit kontrollieren können, um zu verhindern, daß sie durch Ängste und Zweifel oder durch ungünstige oder widrige Einflüsse anderer verzerrt oder verändert werden.

Eine unvorstellbare Kraft liegt in gesprochenen und geschriebenen Worten, wenn diese wirklich so gemeint sind und von starken Gefühlen getragen werden.

11. Kapitel

DIE KRAFT, UNMÄSSIGE BEGIERDEN ZU BEHERRSCHEN

Welche Gewohnheiten begleiten Sie auf Ihrer Reise durch das Leben? Haben Sie einige erworben, die, wie Rauchen oder Trinken, Ihnen Schwierigkeiten bereiten? Haben Sie die Neigung entwickelt, unter dem Druck täglicher Spannungen, Enttäuschungen und Frustrationen zuviel zu rauchen und zuviel zu trinken?

Als sicherste Regel gilt dann: *Mäßigung in allen Dingen.* Wenn wir uns mit dieser Regel zufriedengeben könnten, würden wir im Leben nur selten auf ernsthafte Schwierigkeiten oder gar auf Widerstand stoßen. Unglücklicherweise gelingt das nicht sehr vielen von uns.

Wenn Ihre Rauch- oder Trinkgewohnheiten übermäßig geworden sind, können wir annehmen, daß dieses Problem Sie sehr beschäftigt. Es ist viel leichter, die Entwicklung einer Begierde oder Gewohnheit zu verhindern, als sie wieder auszulöschen, wenn sie einmal von Ihnen Besitz ergriffen hat.

Die Methode, eine Begierde zu überwinden, wenn sie sich als schädlich erwiesen hat, ist die gleiche wie jene, die angewandt wird gegenüber jedem anderen zwar eingeführten, aber zu eliminierenden Verhaltensmuster. Übermäßiges Rauchen und Trinken stehen hierbei wegen ihrer Nachteile für die physische Gesunderhaltung des Menschen im Brennpunkt unserer Aufmerksamkeit.

Wie entstehen Gewohnheiten und Begierden?

Nun, da Sie wissen, wie unser Geist arbeitet, sollte es Ihnen möglich sein, diese Frage selbst zu beantworten. Jedesmal, wenn Sie eine Handlung wiederholen, wird diese in Ihrem Geist in Form eines geistigen Bildes gespeichert — und zwar zusammen mit der emotionalen Reaktion, die Sie zur gleichen Zeit hatten. Ihre Gefühle werden dabei durch Wiederholungen verstärkt und intensiviert. Auch wenn Sie sich etwas merken wollen, wiederholen Sie es ja wieder und wieder. Schließlich ergreift Ihr Geist davon Besitz, speichert es in Ihrem Gedächtnis, und Sie können es fast rückwärts und vorwärts rezitieren, ohne dabei nachdenken zu müssen. Es ist in einer gewissen Weise ein Teil von Ihnen geworden.

Eine Gewohnheit ist nichts als ein geistiges Muster — eine Art, irgend etwas zu tun —, das anscheinend mit der Zeit so selbstverständlich für Sie wird wie das Atmen. Wenn diese Gewohnheit einmal eingerichtet ist, bleibt sie für immer bei Ihnen, bis Sie etwas unternehmen, um sie wieder loszuwerden.

Bevor ein Appetit oder eine Begierde nicht geschaffen ist, hat sie keine emotionale Gewalt über Sie. Aber auch die neu erworbene Erfahrung (sogar eine solche, die Ihnen zu Beginn nicht besonders angenehm ist) verfällt durch ihre Wiederholungen schließlich der Gewöhnung und schafft zuletzt das Bedürfnis, sie zu genießen und sich sogar darauf zu freuen, spiegelt sie doch eine nun bereits bekannte Art der Empfindung wider.

Viele Männer und Frauen haben bezeugt, daß sie Rauchen und Trinken anfangs überhaupt nicht anziehend und verlockend fanden. Aber dann bleiben sie dabei, es zu tun, weil fast jedermann sonst es anscheinend mochte. Und schließlich mochten sie es auch. Dazu kommt, daß nur wenige Menschen Vergnügen daran haben, irgend etwas allein zu tun; Rauchen und Trinken aber erwachsen gewöhnlich aus der sogenannten Geselligkeit. Das hat zu folgender Entschuldigung vieler Männer und Frauen geführt: „Ich mache mir nicht besonders viel daraus — aber ich will oder kann mich nicht ausschließen."

Wie befreien Sie sich von Ihrer Rauch- oder Trinkgewohnheit? Wenn Sie wirklich aufhören wollen, gibt es kein Stehenbleiben auf halbem Wege. Sie können keinen Erfolg haben, wenn Sie nur allmählich aufhören und Ihren Verbrauch jeden Tag um soundsoviel verringern, bis Sie bei „keiner

Zigarette" und „keinem Drink" angelangt sind. Ebenso können Sie nicht gewinnen, wenn Sie sich immer wieder sagen: „Ich werde es ohne Zigarette oder Alkohol eine Woche lang aushalten oder einen Monat oder ein Jahr!"

Ein bekannter Geschäftsmann war Alkoholiker geworden, wollte diese Tatsache aber nicht zugeben. Gegenüber seinen Freunden behauptete er: „Ich kann jederzeit aufhören, wenn ich aufhören möchte; um das zu beweisen, werde ich jetzt sofort aufhören und mindestens ein Jahr lang nicht einen einzigen Drink zu mir nehmen!"

Wie er es versprochen hatte, hörte dieser Mann sofort auf — zum Erstaunen seiner Freunde. Aber auf den Tag genau nach einem Jahr begann er von neuem und unternahm die größte Sauftour seines Lebens. Er hatte die Tage und Monate gezählt, während sich sein Begehren in ihm auftürmte. Nur seine Ehrlichkeit und sein gegebenes Wort hatten ihn daran gehindert zu trinken, bis die Zeit, die er sich gesetzt hatte, um war. Dann, wieder Herr seiner Entscheidungen, ließ er alle Hemmungen fallen.

Eine aufschlußreiche Vorgeschichte

Eine attraktive Dame von ungefähr fünfunddreißig Jahren, die ich Mrs. Gulley nennen will, besuchte eine meiner Vorlesungen in Los Angeles. Am Ende blieb sie am Büchertisch stehen, ergriff dort ein Exemplar meines Buches *Anyone Can Stop Drinking — Even You* (Jeder kann mit dem Trinken aufhören — auch Du) und trat dann auf mich zu.

„Mr. Sherman", sagte sie, „ich bin schrecklich in Sorge um meinen Mann. Er hat kürzlich immer zuviel getrunken, aber er will weder einen Arzt oder einen Psychiater aufsuchen, noch zu den Anonymen Alkoholikern gehen. Er wird wild, wenn ich ihm vorschlage, irgend etwas dagegen zu tun. Glauben Sie, er wird Ihr Buch lesen, wenn ich es kaufe und für ihn mitnehme?"

„Das bezweifle ich sehr", mußte ich erwidern. „Jeder, für den das Trinken zum Problem geworden ist, lehnt es meist ab, auf Menschen, die ihn lieben, oder auf Freunde zu hören. Er würde gar nicht zugeben, daß er ein Problem hat. Er wäre der letzte, der sich mit der Wirklichkeit auseinandersetzte, und er würde es immer hinausschieben, einer solchen Situation ins Auge zu blicken."

„Ganz gleich", sagte Mrs. Gulley, „ich nehme das Buch trotzdem mit und werde es im Hause herumliegen lassen. Vielleicht ist er neugierig genug und schaut einmal hinein."

Zwei Wochen später erhielt ich einen Telefonanruf von Mrs. Gulley.

„Mein Mann hat zugegeben, daß er einige Abschnitte Ihres Buchs gelesen hat", berichtete sie. „Aber gestern abend hat er auf einer Party wieder einen Narren aus sich gemacht. Heute morgen hatten wir jedoch ein Gespräch, in dessen Verlauf ich ihm gesagt habe, daß er nun einfach etwas tun muß in bezug auf sein Trinken. Allerdings leidet er unter einem Vorurteil gegenüber den Anonymen Alkoholikern. Er sagt, er sei kein Alkoholiker, und er weigert sich, mit dieser Einrichtung in Verbindung gebracht zu werden. Aber ich glaube, ich könnte ihn dazu bringen, Sie einmal zu besuchen, weil Sie weder Arzt noch Psychiater sind. Nur — er scheint Angst vor etwas zu haben, was Sie ihm sagen oder mit ihm tun könnten. Würden Sie es mir dennoch erlauben, Sie zu besuchen und ihn mitzubringen?"

Noch am gleichen Abend erschienen Mrs. Gulley und ihr Mann in meiner Wohnung. Ich konnte ihn sofort gut leiden. Er hatte eine warme, mitteilsame, aufgeschlossene Persönlichkeit und ein gewinnendes Lächeln. Als wir uns die Hände schüttelten, sagte Mr. Gulley zu mir: „Mr. Sherman, es ist nett von Ihnen, uns einzuladen, aber ich möchte gleich zu Beginn klarstellen, daß ich kein Problem habe. Ich bin nur hier auf Bitten meiner Frau und möchte damit zu ihrer Beruhigung beitragen."

„Nun, Fred", versuchte Mrs. Gulley ihn zu unterbrechen, „du weißt, daß du ..."

„Oh, ich trinke gelegentlich etwas viel", fuhr er fort. „wer tut das nicht? ... Und wenn ich es tue, regt sich Molly natürlich ein wenig auf. Aber ich kann jederzeit aufhören, wenn ich das möchte. Ich bin ganz sicher *kein Alkoholiker!*"

„Ich habe nicht gesagt, daß Sie es sind", warf ich ein. „Was ist Ihr Beruf?"

„Ich bin Raketentechniker", sagte er.

„Das muß eine äußerst aufreibende und hohe Anforderungen stellende Arbeit sein", vermutete ich.

„Das ist es bestimmt", sagte er. „Dazu kommt, daß die Regierung uns ständig antreibt und — ja, einiges ist bei uns schiefgegangen. Aber wir haben dann Überstunden gemacht..."

„Ich nehme an, viele Ihrer Kollegen stehen unter den gleichen Spannungen?"

„Die meisten von ihnen sind starke Trinker...", meldete sich Mrs. Gulley. „Ich sagte Fred, daß er mit ihnen einfach nicht mithalten kann."

„Sie übertreibt", entgegnete Mr. Gulley. „Wir müssen doch eine Entspannung haben! Meist helfen einige Drinks, lockern uns auf. Es ist nichts Schlechtes dabei..."

„Überhaupt nicht", versicherte ich. „Geselliges Trinken — *trinken mit Maßen* — schadet niemals jemandem."

„Du siehst, Liebste", Mr. Gulley verteidigte sich nicht mehr, „Mr. Sherman stimmt mir zu. Es gibt nichts, was dir Sorgen zu machen braucht!"

„Nichts? — Und wenn du betrunken nach Hause kommst und anfängst, harte Gegenstände herumzuwerfen und die Kinder zu erschrecken?" erwiderte sie schärfer. „Nichts auch, wenn du mich letzte Nacht geschlagen und beschimpft hast?"

Mr. Gulley schaute sie an. „Das hast du mir nicht gesagt ... ich erinnere mich nicht..."

Mrs. Gulley hielt ihre Tränen zurück.

„Mr. Shermann, nennen Sie das ‚geselliges Trinken' — Trinken mit Maßen? Glauben Sie, wie er sagt, daß ich keinen Anlaß habe, mir Sorgen zu machen?"

Das war eine schwierige Situation.

„Mr. Gulley", sagte ich dann, einer augenblicklichen Regung folgend, „ich habe einige Tonbandaufzeichnungen gemacht über den Alkoholismus, die in einigen Rehabilitationszentren, Krankenhäusern und staatlichen Institutionen benutzt werden." Ich sah ihn erstarren. „Nein, nein, kommen Sie nur nicht auf die Idee, daß ich Sie zur Kategorie der Alkoholiker rechne, aber mit Ihrer Erlaubnis möchte ich gern eine Seite der ersten Platte abspielen. Sie könnten sie anhören und vielleicht versuchen, sich einmal selbst zu analysieren, nachdem ich einige bestimmte Fragen gestellt habe. Und dann sollen *Sie mir* sagen, wo Sie mit Ihrem Trinken sich einstufen würden."

„Gut, das ist fair", nickte Mr. Gulley. Dann setzte er sich auf ein Sofa neben seine Frau, die ihn aufmerksam betrachtete, während die Platte ablief. Jede Frage war mit einer direkten Antwort, mit „Ja" oder „Nein" zu beantworten.

„Trinken Sie morgens?"

„Hatten Sie schon Gedächtnisstörungen?"

„Sind Ihre sexuellen Beziehungen unbefriedigend?"

„Fühlen Sie sich schuldig wegen irgendwelcher Vorfälle in Ihrer Vergangenheit?"

„Sind Sie gezwungen, mit Menschen zusammenzuarbeiten, die Sie verletzen, über die Sie sich ärgern oder die Sie aufregen?"

„Glauben Sie, daß Sie den falschen Beruf ergriffen haben?"

„Stehen Sie unter geistigem oder emotionellem Druck?"

„Waren Sie an einer Tragödie beteiligt, deren Erinnerung Sie nicht losläßt?"

„Haben Sie Fehler, durch die Sie sich deprimiert fühlen?"

„Werden Sie beunruhigt durch Eifersucht auf andere?"

„Sind Ihre Geldsorgen unerträglich geworden?"

„Ist die Harmonie Ihres Heimes gefährdet durch die unwillkommene Anwesenheit von Verwandten?"

„Sind Sie besorgt, daß Sie Ihren Job verlieren könnten? Ihre Frau oder Ihren Mann? Irgend jemanden oder irgend etwas, das Ihnen lieb ist?"

„Hat der Verrat eines Freundes oder einer Geliebten Sie zermürbt?"

„Wie viele von diesen Ursachen oder andere, nicht erwähnte, haben zu Ihrem übermäßigen Trinken geführt?"

„Wie groß ist Ihrer Meinung nach seither der Alkohol als Problem für Sie geworden?"

Hier stoppte ich den Plattenspieler und schaute Mr. Gulley an. Er sagte eine ganze Minute lang nichts. Nachdenklich starrte er zu Boden. Dann hob er seine Augen.

„Nun gut", sagte er. „Ich bin also zum Trinkerproblem geworden. Ich sehe, ich muß vor mir auf der Hut sein — auf mich achtgeben!"

Seine Frau wollte zu sprechen beginnen, dann biß sie sich auf die Lippen.

„Mr. Gulley", ich begann ruhig, aber freimütig, „Sie sind jetzt ganz nüchtern. Sie sind im vollen Besitz aller Ihrer geistigen und emotionalen Fähigkeiten. Sie haben eine wichtige, gutbezahlte Position inne, Sie haben auch eine liebende Frau und Kinder; Sie genießen den Respekt und das Ansehen Ihrer Freunde und Nachbarn; Sie haben, ich bin sicher, Geld auf der Bank; Sie besitzen wahrscheinlich auch ein eigenes Haus." Er nickte nachdenklich, während ich weitersprach. „Sie haben nun beschlossen, daß Sie auf sich selbst aufpassen müssen, daß Sie Ihr Trinken einschränken werden. Aber ist das *alles*, was Sie tun müssen, um alle die wertvollen Dinge zu schützen, die Sie im Leben gewonnen haben? Darf ich Sie bitten, etwas für mich zu tun?"

„Was ist es?" fragte er wachsam.

„Wollen Sie sich einmal einfach entspannen und dann in Ihrem Geist ein Stück zurückgehen, um die letzten sechs Monate noch einmal zu bedenken? Und wollen Sie mir sagen, ob die Anzahl Ihrer Drinks zugenommen hat oder nicht, seit Sie begonnen haben, in Gesellschaft zu trinken, und ob es nicht damit endete, daß Sie zu viel getrunken haben?"

Mrs. Gulley nickte mir bedeutungsvoll zu. Das Gesicht ihres Mannes aber nahm einen besorgten Ausdruck an.

„Ja", sagte er schließlich. „Ich muß es zugeben, es wurde mehr."

„Nun, Mr. Gulley", fuhr ich fort, „wollen Sie bitte noch etwas für mich tun? Ich möchte, daß Sie für sich, in Ihrem Geist, dem heutigen Abend von diesem Augenblick an ein Jahr vorauseilen, und daß Sie auf der Basis der bisherigen Wachstumsrate Ihres Alkoholverbrauchs während der letzten sechs Monate mir sagen, wo Sie dann in einem Jahr stehen."

Wieder war es einige Zeit still. Auf Mr. Gulleys Stirn erschienen kleine Schweißperlen. Seine Bewegungen verrieten Unbehagen.

„Ich — ich nehme an", sagte er widerstrebend, „das Problem ist ein wenig größer, als ich dachte. Vielleicht *bin* ich gar nicht mehr in der Lage, mein Trinken zu kontrollieren. Vielleicht hat es schon den Sieg über mich davongetragen. Vielleicht kann ich es nicht allmählich verringern oder gar damit aufhören. Aber — Sie glauben doch nicht, daß es zu spät ist — ich bin doch noch kein Alkoholiker?"

„Lassen Sie es uns so nennen: Sie sind gewiß am Rande des Alkoholismus angelangt, falls Sie nicht schon Alkoholiker sind", sagte ich, „Ihre eigene Analyse hat es gezeigt."

„Okay, dann will ich aufhören!" sagte er impulsiv. „Ich will gleich heute aufhören. Denn das ist es nicht wert. Ich will niemals wieder einen Drink nehmen!"

Ich blickte ihm in die Augen. Diese Versicherungen hatte ich früher schon so oft gehört.

„Daran glauben Sie doch selbst nicht!" sagte ich dann. „Intellektuell haben Sie zwar die Tatsache akzeptiert, daß Sie ein Trinkproblem haben, aber jetzt haben Sie sich ausgerechnet, daß Sie ja für eine Weile aufhören können, um damit zu beweisen, daß das möglich ist, um danach wieder mit dem Trinken anzufangen — mit Maßen, versteht sich."

„Sie lesen meine Gedanken." Beschämt sagte es Mr. Gulley. „Das ist genau das, was ich mir eben vorstellte."

„Aber so können Sie nicht gewinnen", mußte ich feststellen. „Tausende von Männern und Frauen, fast in der gleichen Lage, dachten wie Sie und versagten. Sie werden ebenso versagen, weil Sie weder stärker noch besser sind als die anderen. Ob Sie es schon erkennen oder nicht — in den chemischen Verhältnissen Ihres Körpers ist eine Veränderung eingetreten, so daß der Geschmack von Alkohol, Bier, Wein oder Whisky auch weiterhin ein unwiderstehliches Verlangen in Ihnen wecken wird. Dieses, zusammen mit jeder geistigen oder emotionalen Störung, wird Sie weiterhin zu anhaltendem und übermäßigem Trinken führen, und bald werden Sie sich schlimmer befinden als je zuvor."

„Sie meinen, von jetzt an ist es nicht mehr gefahrlos für mich, einen Schluck Alkohol zu mir zu nehmen?"

„Nicht, wenn Sie nüchtern bleiben wollen — wenn Sie den Frieden Ihres Geistes wiedererlangen, wenn Sie Ihre Gesundheit, Ihr Glück, Ihre Position, Ihre Frau und Ihre Familie, Ihr Haus und Ihr Bankkonto behalten wollen — alles, was Sie an den Alkohol verlieren, wenn Sie nicht jetzt die große Entscheidung treffen, *mit dem Trinken aufzuhören und niemals, niemals wieder anzufangen!*

Der Ausdruck von Mr. Gulleys Augen hatte sich verändert. Sie reflektierten jetzt ein tiefes, inneres Gefühl, das von ihm Besitz ergriffen hatte.

„Ich könnte Hilfe gebrauchen", sagte er, „aber ich werde es versuchen — heute abend noch werde ich anfangen."

„Sie sollten vielleicht einen Arzt oder einen Psychiater konsultieren... und auch der Beistand eines Anonymen Alkoholikerklubs kann sich als vorteilhaft erweisen", riet ich. „Sie werden herausfinden, daß Ihr nächstes Problem darin besteht, es nun jeden Tag ohne einen Drink auszuhalten. Zudem haben Sie sicher geistige und emotionale Probleme, die gelöst werden müssen. So etwas geht meist Hand in Hand mit übermäßigem Trinken. Aber Sie sind in einer viel glücklicheren Lage als viele Männer und Frauen, die ihr Leben durch den Alkoholismus beinahe vollständig ruinieren ließen, ehe sie versuchten, etwas dagegen zu tun."

Mr. Gulley nickte zustimmend.

„Als ich heute abend hierher kam, dachte ich nicht, daß all das auf diese Weise enden würde", sagte er dann. „Ich war so sicher, daß ich kein Problem hätte, so sicher, daß meine Frau zu unrecht besorgt war. Aber diese Sache kann ziemlich heimtückisch werden, nicht wahr? Sie droht, mich so richtig zum Narren zu machen!"

„Ja", stimmte ich zu. „Jeder Mann oder jede Frau, die im Übermaß zu trinken beginnen, sollten sich fragen, was mit ihnen passiert. Aber unglücklicherweise denken die meisten gar nicht daran, das zu tun. Statt dessen bringen sie Entschuldigungen vor, stellen Alibis auf und führen sich selbst damit hinters Licht, daß sie jederzeit, wenn sie nur wollen, damit aufhören können — bis sie endgültig am Haken hängen. Und schließlich, wenn sie wieder hoffen, den verheerenden Auswirkungen des Alkohols — der für sie zur physischen und psychischen Krankheit geworden ist — zu entfliehen und irgendwie den Entschluß fassen, mit dem Trinken aufzuhören, dann bleiben sie dennoch dabei, jeden Tag, für den Rest ihres Lebens!"

Fred Gulley hielt durch. Mein Gespräch mit ihm liegt über drei Jahre zurück. Seit damals hat er niemals mehr einen Drink genommen, und drei seiner Kollegen, beeindruckt von seinem Beispiel, haben ebenfalls das Trinken aufgegeben. Sie sind dankbar, daß sie aufgehört haben, denn sie haben von den Erfahrungen anderer profitiert, die zwar nicht aufhören konnten, die sich aber über sie lustig machten wegen ihrer neuerlichen Abstinenz. Nur waren jene schon nicht mehr in der Lage, ihr Trinken ebenfalls zu kontrollieren, vielmehr waren sie bereits jenseits des „Wendekreises" angelangt und mußten schließlich einen viel längeren und härteren Weg zurücklegen, um ihre Nüchternheit wiederzugewinnen.

Ein gewisser Prozentsatz schafft das nie mehr. Aber es gibt immer eine Chance, daß sogar der schlechteste und demoralisierteste Alkoholiker sich seinen Weg zurück erkämpfen kann. Er sollte sich nur der Hilfe der höheren Macht in ihm bedienen und natürlich der richtigen physischen und psychologischen Behandlungen.

Der Ausbruch des Alkoholismus kann sehr viel leichter verhindert werden, als er sich später heilen oder, wie man fast sagen müßte, zum *Stillstand bringen* läßt — weil es keine andere absolut sichere Heilung dafür gibt.

Der Problemtrinker, der dem Alkoholismus zusteuert, sollte klug genug sein aufzuhören, bevor er diesen Zustand erreicht hat. Gefahrensignale flammen jedesmal auf, wenn jemand mehr trinkt, als er zu trinken beabsichtigte, wenn er unberechenbar in seinen Handlungen wird, oder wenn er Erinnerungslücken oder kurze Bewußtseins- oder Gedächtnisstörungen wahrzunehmen beginnt, und natürlich, wenn jemand geistige Getränke dem Essen zu allen Zeiten des Tages und der Nacht vorzieht.

Das alte Sprichwort „Eine Unze Vorbeugung ist ein Pfund Heilung wert" paßt genau auf diese Personen, die solche übermäßige Gier nach Alkohol entwickeln. Diese Unze der Vorbeugung trägt die Aufschrift HALT und bedeutet, keine einzige Unze mehr, ja nicht einmal mehr einen Schluck oder einen Tropfen Alkohol in irgendeiner Form!

Der häufig überbeanspruchte Durchschnittsmensch wird, sobald er einmal ein starker Raucher oder Trinker geworden ist, zwar bereit sein zu erklären, daß er niemals wieder rauchen oder trinken werde. Während seines dauernden Aufenthalts in der Gesellschaft anderer Raucher und Trinker aber wird er jeden Tag zu oft in Versuchung geführt, um seinen Vorsatz auch zu verwirklichen. Es ist leichter, einen solchen Drang im Augenblick zu überwinden, als sich für lange Zeit festzulegen mit Zukunftsmusik wie „ich werde niemals, niemals wieder eine Zigarette rauchen oder einen Drink kosten".

Alkoholiker haben es auf die harte Weise lernen und die

Nüchternheit auf einer Tag-für-Tag-Basis wiedererlangen müssen. Sie danken Gott am Ende eines jeden Tages, den sie ohne einen Drink verbracht haben, und sie beten um die Kraft, auch den nächsten Tag in der gleichen nüchternen Weise verbringen zu können.

Aber wer Rauchen und Trinken ernsthaft aufzugeben wünscht, braucht einen *Ansporn* oder einen *Anreiz* — irgend etwas, was ihm hilft, den Wunsch, zu trinken oder zu rauchen, zu kompensieren, weil der Erfolg auch angemessen belohnt wird. Von Vorteil ist auch die Überzeugung, daß man ohne Rauch- oder Trinkgewohnheiten freier und gesünder lebt, denn beide, das Rauchen wie das Trinken, können schädlich sein und sind schädlich. Und dies nicht nur in bezug auf die Gesundheit des Betroffenen, sondern ebenso im Hinblick auf die Dinge, die man im Leben zu gewinnen sucht und die jedem Menschen viel mehr bedeuten als jede noch so große Menge von Zigaretten oder Getränken.

Sie sind erst sicher, wenn Sie sich selbst und anderen bewiesen haben, daß Sie die zur Mäßigung notwendige Willenskraft besitzen. Aber das können nicht allzuviele von uns, besonders wenn es sich um Rauchen und Trinken handelt.

Natürlich stehe ich solchen „Genüssen" nicht feindlich gegenüber. Ich meine, daß jeder Mensch wählen soll, das zu tun, was er in seinem Leben tun möchte. Aber ebenso berührt es mich immer schmerzlich, bei Freunden und Verwandten mit anzusehen, wie sie einen harten und doch meist bei Beginn schon verlorenen Kampf führen mit Problemen, wie übermäßiges Rauchen und Trinken sie darstellen.

In all den Jahren hörte ich von unzähligen, gegenüber ihren Begierden meist resignierenden Männern und Frauen, wie sehr sie wünschten, sich ihnen niemals ausgeliefert zu haben. Nun schienen die meisten von ihnen zu fürchten, daß es zu spät sei, um noch aufzuhören. Allerdings handelt es sich da oft wohl nur zur Hälfte um Resignation, bieten ihre Gewohnheiten ihnen doch wenigstens für begrenzte Zeit ein gewisses Maß an Genuß und Vergnügen, auf das sie nicht verzichten wollen, nicht einmal aus Rücksicht auf mögliche

Folgen. Ihre Organismen haben bereits eine so rücksichtslose Gier nach Nikotin und Alkohol entwickelt, daß sie sich ohne den „beruhigenden Einfluß" dieser vermeintlichen Stimulantien nervös, reizbar und allgemein elend fühlen.

Selbst diejenigen, denen ihre Ärzte verordnen, das Rauchen oder Trinken wegen Krankheiten aufzugeben, die ganz oder teilweise durch diese Gewohnheiten entstanden sind, fühlen sich dazu kaum imstande. Nicht selten hört man dann: „Ich würde lieber sterben als nicht mehr zu...!"

Einer meiner Freunde, der an Lungenkrebs erkrankt war, bestand täglich auf einigen Zügen an einer Zigarette. Er gebrauchte die Entschuldigung, die Krankheit habe er nun einmal, „ein paar Züge würden nun auch nicht mehr schaden". Ein recht trauriger Kommentar angesichts der Macht einer bloßen Gewohnheit.

Charakteristisch für die menschlichen Wesen — für Sie wie für mich — ist der Gedanke, daß uns nicht passieren wird, was den anderen geschehen ist. Wir neigen nun einmal dazu, über Statistiken zu lachen. Wir wollen nicht der Tatsache ins Auge sehen, daß auch uns kleinere und möglicherweise sogar größere Unfälle zustoßen können, wenn wir unser Auto lange genug fahren. Denn selbstverständlich prallen nur die anderen frontal zusammen oder kommen von der Straße ab, geraten ins Schleudern, rasen in andere Autos, stoßen wegen geplatzter Reifen zusammen oder verursachen ständig alle die verschiedenen anderen Arten von Verkehrsunfällen. Wir nicht — wir sind immun!

Andere Menschen mögen daher auch im Übermaß rauchen oder trinken bis zum Exzeß! Wir nicht — wir sind anders!

Was wird ein Raucher tun, wenn er unter emotionaler Spannung steht? Er greift nach einer Zigarette.

Was wird ein Trinker tun, wenn er emotional gestört und wenn er aufgeregt wird? Er greift nach einer Flasche.

Schließlich setzen wir unser Vertrauen längst nicht mehr auf unsere eigene, normale, natürliche, geistige Kontrolle, sondern auf Gewohnheiten wie Rauchen und Trinken. Ob wir ihnen jenes Maß an Kraft und Stärke verdanken, mit deren Hilfe wir alle Situationen im Leben meistern? Nein, nur unsere Hartleibigkeit, unsere geistige Unbeweglichkeit und nicht selten unseren Stumpfsinn! Aber was sollen wir sonst tun in der ständig wachsenden, uns nie loslassenden Spannung dieser unserer Zeit, als rauchen und noch mehr rauchen, trinken und immer mehr trinken?

Tatsächlich tun Sie im Leben das, was Sie am meisten zu tun wünschen; der stärkste Wunsch setzt sich am Ende immer durch. Wenn Sie überzeugt sind, daß Sie mehr zu gewinnen haben, indem Sie *nicht* rauchen oder trinken — wie angenehm Ihnen diese Gewohnheiten auch geworden sein mögen —, *dann werden Sie die Kraft in sich finden, aufzuhören!*

Jedesmal, wenn Sie geneigt sind, einen Drink oder eine Zigarette zu nehmen, wird dann dieser zwingendere Wunsch als Widerstand aufstehen. Er wird Sie an Ihre neuen und größeren Ziele erinnern, und Sie werden Ihren Drang, zu den alten Gewohnheiten zurückzukehren, beiseiteschieben. Jedesmal, wenn Sie diesen Drang erfolgreich unterdrücken, stärken Sie zugleich Ihr *neues Verhaltensmuster* des Nichtrauchens und Nichttrinkens, bis der Tag kommt, an dem Sie spüren, daß Sie sich auch ohne zu rauchen oder zu trinken ebenso wohl befinden wie jemand, der niemals der einen oder der anderen Sucht verfallen war.

Kein Mensch ändert jemals die Bedingungen seines Lebens, bevor er nicht sein Denken ändert. Außer Rauchen und Trinken gibt es noch viele schädliche Gewohnheiten — zum Beispiel das Übermaß des Essens oder die Befriedigung übermäßiger sexueller Bedürfnisse; ich habe diese beiden hier hervorgehoben, weil sie zweifellos zu jenen zählen, die heute noch am weitesten verbreitet sind. Zudem kann auch in anders gelagerten Fällen die gleiche Technik des Denkens angewandt werden, um Gewohnheiten unter Kontrolle zu bringen oder sich vollständig davon zu befreien.

Für jeden, der sich eingestanden hat, unter seinem Problem, dem Trinken, zu leiden, ist es gut, immer daran zu denken: Nüchternheit ist genauso nahe wie der letzte Drink.

Wer immer den Mut und die Entschlossenheit besitzt, jeder Realität ins Auge zu sehen, und darum imstande ist, auch die Entscheidung zu treffen, mit dem Trinken aufzuhören, ja wer bei dieser Entscheidung Tag für Tag bleiben wird, kann für alle Zeit weitere Angriffe und Übergriffe, wie sie jedes weitere Eindringen des Alkoholismus zwangsläufig bewirkt, verhindern.

Wenn Sie im geselligen Kreis ein mäßiger und sich kontrollierender Trinker sind, haben Sie kein Problem — solange Sie nicht diese Kontrolle verlieren und nun ebenfalls maßlos zu trinken beginnen. Das ist der Augenblick, in dem eine sofortige Bestandsaufnahme Ihnen noch hilft, wenn das, was ich in diesem Kapitel gesagt habe, irgendeine Beziehung zu Ihnen haben soll.

Eine Verzögerung aber kann bereits Zerstörung, Ruin, Degradierung, Entartung, Erniedrigung und Schande für Sie bedeuten. Millionen von Alkoholikern legen ein unbarmherziges Zeugnis ab für die Tatsache, daß „sie zu lange warteten" und „zu spät handelten".

Leitsätze für Ihr künftiges Leben

Die sicherste Regel, der man im Leben folgen soll, lautet: „Mäßigung in allen Dingen". Ich werde nie unüberwindliche Schwierigkeiten haben, solange ich dieser Regel folge.

Es würde klug für mich sein, eine persönliche Inventur zu machen. Wenn ich finde, daß ich Gewohnheiten wie Trinken und Rauchen oder irgendwelche andere persönliche Verhaltensmuster im Übermaß entwickelt habe, werde ich jedes notwendige Mittel ergreifen, um die Kontrolle über mich zurückzugewinnen.

Ich vergewissere mich stets, daß ich mich nicht selbst betrüge; daß ich nicht die oft gebrauchte falsche Versicherung akzeptiere, „daß ich aufhören kann zu tun, was immer ich tue, zu jedem Zeitpunkt, zu dem ich es wünsche".

Ich erkenne, daß ich immer das zu tun begehre, was ich mir im Leben am meisten wünsche; der stärkste Wunsch gewinnt am Ende.

Zu meinem eigenen Schutz muß ich deshalb meine Wünsche und meine erworbenen Begierden und Gewohnheiten prüfen, um zu erkennen, ob sie einer Korrektur oder ihrer Ausmerzung bedürfen, bevor sie meine Gesundheit und meinen Ruf ruinieren.

12. Kapitel

DIE MACHT DER AUSSERSINNLICHEN WAHRNEHMUNG

Außersinnliche Wahrnehmung — abgekürzt *ASW* — ist ein Begriff, der jetzt in der ganzen Welt bekannt geworden ist, obwohl er vor verhältnismäßig wenigen Jahren noch nicht existierte.

Er wurde in seiner englischen Fassung „Extra Sensory Perception", kurz ESP genannt, von Dr. J. B. Rhine geprägt, dem Leiter der parapsychologischen Abteilung der Duke Universität. Dr. Rhine, der bahnbrechende Erforscher der höheren Kräfte des Geistes, widmete sich ausschließlich der Untersuchung unserer wahrnehmenden Fähigkeiten und Kräfte jenseits der Reichweite aller unserer körperlichen Sinne.

In früherer Zeit, bevor die Wissenschaft ein ernsthaftes Interesse an ASW nahm, sprach man in einem solchen Fall nur von einem „psychischen Phänomen". Solche Phänomene sind zum Beispiel die *Telepathie* — die Fähigkeit des Geistes, zu einem anderen Geist eine unmittelbare Verbindung zu schaffen, und zwar unbegrenzt von Zeit und Raum; oder die *Präkognition* — die Fähigkeit, die Zukunft vorauszusehen; oder die *Psychometrie* — die Fähigkeit, viele Dinge über einen Menschen zu sagen, zu dem eine Verbindung nur durch Berührung eines ihm gehörenden Gegenstands oder Kleidungsstücks entsteht; oder das *automatische Schreiben* — die Fähigkeit, Ihre Hand unter der Kontrolle des Unterbewußtseins Inspirationen und Botschaften niederschreiben zu lassen, die mit Hilfe des Bewußtseins nicht hervorzubringen sind; oder die *Trancemediumschaft* — die Fähigkeit, einen physischen Körper einschlafen zu lassen, damit angeblich höhere Intelligenzen ihn zur Übermittlung ihrer Mitteilungen benutzen können; oder *Psychokinese* — die Macht des Geistes, das Verhalten der Materie oder bestimmter Objekte zu beeinflussen, zu verändern; oder die *Astralprojektion* — die Fähigkeit des Geistes, den physischen Körper zeitweise zu verlassen und den Raum zu durchwandern in einer höher schwingenden, pulsierenden Körperlichkeit, die für unsere Augen gewöhnlich unsichtbar bleibt; oder die *Materialisation* — die angebliche Fähigkeit der Geister von abgeschiedenen Lieben oder Freunden, zeitweilig noch einmal die gewohnte Gestalt anzunehmen und mit Hilfe der „psychischen Kräfte" eines Mediums den noch Lebenden gegenüberzutreten. In meinem Buch *Außersinnliche Kräfte* *) habe ich diese verschiedenen Formen „psychischer Phänomene" ausführlich dargestellt und erklärt.

Bis heute haben Sie vielleicht versucht, die Ihnen wie den meisten anderen Menschen zuteil gewordenen Vorahnungen oder Vorgefühle mit dem Begriff *Intuitionen* ad acta zu legen. Gewiß, dies ist ein Name wie andere auch. Aber inzwischen wissen wir, daß bereits hierbei Ihre ASW-Kraft und -Fähigkeit in Erscheinung getreten ist, um Sie ihrer Führung und ihres Schutzes zu versichern. Immerhin wurden in den vergangenen Jahrzehnten Tausende und Abertausende glaubhaft bezeugter und wissenschaftlich überprüfter Fälle dieser Art registriert, in deren Verlauf ASW-Eindrücke von Männern, Frauen und Kindern empfangen worden sind. Lassen Sie mich nur wenige Beispiele berichten:

Beispiel 1:

Dr. Hubert Pearce, der Pfarrer der Methodistenkirche in Heber Springs, Arkansas, hatte gerade seinen Wintervorrat an Kohle erhalten und auf der einen Seite des Heizungskellers aufhäufen lassen. Während er noch mit seinem Hausmeister im Keller war, wurde er plötzlich von einem mächtigen geistigen Antrieb befallen.

Wenig später wandte er sich an den Hausmeister: „Ich möchte, daß Sie sofort damit beginnen, alle diese Kohlen

*) erschienen im Hermann Bauer Verlag, Freiburg i. Br.

hinüber auf die andere Seite des Kellerraums zu schaufeln!"
Der Hausmeister schaute ihn erstaunt an. „Doktor, Sie müssen verrückt sein! Das ist für mindestens einen ganzen Tag harte Arbeit! Wenn Sie die Kohle auf jener Seite haben wollten — warum haben Sie das nicht gesagt, als sie hereingebracht wurde?"

Dr. Pearce schüttelte den Kopf. „Da habe ich noch nicht dieses Gefühl gehabt", sagte er, selbst ein bißchen besorgt wegen der merkwürdigen Empfindung von Dringlichkeit. „Aber es muß getan werden, wenn ich auch nicht erklären kann, warum — es muß getan werden!"

Immer noch protestierend ging der Hausmeister an die Arbeit. Als er den Kohlenhaufen etwa zur Hälfte umgeschaufelt hatte, machte er eine Entdeckung.

„Doktor!" rief er. „Kommen Sie schnell herunter, schnell! Kommen Sie her und sehen Sie sich an, was ich gefunden habe!"

Als Dr. Pearce herunterkam, zeigte sein Hausmeister aufgeregt auf ein großes Stück Kohle, *in das ein Dynamitbrocken eingeschlossen war.*

„Gut, jetzt ist es mir wieder leichter", sagte der Doktor. „*Irgend etwas* hatte mir gesagt, daß im Kohlenhaufen eine Gefahr lauere. Wäre das Dynamit nicht entdeckt worden, hätte es in den Heizkessel geschaufelt werden und unsere Kirche schlimm zurichten können!"

Bemerkenswert, sagen Sie? Ja, für jeden, der die Existenz dieser höheren außersinnlichen Kräfte noch nicht wahrgenommen hat. Aber Dr. Pearce war zufällig ein „alter Hase" im Erkennen und Nachweisen dieser inneren Fähigkeiten. Als Student an der Duke Universität hatte er als „Versuchskaninchen" bei telepathischen Experimenten mitgewirkt, die damals in Dr. Rhines parapsychologischem Laboratorium durchgeführt wurden. Ihm war es erstmals gelungen, fünfundzwanzig vollkommen richtige Eindrücke von ESP-Kartensymbolen zu empfangen, die als Kreuz, Kreis, Quadrat, Stern und Wellenlinien ihm telepathisch übermittelt wurden. Die Möglichkeit, einen solchen Erfolg, eine so phänomenale Folge von telepathischen Treffern zu erzielen, ist so unwahrscheinlich, daß sie völlig ausgeschlossen werden kann. Aber Dr. Pearce erzielte in diesen zusammen mit Dr. J. Hauther Pratt durchgeführten, später weltbekannt gewordenen Tests, die noch über lange Zeit fortgeführt wurden, dauernd überdurchschnittliche Ergebnisse.

Am interessantesten war für mich die Tatsache, daß diese außersinnlichen Fähigkeiten bei Dr. Pearce auch in späteren Jahren erhalten geblieben sind, zumindest bis zum Zeitpunkt des hier berichteten Vorfalls, in dessen Verlauf er auf eine drohende Gefahr hingewiesen wurde.

Beispiel 2:

Kürzlich schrieb mir eine Frau und berichtete von einem ungewöhnlichen Eindruck, den sie eines Morgens beim Aufwachen empfing. Sie, ihr Mann und die Kinder hatten geplant, sehr früh zu einer Ferienfahrt aufzubrechen. Die Abfahrtszeit stand fest, aber die Frau bat ihren Mann sehr dringend, den Aufbruch um eine oder zwei Stunden zu verschieben. Sie fühlte deutlich, beim Verlassen des Hauses zur festgesetzten Zeit würden sie in einen ernsten Autounfall verwickelt werden.

„Liebling, wenn wir nicht rechtzeitig aufbrechen, können wir unseren Bestimmungsort nicht vor Dunkelheit erreichen", wande ihr Mann ein. „Du hast noch niemals zuvor so etwas gespürt. Wenn du geträumt hast, daß irgend etwas passiert, vergiß es wieder. Es ist nichts dran an diesem Traum. Laß uns jetzt gehen!"

„Du denkst sicher, ich sei plötzlich verrückt geworden", sagte die Frau, „aber ich fahre nicht mit, wenn nicht alle Türen im Auto richtig abgeschlossen werden!"

„Aber bisher haben wir unsere Autotüren *niemals* abgeschlossen", lenkte ihr Mann ein. „Aber gut, wenn du darauf bestehst... für mich ist das alles eine Menge Unsinn!"

Die Familie verließ das Haus und begann ihre Ferienreise zur festgesetzten Stunde. Sie waren erst eine halbe Stunde unterwegs, als ihnen in einer Kurve ein Auto mit viel zu hoher Geschwindigkeit entgegenkam, leider *auf der falschen Straßenseite.*

Um einem Frontalzusammenstoß zu entgehen, versuchte der Fahrer der in die Ferien fahrenden Familie, seitwärts auszuweichen. Dabei kam er mit seinem Auto von der Autobahn ab und fuhr eine Böschung hinunter. Das Auto überschlug sich zweimal, dann wurde sein Abwärtsrollen von einem Baum gestoppt. Weil die Türen des Autos zugesperrt waren, wurden Vater, Mutter und die beiden Kinder zwar im Innern des Wagens herumgeworfen, nicht aber hinausgeschleudert. Sie erlitten alle nur kleinere Beulen und Prellungen. Aber ohne die Vorsicht der Frau hätten einige von ihnen ebensogut ernsthaft verletzt oder gar getötet werden können.

Wichtige Bemerkung: Sehen Sie jetzt, *warum* die außersinnliche Wahrnehmung diese Frau zu bestimmen versuchte, den Aufbruch zu verzögern? Wenn die Familie nur eine halbe Stunde später abgefahren wäre, hätte der Wagen des leichtsinnigen, rücksichtslosen Fahrers diesen Punkt der Autobahn schon passiert gehabt, und die so unvermeidbare potentielle Gefahr wäre überhaupt nicht entstanden! Irgend etwas im Bewußtsein dieser Frau hatte gespürt, was um diese Zeit auf sie zukommen würde!

Wann immer Sie ein so seltsames, unerklärliches Gefühl oder eine Vorahnung dieser Art wahrnehmen, sollten Sie ihr Beachtung schenken! Es zahlt sich aus.

Beispiel 3:

Eine Mrs. Sharpe besaß und betrieb einen Telefonauftragsdienst für Ärzte. Die Arbeitsweise von ASW war ihr seit langem bekannt. Eines Nachts, gegen Mitternacht, geriet eine neue Angestellte, die Nachrichten aufzunehmen und Ärzten zu übermitteln hatte, in Panik und rief Mrs. Sharpe an.

„Es tut mir leid, daß ich Sie störe", sagte sie. „Aber es ist ein Notruf für Dr. Thomas gekommen, und ich kann ihn unter keiner der angegebenen Nummern erreichen. Das

Krankenhaus sagte mir, daß sie ihn in der nächsten halben Stunde erreichen müssen, oder einer seiner Patienten könnte sterben!"

„Nun, beruhigen Sie sich erst einmal und nehmen Sie das nicht so schwer", ordnete Mrs. Sharpe an. „Lassen Sie diese Angstgedanken aus Ihrem Kopf. Wenn Sie Dr. Thomas nicht durch das Telefon erreichen können, werden Sie Verbindung zu ihm eben auf *telepathischem* Wege aufnehmen."

„Was ist denn das?" fragte das Mädchen verblüfft. „Was haben Sie da gesagt?"

„Ich sagte", wiederholte Mrs. Sharpe, „daß Sie und ich nun unseren Geist auf Dr. Thomas konzentrieren werden. Wir werden nicht lange versuchen, uns vorzustellen, wo er ist oder was er in dieser Stunde tut. Wenn unser Geist auf ihn gerichtet ist, wird er ihn überall finden. Ich möchte, daß Sie sich jetzt gleich ganz ruhig hinsetzen und sich mit diesem Gedanken erfüllen: „Dr. Thomas — ich brauche Sie!... Dr. Thomas, Sie werden gebraucht!... Rufen Sie sofort Ihren Telefondienst an! Rufen Sie sofort Ihren Telefondienst an!"

„Arbeiten Sie mit mir zusammen?" fragte Mrs. Sharpe. „Sie mögen es glauben oder nicht, Sie wissen, daß Dr. Thomas dringend gebraucht wird. Sie fühlen es! Nun verstärken Sie durch Ihre Gefühle Ihre Gedanken, wie ich das tue. Tun Sie es auch, und Sie werden von Dr. Thomas in den nächsten zehn oder zwanzig Minuten hören... zwanzig Minuten sind das äußerste! Ich habe dies schon oft getan, und es wirkt! Vertrauen Sie darauf und tun Sie, was ich sagte!"

Die junge Telefonistin fügte sich. Schweigsam saßen die beiden Frauen da, eine zu Hause im Bett, die andere im Büro am Klappenschrank, konzentrierten sich auf die Aussendung ihres geistigen Rufs nach Dr. Thomas.

Innerhalb von *zehn Minuten* rief Dr. Thomas aus dem Hause eines Freundes an und fragte: „Gerade fiel mir ein, daß Sie wissen sollten, wo ich mich befinde. *Haben Sie dort irgendeine Nachricht für mich?"*

Unglaublich? Nein, in der Zukunft wird die ganze Menschheit eine solche Erweiterung ihres Bewußtseins erwerben und diesen sechsten Sinn ebenso natürlich gebrauchen, wie wir uns jetzt auf unsere fünf physischen Sinne verlassen!

Kürzlich wurde von Everett F. Dagle, einem Forschungsingenieur der US Air Force Cambridge Research Laboratories in Bedford, Massachusetts, zitiert, was er während eines astro-medizinischen Kongresses in San Francisco erklärt hatte:

Ich glaube, daß jetzt für uns die Zeit gekommen ist zu untersuchen, ob ASW und die höheren geistigen Prozesse geeignet sind, unseren Astronauten als Kommunikationshilfen zu dienen, wenn sie in voraussehbarer Zukunft vielleicht mehr als hundert Millionen Meilen in den Raum vorstoßen werden. Auf solchen langen, einsamen Reisen werden sie für Wochen oder Monate nur von schwarzer Leere und Verlassenheit umgeben sein, unterbrochen nur von den Lichtpunkten weit entfernter Sterne. Weit entfernt vom Gravitationsfeld der Erde, könnte es ihnen Schwierigkeiten bereiten, ihre geistige und emotionelle Stabilität zu bewahren, wenn sie nicht einer gut entwickelten Fähigkeit vertrauen dürfen, die ihnen eine fast augenblickliche Verbindung mit ihrem Heimatplaneten bietet. So weit draußen im Raum würde es neun Minuten dauern, bis eine Radiobotschaft die Erde erreichte, und neun Minuten, um eine Antwort zu empfangen — achtzehn Minuten also insgesamt, für Astronauten eine Ewigkeit und vielleicht Panik. Aber wenn es möglich wäre, die Telepathie so zu entwickeln, daß Astronauten Gedankenbotschaften aussenden und empfangen könnten, und wenn sie einen sofortigen fühlenden Kontakt mit einem sensibilisierten menschlichen Wesen auf der Erde herstellen könnten, würde ihnen dies helfen, ihre geistige Gesundheit zu erhalten.

Natürlich ist ASW heute noch nicht soweit entwickelt, daß diese Art der Kommunikation schon in nächster Zeit denkbar wäre. Aber als ich in den bereits historischen telepathischen Experimenten über große Entfernungen mit Sir Hubert Wilkins als Empfänger arbeitete (wir berichteten darüber in unserem Buch *Thoughts Through Space* (Gedanken durch den Raum), gelangten wir zu außergewöhnlichen Ergebnissen. So war es mir möglich, von ihm ausgesandte geistige Impressionen mit einer Genauigkeit von etwa 70 Prozent aufzuzeichnen, während wir durch etwa zwei- bis dreitausend Meilen voneinander getrennt waren. Sir Hubert Wilkins flog damals fünf Monate im Gebiet des Nordpols. Er suchte nach einer Mannschaft russischer Flieger, die bei einem Versuch, ohne Zwischenlandung in die Vereinigten Staaten zu fliegen, hatten notlanden müssen. Ich lebte in New York und saß, nach vorheriger Absprache, drei Nächte in jeder dieser Wochen von 23.30 Uhr bis 24.00 Uhr im Arbeitszimmer meiner Wohnung. Hier konzentrierte ich mich auf Wilkins. Dieser absolvierte sein Arbeitsprogramm, startete, flog immer weiter nach Norden, landete und berichtete täglich — unter Berücksichtigung der Zeitdifferenz — alle wesentlichen Vorgänge, die ihm passiert waren. Meine Aufgabe war es, seine Gedanken aufzufangen, abzuhören und aufzuzeichnen. Die Experimente wurden von Wissenschaftlern beobachtet, die ihre Authentizität durch eidesstattliche Erklärungen bezeugten.

Die Tatsache, daß Raum und Zeit die Übermittlung und den Empfang von Gedanken offensichtlich nicht behindern, und die Tatsache, daß sowohl Wilkins als auch ich in der Lage waren, über eine Entfernung von zwei- bis dreitausend Meilen regelmäßig miteinander in Verbindung zu treten, dürfte bedeuten, daß man auch den Geist eines Astronauten, der hundert Millionen Meilen von der Erde entfernt ist, ebenso leicht erreichen kann, wie den Geist eines im angrenzenden Raum sitzenden Menschen.

Viele Wissenschaftler sind skeptisch

Niemand, der als Pionier auf dem Gebiet der ASW forschte und experimentierte, hatte einen leichten Weg. Viele Wissenschaftler weisen Telepathie oder ASW auch heute noch zurück als irgend etwas, das einfach nicht passieren kann; sie bezweifeln, daß etwas existiert im Bereich der Imagination, des Zufalls, der Mutmaßung, und sie erblicken darin bestenfalls einfache Tricks.

Ich verstehe den Widerstand solcher Wissenschaftler; sie lehnen es ab, ASW wenigstens dann zu akzeptieren, wenn zweifelsfrei eine dem Augenschein zugängliche Manifestation stattgefunden *hat*. Einer der Gründe ist, daß niemand, der unverfälschte authentische Telepathie oder irgendeine andere Erscheinungsform von ASW praktiziert, bis heute jemals die Unveränderlichkeit selbst hundertprozentiger Resultate garantieren kann. Noch besteht der Spielraum des Irrtums, und alle Eindrücke können ganz oder teilweise vom Ziel abweichen.

Diese Abweichungen sind meist emotional begründet und suggestiven Störungen des Bewußtseins zuzuschreiben, das die fünf physischen Sinne begrenzen. Einem vom Unterbewußtsein übermittelten Eindruck, der außersinnlichen Fähigkeiten entstammt, wird das Bewußtsein — wenn man das zuläßt — zunächst immer eine Mauer des Zweifels gegenüberstellen. Es wird mit Ihnen zu argumentieren versuchen über Vorahnung und Vorgefühl ebenso wie über ein Gefühl, etwas zu tun oder nicht zu tun, und dies stets auf der Basis, daß es keinen beweisbaren Grund gibt, einen solchen Eindruck zu akzeptieren, oder daß er tatsächlich irgendeine Bedeutung hat.

Wissenschaftler stützen sich bei ihren Beobachtungen und Entdeckungen immerhin auf das, was sie als beweisbare Tatsachen betrachten — und *diese* können immer wieder und wieder erfolgreich wiederholt werden.

Vor einigen Monaten war ich in Los Angeles und New York, um in vielen Radio- und Fernsehsendungen mein neues Buch *Außersinnliche Kräfte* vorzustellen. Während dieser Interviews bestand ich darauf, daß keine öffentlichen Demonstrationen von Telepathie oder irgendeiner anderen Erscheinungsform von ASW stattfinden dürften. Ich erklärte, selbst wenn Versuche, Impressionen zu erhalten, erfolgreich wären, würde doch der größte Teil des Publikums sie nur als einen Trick oder als zuvor arrangierte Sensationen abtun. Aus fehlgeschlagenen Bemühungen aber würde ein unzulänglich vorgebildetes Publikum nur folgern, daß es mit ASW nichts auf sich habe.

Die breite Masse weiß nur wenig über diese höheren Kräfte des Geistes, außer daß sie sich seines neugierigen Interesses an diesem Gegenstand bewußt ist. Von solchen Menschen kann jedoch nicht erwartet werden, daß sie die Schwierigkeiten ermessen, die sich aus jeder Demonstration von ASW vor einem Mikrophon oder einer Fernsehkamera ergeben.

Trotz meiner Erklärung gelang es einige Male, mich in Verlegenheit zu bringen. Einmal, an der Küste, wurde ich von der bezaubernden und temperamentvollen Pamela Mason zuerst im Fernsehen und dann im Radio interviewt.

Nach meinem Fernsehauftritt lud Miß Mason mich noch für Sonntagmorgen ein, um ein Tonbandinterview für ihre Fünfundvierzig-Minuten-Sendung im Radio aufzunehmen. Als ich ankam, wurde ich in ein abgelegenes Zimmer geführt und allein gelassen. Neben mir stand schon ein Bandgerät bereit. Zuvor hatte man erwähnt, daß Miß Mason in Kürze erscheinen werde. Als sie endlich hereinstürmte, begrüßte sie mich in ihrer fröhlichen, geschäftigen Art: „Hallo, Mr. Sherman — was habe ich heute getan?"

Mein Geist machte eine rasche Wendung und ich antwortete: „Gut, mein vorherrschender Eindruck deutet auf ein wenig Juristerei hin!"

„Oh, so ist das?" lautete Miß Masons Entgegnung, und kommentarlos setzte sie sich neben ihr Bandgerät, schaltete es ein und begann mit dem Interview.

Wir waren halbwegs fertig; sie hatte mich über das Zustandekommen von Telepathie und nach anderen Aspekten von ASW ausgefragt. Nun sagte sie plötzlich: „Wissen Sie, Mr. Sherman, Sie hatten recht, ich war heute mit juristischen Angelegenheiten beschäftigt. Tatsache ist, daß ich heute morgen einige Stunden mit meinem Rechtsanwalt verbrachte. Sagen Sie mir — *wie sieht er aus?*

Ich zögerte einen Augenblick und antwortete dann: „Er ist ein verhältnismäßig junger Mann, ein wenig dick, mit dunklem Haar und dunklen Augen, und er scheint eine dunkle Brille zu tragen!"

„Tüchtig — das ist sehr gut!" erwiderte Miß Mason. „Sehr genau, in der Tat. Mein Rechtsanwalt sieht wirklich so aus — und er trug heute morgen erstmals eine dunkle Brille. Ich denke, wie die meisten Rechtsanwälte versucht er sich vor irgend jemandem oder irgend etwas zu verstecken." Dann fuhr sie fort zu sagen: „Ich bekenne, Mr. Sherman, ich versuchte Sie in eine Falle zu locken. Bevor ich Sie danach fragte, stellte ich mir im Geist einen kleinen, alten Mann mit gebeugten Schultern, grauem Haar usw. vor, also genau das Gegenteil der tatsächlichen Erscheinung meines Rechtsanwalts. Sagen Sie mir — warum haben Sie nicht diesen Eindruck aufgenommen?"

„Weil Sie, Miß Mason", antwortete ich, „Ihrem Unterbewußtsein einen viel lebendigeren Eindruck von der wirklichen Gestalt Ihres Anwalts eingegeben hatten... dieser war viel stärker ausgeprägt als das Bild des fiktiven Anwalts, den Sie sich nur vorgestellt hatten!"

„Ich glaube", schmunzelte Miß Mason, „es ist etwas dran an der Telepathie!"

In diesem Fall war ich glücklich, den richtigen Eindruck empfangen zu haben. Der Beweis dafür ist enthalten in der Bandaufzeichnung jenes Interviews. Aber ich hätte genauso leicht versagen können. Was würde Miß Mason dann gesagt haben? Und in welche Lage hätte das mich gebracht?"

Ein anderer schwieriger Test in der Öffentlichkeit

Ein anderes Mal wurde ich in New York beim Sender WINS zwei Stunden lang für die Serie „CONTACT" interviewt. Der Interviewer war Stan Bernard. Um mich ins Kreuzverhör nehmen zu können, hatte er als „Advocatus diaboli" Melburn Christopher engagiert, den ehemaligen Präsidenten der Magicians' Society (Gesellschaft der Zauberer).

Das Interview dauerte von 22.00 Uhr bis Mitternacht, und gleich zu Beginn stellte Mr. Christopher fest, er glaube nicht an ASW. Es ist weder meine Art, Skeptiker unbedingt überzeugen zu wollen, noch kann ihre Befragung mich geistig oder emotional erregen. Nur gelegentlich verläuft eine solche Begegnung ein wenig rauh und endet dann — sicher zur Enttäuschung mancher Interviewer, die mich gern herausfordern würden, damit ich mich auf einen Streit einlasse. Diesmal nun hatte ich Mr. Bernard bereits vor der Sendung erklärt, daß ich ASW nicht öffentlich demonstrieren würde. Dennoch brachte Mr. Christopher schließlich ein versiegeltes Päckchen hervor und forderte mich auf, ihm zu sagen, was darin sei.

Er sagte: „Mr. Sherman, in Ihrem ASW-Buch berichten Sie von einigen Fällen, in deren Verlauf Sie erfolgreich den Inhalt versiegelter Umschläge errieten. Ich hätte es nun gern, daß Sie einmal versuchten, auch von diesem Päckchen einen richtigen Eindruck zu empfangen."

Erinnern Sie sich, dies war eine Life-Übertragung. Ich schaute Mr. Bernard an, der irgend etwas murmelte, er habe von diesem Test Mr. Christophers nichts gewußt. Mr. Christopher jedoch ließ sich nicht davon beeindrucken, da ich ein kleines Experiment wie dieses gewiß nicht übelnehmen würde — als ob es für mich jederzeit genauso leicht sei,

Telepathie zu demonstrieren, wie es für ihn war, eines seiner Zauberkunststückchen zu zeigen.

Hätte ich mich geweigert, diese Herausforderung anzunehmen, dies merkte ich sofort, so wäre das von einem großen Teil des Publikums nicht verstanden worden. Die einzig mögliche Folgerung lag auf der Hand: Mr. Christopher glaubte nicht an Telepathie oder Psychometrie, wie diese spezielle Erscheinungsform von ASW genannt wird. Sollte mein Versuch, die Natur des in dem versiegelten Päckchen eingeschlossenen Objekts zu erkennen und zu beschreiben, mißlingen, so würde dieser Mißerfolg nicht nur Zweifel auf diese und andere ASW-Fähigkeiten werfen, die zu besitzen man andernfalls bereit gewesen wäre mir zu konzidieren, Mr. Christopher würde auch mit lautstarker Befriedigung behaupten können, er habe bewiesen, daß es mit der ASW nichts auf sich habe.

So wies ich nur darauf hin, daß niemand, der behaupte, echte Telepathie oder Psychometrie vorführen zu können, auch zu garantieren imstande sei, immer über die Wahrscheinlichkeitserwartung hinaus überdurchschnittliche Resultate zu erzielen. Es war nicht genug Zeit, um zu erklären, warum das wahr ist. Dann lehnte ich mich zurück und hielt das Päckchen in meinen Händen. Als ich meinen Geist empfänglich gemacht hatte, traf mich als erster Eindruck die negative geistige Atmosphäre, von der ich umgeben war. Sowohl Bernard als auch Christopher hatten ihre Augen und ihren Geist auf mich gerichtet.

Beim Rundfunk wird Stille nicht vergoldet. Die Sekunden tickten vorbei. Unter solchem Zeitdruck erforderte schon das Bewußtsein, daß Tausende von Köpfen sich in dieses Programm eingeschaltet hatten, eine ungewöhnliche geistige Disziplin, um nicht in Panik auszubrechen oder zu Eis zu erstarren.

Nach etwa dreißig Sekunden sagte ich, daß ich keinen Eindruck von der Art des Objekts erhalten könne ... aber meine vorherrschende Empfindung sei die von *einer schweren emotionalen Störung, Verwirrung und Tod!*

167

„Ist das alles, was Sie herausbekommen?" fragte Christopher.

Ich nahm mir noch einen Augenblick Zeit.

„Das ist alles", sagte ich dann. „Aber ich wiederhole — ich verspüre ein starkes Gefühl von emotionaler Erregung und Tod."

Mr. Christopher übergab dann Mr. Bernard einen ebenfalls versiegelten Umschlag mit der folgenden, auf seinem persönlichen Briefpapier gedruckten Erklärung (die sich seither bei meinen Unterlagen befindet).

CHRISTOPHER

Diese Lederhülle wurde von meinem Freund Dr. Jakob Daley zu seinem „Münzen-durch-die-Hand-Trick" benutzt.

Die beiden Zauberworte darauf bedeuten auf gut Englisch „Kakerlake".

Dr. Daley starb am 17. Februar 1954 nach einer Vorführung von Zauberkunststücken im New Yorker Art Directors Club in der East 40. Straße.

Von Beruf war er Arzt und Schönheitschirurg, Zauberei war sein Hobby.

Als Mr. Bernard mit der Vorlesung des Dokuments zu Ende war, sagte ich:

„Würden Sie bitte noch einmal die Stelle lesen, in der Dr. Daleys Tod erwähnt wird?"

Dann machte ich Bernard und Christopher darauf aufmerksam, daß ich zwar nicht das Objekt genau hatte beschreiben können, daß ich aber die stärkste emotionale Impression genau wiedergegeben hatte, die *Todeserfahrung* des Dr. Daley.

Worauf Mr. Christopher antwortete: „das hätte doch jeder erraten können."

Sie sehen, in irgendeiner gewagten öffentlichen Demonstration kann man angesichts einer solchen Einstellung nicht gewinnen. Das ist es, was das Gespräch so schwierig macht für alle diejenigen, welche bereits echte Fähigkeiten der Tele-

168

pathie oder ASW besitzen. Es erforderte immer sehr viel Mut, um all der Skepsis, der Unduldsamkeit und der Gleichgültigkeit, oder auch daneben den nicht weniger belastenden Schwierigkeiten, wie Selbsttäuschung, Betrug oder den fragwürdigen Tricks vieler Seiten standzuhalten.

Dennoch nähert sich, meiner Meinung nach, schnell der Tag, an dem wir über die Techniken verfügen können, die es ermöglichen werden, endlich unsere höheren geistigen Prozesse unserem bewußten Willen zur Führung und Kontrolle zu unterwerfen. Was die Gegenwart betrifft, so bin ich sicher, daß viele von Ihnen, die Sie diese Zeilen lesen, vielfach schon spontane Manifestationen von ASW gehabt haben. Sie werden diese Erlebnisse „Vorahnungen" oder „Vorgefühle" genannt haben — starke Sympathien oder Antipathien, etwas zu tun oder nicht zu tun, prophetische Träume oder Visionen, ja selbst die Fähigkeit, einen Blick in die Zukunft zu werfen. Auch Erscheinungen können Sie gesehen, Stimmen gehört oder geglaubt haben, Ihren physischen Körper zu verlassen. Oder Sie können, ohne sich dessen bewußt geworden zu sein, zeitweilig in Trance gefallen sein unter dem augenscheinlichen Einfluß einer anderen Wesenheit. Oder Sie haben plötzlich beobachtet, wie irgendein Ding sich zu bewegen begann, vielleicht den ihm bestimmten Platz verließ, ohne von einer menschlichen Hand berührt worden zu sein. Und einige von Ihnen mögen gefühlt haben, daß sie Botschaften empfingen von denjenigen, die abgeschieden sind, oder sie werden bei Gelegenheit wieder Botschaften von ihnen empfangen.

Alle diese Erfahrungen entsprechen einer oder mehreren Erscheinungsformen, die wir, wie ich schon bemerkte, „Psychische Phänomene" nennen.

Wenn Sie bereits solche Erfahrungen hatten, wie ich sie oben beschrieben habe, so wünsche ich mir, daß Sie an die ESP Research Associates Foundation, 1750 Tower Building, Little Rock, Arkansas, schreiben und mir in Form genau detaillierter Aufzeichnungen alle Einzelheiten über den Fall mitteilen. Hier studieren wir diese spontanen Ereignisse, und vielleicht können auch Sie mit einem wertvollen Beitrag zum

Wachsen unseres Wissens von diesen höheren Kräften des Geistes beitragen.

Sind ASW böse oder gut?

Oft werde ich gefragt: „Können ASW ebenso für böse Zwecke verwendet werden wie für gute?"

Unglücklicherweise ja. Wie alles andere, was Gott uns als Kreaturen freien Willens und freier Entscheidung gegeben hat, können wir guten und schlechten Gebrauch davon machen. Ein weltweit bekannter Zeuge ist die Atomkraft: Zum Guten eingesetzt, liefert sie alle Energie, deren wir bedürfen — und wie mißbraucht der Mensch diese gewaltige Kraft als Waffe der Zerstörung! Auch bin ich sicher, daß die heute in vielen Ländern laufenden Untersuchungen der ASW keinesfalls nur der geistigen Entwicklung der Menschheit dienen sollen. Wer auch immer entdeckt, wie ASW zu gebrauchen sind, ist der Versuchung ausgesetzt, sie zuerst eigenen Zielen und Absichten nutzbar zu machen, was — in Politik oder militärische Strategie übertragen — bedeutet, sie gegen andere einzusetzen. So haben selbst die „materialistischen" Russen in eingehenden Untersuchungen die Theorie erforscht, daß Gedanken elektromagnetischer Natur sind und daß ihre Impulse sich wellenförmig ausbreiten. Längst denken sie darüber nach, spekulieren und versuchen zu berechnen, wie die Frequenzen unserer Gedankenwellen zu bestimmen sind und, nunmehr elektronisch reproduziert, verstärkt und mit größerer Intensität ausgestrahlt, das Massenbewußtsein ganzer Völker beeinflussen können.

Zu phantastisch? Wie Science Fiction? Falls Ihr Dasein auf dieser Erde bereits zurückreicht bis zur Jahrhundertwende — hätten Sie damals geglaubt, daß der Mensch jemals fliegen würde — oder gar, daß er je aufbrechen könnte zum Mond und zu den noch entfernteren Planeten? Heute brauchen Sie nichts so notwendig wie einen aufgeschlossenen Geist! Bereiten Sie sich darauf vor, *daß alles geschehen kann!*

Nützlicher Gebrauch von ASW

Während der Entwicklung von ASW galt mein Interesse stets ihrem guten und aufbauenden Gebrauch. Natürlich erlebte ich, mit dem Hintergrund meiner Erfahrungen, von Zeit zu Zeit Abenteuer, werde ich doch gelegentlich zugezogen, um zu prüfen, ob ich bei der Bestimmung dessen, was geschehen ist, von Nutzen sein und die Zusammenhänge irgendeiner Tragödie aufklären kann.

Ich suche solche Aufgaben nicht, weil sie schwierig, oft unerfreulich und emotional sehr belastend sind; auch bin ich nicht unfehlbar. Dennoch machte ich im Laufe der letzten Monate eine Erfahrung, die dokumentarisch zuverlässig belegt ist. Der Bericht von diesen Geschehnissen mag Ihnen die doppelte Sicherheit geben, daß diese höheren Kräfte des Geistes wirklich arbeiten, und zwar für nützliche Zwecke. Aber wegen der persönlichen Natur einiger der dabei empfangenen Eindrücke muß ich die Namen der beteiligten Personen verschweigen.

Am 9. Februar 1965 erreichte mich in meinem Stadthaus in Mountain View, Arkansas, wie aus heiterem Himmel das Ferngespräch einer Mrs. P. aus South Bend, Indiana.

Sie sei, sagte sie, von Dr. Karlis Osis, dem Forschungsdirektor der American Society for Psychical Research (der Amerikanischen Gesellschaft für Psychische Forschung) in New York an mich verwiesen worden. Er sei der Meinung gewesen, daß es mir vielleicht möglich sein würde, durch außersinnliche Wahrnehmung etwas über den Verbleib eines Privatflugzeugs herauszufinden. Es war mit ihrem Schwiegersohn, ihrer Tochter, ihrem Enkel und einem angeheuerten Piloten in der Nacht vom 3. zum 4. Januar vom Flughafen St. Petersburg, Florida, gestartet und seither verschwunden.

Mrs. P. gab an, daß bis jetzt, also mehr als einen Monat nach dem Verschwinden des Flugzeugs, keine Spur davon gefunden worden sei. Ohne nun darauf zu warten, daß Mrs. P. mir durch das Telefon weitere Informationen gab, unterbrach ich sie, um ihr zu sagen, daß ich im gleichen Augenblick die Impression gehabt habe, das Flugzeug befinde sich unten im Wasser.

Mrs. P. sagte, das sei unmöglich, die Air Force und die Civil Air Patrol hätten ihr versichert, daß kein flugerfahrener Pilot jemals mit einer einmotorigen Maschine über das Meer fliegen würde, am wenigsten bei Nacht.

Trotz dieser Erklärung von Mrs. P. blieb ich dabei, das Flugzeug im *Wasser* zu sehen. Ich fühlte, es würde bald gefunden ... von einem Fischer in einem Boot.

Ich fühlte auch, daß ihr Schwiegersohn und ihre Tochter vor dem Start einen Streit miteinander gehabt hatten. Sie hatte nicht starten wollen — hatte bis zum Morgen warten wollen. Ich fügte hinzu, daß ihr Schwiegersohn in irgendeine persönliche Unannehmlichkeit verstrickt gewesen sei — von ernsthafter Art.

Mrs. P. sagte, darüber wisse sie nichts, aber wenn es helfen würde, wolle sie mir Kleidungsstücke senden, die ihre Tochter und ihr Enkel getragen hätten. Ob diese mir zu weiteren Eindrücken verhelfen könnten? Ich sagte: „Es kann sein."

Deshalb schickte sie mir am 9. Februar einen Handschuh, der ihrer Tochter gehörte, und eine gestrickte Mütze ihres Enkels, dazu Bilder von ihnen und vom Schwiegersohn. Ich erhielt alles am 11. Februar. Damals sandte sie mir auch die Fotokopie eines Berichts, in dem Eastern Rescue Center of the U.S. Air Force, Staatspolizei und Civil Air Patrol übereinstimmend feststellten, daß an der Suchaktion nach dem vermißten Piper Comanche Flugzeug N 7418 P 900 Menschen und über 500 Flugzeuge beteiligt gewesen waren, die in insgesamt 1100 Flugstunden ein weites Landgebiet überflogen hatten, ohne irgendeinen Hinweis zu finden für den gegenwärtigen Aufenthaltsort des Flugzeugs oder über Art und Ursache des Verlusts.

Zum erstenmal wurde mir die Ungeheuerlichkeit all der riesigen Anstrengungen bewußt, die man schon unternommen hatte, um das vermißte Flugzeug ausfindig zu machen — eine Suche, die nun aufgegeben worden war.

Mein Bewußtsein versuchte mir einzureden, daß ich mich

geirrt haben müsse mit dem gegenüber Mrs. P. am Telefon geäußerten Gefühl, daß das Flugzeug über Wasser abgestürzt sei, anstatt über Land, wie alle diese Berichte vermuteten. Es gab keinen Hinweis auf irgendeine Möglichkeit, daß das Flugzeug auf dem Wasser gelandet sein könnte, und auf das Meer war die Suche nicht ausgedehnt worden.

Es wurde Samstag, der 13. Februar, bevor ich fühlte, daß ich diese psychometrische Bestimmung unternehmen sollte. Ich hatte sicher sein und nichts erzwingen wollen; wer versucht, gewaltsam in den Besitz von Informationen dieser Art zu gelangen, aktiviert meist nur seine eigenen Imaginationen.

Offen gestanden, ich hatte während meiner telefonischen Unterhaltung mit Mrs. P. einen so beunruhigenden Eindruck von dem Schwiegersohn aufgenommen, daß ich nur widerwillig noch einmal zu diesen Schwingungen zurückkehrte.

Als ich aber den Handschuh und die gestrickte Mütze in meinen Händen hielt, fühlte ich stärker als zuvor, daß meine ursprünglichen Eindrücke richtig gewesen waren.

Dann begann ich in meinem Geist zu *sehen* und zu *fühlen*, was sich wirklich ereignet hatte, und ich schrieb es nieder wie folgt:

Ich weiche von der Fluglinie nach links ab, verliere Höhe, als ob ein Gewicht mich hinabzieht. Ich steuere ungefähr in Richtung Tallahassee, Florida, Höhe ungefähr eine Meile. Ich bin in Schwierigkeiten — irgendein Instrument... des Motors... ist hin. Ich muß hinunter. Es gibt eine Panik — Streit zwischen dem angeheuerten Piloten und dem Schwiegersohn. Tochter und Enkel auf den beiden rückwärtigen Sitzen. Irgendeine Änderung des Flugplans...

Schwiegersohn vor dem Start nicht in guter Stimmung. Besteht auf irgend etwas... Wunsch, irgendwohin zu können... nicht bis morgen warten... Streit um Anheuern des Piloten für Nachtflug. Tochter unglücklich wegen irgend etwas, verkniffener Mund, versucht Sohn zu beruhigen, hatte nicht gehen wollen. Wetter anscheinend erschwerender Faktor.

Abseits Kurs... Rumpf auf Wasser... sumpfiges Gebiet... gezwungen, zu landen... suche nach ebenem Gelände... dunkle, schattenhafte Umrisse... endet mit Absturz... Flugzeug verschwindet im Wasser... brennt nicht... aber nicht aus der Luft sichtbar.

Schlammiger Grund, Wasser... zerschmetternder Aufprall... nicht alle gleich tot, aber alle schwer verletzt... nicht möglich, aus dem Wrack zu entkommen... Körper des Jungen könnte herausgeschleudert worden sein... nicht alle Körper beisammen...

Fühle, Suche links von Flugroute, etwa 40 bis 50 Meilen abseits, kreuz und quer über dem Gebiet, wo Flugzeug im Wasser gelandet sein mag, könnte Ergebnisse bringen. Ich weiß nichts von der Art dieses Landes und möchte auch nichts wissen, weil dies meine Eindrücke beeinflussen würde, sollte irgendeine dieser Wahrnehmungen sich als stichhaltig erweisen.

Da, zur rechten Seite hin, scheint ein ansteigendes Landgebiet zu liegen. Im Sturz könnte das Flugzeug diese Anhöhe gerade noch passiert haben. Dicht bewaldetes Landgebiet, nicht weit vom Wasser... möglicherweise sumpfiger Abschnitt.

Ich glaube, Teile vom Flugzeug und von menschlichen Körpern werden im Wasser gefunden, wenn das Wetter sich bessert... möglicherweise von einem Fischer im Boot...

Ihr Schwiegersohn wirkt auf mich wie etwas, das man als aalglatt bezeichnet. Ich fühle unglücklich, daß es mindestens zwei andere Frauen in seinem Leben gab, darunter eine, die irgendeinen Anspruch an ihn hatte. Er war eine attraktive Persönlichkeit, ein rechthaberischer Einzelgänger, der Menschen bezaubern und beeindrucken konnte. Er hatte extravaganten Geschmack und Ambitionen — einige großartiger als seine geschäftliche Leistungsfähigkeit. Aber es war ihm gelungen, das gut zu verheimlichen und das Vertrauen von vielen zu gewinnen. Nicht vollkommen schlecht. Aber zur Zeit seines tragischen Todes unter Druck und bemüht, die Dinge geradezubiegen. Ich bekomme ein beunruhigendes, lästiges Gefühl in der Magengrube, als könnte ich die inneren Gefühle kaum mehr ertragen, und als wäre ich umschlossen von Ereignissen, die ich selbst herbeigeführt habe.

Ich hoffe, diese Gefühle sind falsch, weil ich die Verwunderung und die Angst der Tochter spüre, die nichts zu verstehen oder zu begreifen scheint. Auf jeden Fall ist die dominierende Empfindung seltsam verwirrt. Was das betrifft, ist der für diesen Flug angeheuerte Pilot ein Opfer der Umstände — der Wunsch, den Nachtflug zu unternehmen — die Schwierigkeit, die sich in der Luft entwickelte.

Ich kann nicht sagen, ob eine Trinkerei hinzugekommen ist oder nicht...

Ihre Tochter ist ein idealistischer Mensch, interessiert an ihrem Heim, hoffnungsfreudig und zufrieden, die Forderungen eines unberechenbaren, aber brillanten Ehemannes zu erfüllen. Der Junge ist eine wunderbare, aufgeschlossene Persönlichkeit, gleicht eher der Mutter.

Ich wünschte, ich könnte den Ort und die Situation des abgestürzten Flugzeugs genauer angeben, aber ich fühle, es wird in Kürze gefunden...

Das vermißte Flugzeug *wurde* drei Tage später, am 16. Februar, von einem Fischer aus Hudson, Florida, gefunden, der in zwölf Fuß tiefem Wasser des Golfs von Mexiko auf das Wrack stieß. Der Fundort lag ungefähr 40 Meilen links des Flugkurses, den man auf dem St. Petersburg-Clearwater-Flugplatz eingeschlagen hatte und — in genauer Übereinstimmung mit meinen Impressionen — ungefähr fünf Meilen von der Küste entfernt.

Das Flugzeug war zerschellt, wie später vom Civil Aeronautics Board (Ziviles Luftfahrtbüro) berichtet wurde. Die meisten Teile des zertrümmerten Flugzeugrumpfes und kleine Teile der beiden Tragflächen wurden innerhalb eines Umkreises von 50 Fuß entdeckt. Von den Körpern der Toten wurden, wie ich es vorausgesagt hatte, nur Teile gefunden.

Am 26. April sandte mir Mrs. P. eine Bestätigung, welche die Richtigkeit meiner Wahrnehmungen bezeugte und die wie folgt lautete:

An alle, die es angeht:

Am 9. Februar rief ich Mr. Harold Sherman an und erbat seine Hilfe, um meine Tochter, Enkel und Schwiegersohn aufzufinden, die vermißt waren, seit sie in der Nacht vom 3. Januar St. Petersburg, Florida, in ihrem eigenen Flugzeug zusammen mit dem von meinem Schwiegersohn angeheuerten Piloten verlassen hatten.

Nachdem ich mit Mr. Sherman gesprochen hatte, schickte ich ihm einen Handschuh, der meiner Tochter gehörte, und eine kleine gestrickte Mütze meines Enkels. Mr. Sherman sagte, daß er wegen meines Schwiegersohns ein sehr beunruhigendes Gefühl habe und daß er sicher sei, daß das Flugzeug im Wasser gefunden werde, von einem Fischer.

Ich erinnere mich, daß ich ihm darin widersprach, daß man sie im Wasser finden würde, denn viele Piloten, die mit uns gesprochen hatten, sagten, sie wüßten sicher, daß kein erfahrener Pilot jemals mit einer einmotorigen Maschine über Wasser gehen würde, besonders bei Nacht.

Am 17. Februar rief mich die Frau des Piloten an, zu der ich engen Kontakt gehalten hatte, um mir zu sagen, daß der Chefpilot aus St. Petersburg sie informiert habe, daß das Flugzeug und die irdischen Überreste im Golf gefunden worden seien.

Ich charterte ein Flugzeug und flog nach Tampa. Am Morgen des 18. Februar traf ich die Frau des Piloten am Anlegeplatz im Hafen, wohin die Teile des Flugzeugs gebracht wurden. Zu dieser Zeit hatten sie noch keinen der sterblichen Überreste gefunden. *Der Chefpilot hatte sich geirrt.* Ich identifizierte das Flugzeug und die Kleidung meiner Kinder, und die Geldbörse meiner Tochter.

Von meinem Schwiegersohn war überhaupt nichts gefunden worden, soweit ich sah nicht einmal Kleidung.

Sie fanden einen Herrenschuh mit einem *Fuß darin*. Aber nach der Größe des Schuhs kam man zu dem Schluß, daß es der des Piloten sei.

Als ich mit Mr. Sherman am Telefon sprach, sagte er, daß er fühle, die Körper würden nicht alle sogleich entdeckt werden. Ich glaube stark, daß mein Schwiegersohn absprang oder herausgeschleudert wurde, ehe das Flugzeug abstürzte, weil es absolut nichts von ihm zu identifizieren gab.

Die Frau des Piloten erzählte mir, sie sei sogleich zum Flughafen in St. Petersburg gefahren, von dem aus ihr Mann und unsere Familie in der Nacht zum 4. Januar gestartet waren, ehe sie als vermißt gemeldet wurden. Dort erfuhr sie, daß es eine ziemlich harte Auseinandersetzung zwischen meiner Tochter und meinem Schwiegersohn gegeben hatte, weil meine Tochter nicht vor dem Morgen habe starten wollen, und daß schließlich mein Schwiegersohn sagte, er würde einen Piloten engagieren, der sie fliegen solle.

So hatte Mr. Sherman recht, wenn er von einer Auseinandersetzung zwischen meinem Schwiegersohn und meiner Tochter sprach. Er hatte ebenso recht mit dem Fischer, der das Flugzeug finden würde.

Ich möchte weiterhin feststellen, daß Mr. Sherman, hätte er mit meinen Kindern gelebt und sie gekannt, sie nicht deutlicher hätte beschreiben können. Er berichtete mir Dinge über meinen Schwiegersohn, die ich für unglaublich halten würde, wären sie nicht von Menschen bestätigt worden, die mit ihm sehr vertraut gewesen waren.

Meine Tochter war sehr jung, 24 Jahre alt, haßte jede Auseinandersetzung und erhob nie ihre Stimme. Sie war die perfekte Mutter. Ich weiß, daß sie über das Vorleben meines Schwiegersohns nichts wußte. Ich glaube, daß er sich nach ihrer Heirat sehr bemühte, ein ehrbarer, anständiger Mensch zu sein. *Er hat uns zweifellos alle getäuscht.*

Ich sende eine Kopie dieses Briefes an Dr. Karlis Osis, American Society for Psychical Research, der mir Mr. Sherman empfohlen hatte.

Später, am 1. Juli, schrieb mir Mrs. P. erneut und sandte eine Kopie des gesamten vom Civil Aeronautic Board herausgegebenen Berichts über die Auffindung des vermißten Flugzeugs. Der Bericht enthält die vollständige Geschichte des Unglücksfluges vom Startplatz bis zum Zeitpunkt der Entdeckung im Ozean; dazu eine Aufstellung aller aufgefundenen Teile des Flugzeugs und der menschlichen Körper, den vollen Wetterbericht jener Nacht und eine Bestätigung, daß das Flugzeug in einer Höhe zwischen 5000 und 6000 Fuß flog, als man zuletzt von ihm hörte.

In meinen aufgezeichneten Impressionen hatte ich festgestellt, daß das Flugzeug bei Beginn der Schwierigkeit nach meinem Gefühl ungefähr eine Meile hoch war.

Mrs. P. hatte ferner einen Brief beigelegt, der, an Dr. Osis gerichtet, noch einmal wiederholte:

Ich rief Mr. Sherman an, nachdem Sie mir seinen Namen und seine Telefonnummer gegeben hatten. Schon als ich das erstemal mit ihm sprach, sagte er mir *fest* zu, daß sie *sehr bald* gefunden werden würden. Er sagte, er sei *sehr sicher,* daß sie im *Wasser* gefunden würden ... daß er ein *sehr beunruhigendes Gefühl* wegen meines Schwiegersohns hätte. Er sagte, er sei sicher, daß sich das Flugzeug auf dem Rückweg befand. Ich versprach ihm einen Gegenstand aus dem Besitz meiner Kinder, den ich am gleichen Tag zur Post gab.

Während ich mit Mr. Sherman sprach, fühlte ich mich nicht allzu entmutigt, denn einige Piloten hatten mir versichert, daß das Flugzeug nicht im Golf wäre, weil sie mit einer einmotorigen Maschine nicht über Wasser fliegen würden.

Alles, was Mr. Sherman in seinem Bericht gesagt hat, erwies sich als völlig richtig.

Nachdem ich seinen Bericht erhalten hatte, begann ich die Vergangenheit meines Schwiegersohns zu überprüfen. Ich ziehe es jedoch vor, nichts von dem, worauf ich stieß, schriftlich niederzulegen.

Ich bin Ihnen sehr dankbar für alles, was Ihre Leute für mich getan haben. Wenn ich jemals etwas für einen von Ihnen tun kann, lassen Sie es mich bitte wissen.

Mrs. P. (Unterschrift)

Nun wollen Sie natürlich wissen, wie es meinem Geist möglich war, in der Zeit so weit zurückzugehen, um alle Einzelheiten dieser Ereignisse sehen und fühlen zu können. Ich wünschte, ich hätte dafür eine präzise Erklärung, aber noch immer hat niemand erkannt, auf welche Weise unsere außersinnlichen Kräfte solche Informationen erlangen. Wie auch immer, es müssen von der Natur alles Existierenden, das ist, geschieht oder handelt, Aufzeichnungen der jeweils eigenen Schwingungen festgehalten und aufgezeichnet werden in etwas, das wir in Ermangelung klarerer Vorstellungen heute noch als eine Art von „geistigem Äther" bezeichnen, und es scheint möglich zu sein, sich auf die hier fixierten Wellenlängen einzustellen, indem Sie Ihren Geist auf eine bestimmte Person richten.

Der Schwiegersohn war tot, als ich die Eindrücke empfing, die sein vergangenes Leben charakterisierten. Aber ich muß diese genauen Impressionen aus *irgendeiner* Quelle erhalten haben. Wer an die sogenannte „geistige Kommunikation" glaubt, könnte die Ansicht äußern, daß ich diese Information von seiner bereits in das „Nachleben" eingegangenen Wesenheit erhalten hätte. Ich meinerseits schließe dies als höchst unwahrscheinlich aus. Ich war mir keines Kontaktes bewußt mit irgendeinem von den Vieren, die bei diesem Flugzeugabsturz den Tod erlitten haben. Als ich die Aufmerksamkeit meines Geistes auf sie richtete und mich selbst „fragte", was ihnen passiert sein mochte, flutete dieses Wissen in Gestalt geistiger Bilder und starker Gefühle einfach in meinen Geist, und ich mußte diese Impressionen erst in meine eigenen Worte übersetzen. Das war nicht Telepathie. Daran waren zwei andere

Erscheinungsformen von ASW beteiligt, die wir als *Hellsichtigkeit* und *Psychometrie* kennen.

Als ich angerufen wurde, wußte niemand, daß das Flugzeug ins Wasser gestürzt war. Diese Tatsache konnte darum auch von niemandes Bewußtsein aufgenommen worden sein. Meinem Geist erst, der auf irgendeine Weise in Raum und Zeit hinausragend das empfand, was sich in einiger Entfernung ereignet hatte, wurde es ermöglicht, die Überreste des Flugzeugs im Wasser geistig zu sehen. Bevor irgendwelche Stücke mir gesandt werden konnten, die Eigentum der Tochter und des Enkels gewesen waren, hatte ich bereits die Impressionen von der Zwiespältigkeit des Schwiegersohns und seiner Auseinandersetzung, die er vor dem Start mit der Tochter gehabt hatte, empfangen. Da ich imstande war, diese Information zu erfühlen, muß sie in irgendeiner Form vorhanden gewesen sein. Wo und in welchem Zustand sie bewahrt wurde, ist eines der großen Geheimnisse, wie sie alle diejenigen, die sich dem Studium der außersinnlichen Wahrnehmungen widmen, zu enträtseln versuchen.

In der Psychometrie glaubt man, daß alles, was Sie denken und tun, sich den Dingen, Sachen, Kleidungsstücken usw. aufprägt, die mit Ihnen verbunden sind, und daß ein empfänglich gemachtes Wesen sich in diese „Schwingungen" einschalten kann durch den Kontakt mit einem dieser Gegenstände. Unter diesen Bedingungen kann er Geschehnisse empfinden, die Ihnen zugestoßen sind, besonders Erfahrungen, die mit einem großen Aufwand an Gefühl erworben worden sind. Diese Impressionen empfängt er in Form fließender geistiger Bilder, starker Gefühle oder „wissender" Empfindungen — und alle diese muß er in eigene Worte fassen und interpretieren.

Es ist ein Glück, daß meine Eindrücke sich in diesem Fall als äußerst genau herausstellten, so sind sie gut bezeugt. Kopien meiner Impressionen befanden sich in den Händen von Mrs. P. und Dr. Osis, bevor jemand von ihnen Näheres wußte oder gar eine Bestätigung der vielen Einzelheiten erhielt, die ich aufgezeichnet hatte.

Die meisten Wissenschaftler sind nicht bereit zuzugeben, daß der sensitive oder empfindsame Mensch solches persönliche und intime Wissen, wie ich es in dem hier berichteten Fall durch außersinnliche Wahrnehmung empfing, erhalten kann. Sie wollen nicht akzeptieren, daß außersinnliche Wahrnehmung möglich ist. Ich kann jedoch alle diejenigen, die daran interessiert sind, einladen, diesen Fall in allen Einzelheiten zu überprüfen. Mrs. P. hat ihre Einwilligung zur Mitarbeit gegeben, und ich bin sicher, daß auch Dr. Osis bei der Überprüfung aller Tatsachen und Bedingungen, die damit zusammenhängen, helfen wird.

Einer der namhaftesten Psychiater und Erforscher der ASW in Amerika sagte mir bei der Diskussion dieses Falles:

„Es bedarf keiner *tausend Fälle,* um die Existenz außersinnlicher Wahrnehmung zu beweisen. Es erfordert nur *einen* empirischen Fall, der von Wissenschaftlern gründlich untersucht und durchforscht ist. Bietet er diesen Trotz und entzieht er sich seiner Erklärung auf jeder der bekannten physischen Grundlagen, so daß er nur durch außersinnliche Wahrnehmung erhellt werden kann, dann — ob wir verstehen können oder nicht, wie diese Phänomena zustande kommen — müssen wir diese als Realität akzeptieren.

Persönlich habe ich stets eine neutrale ‚Pro-und-kontra-Position‘ eingehalten, aber wenn ASW zu meiner Befriedigung eines Tages als erwiesen gilt, werde ich meine Lehrbücher wegwerfen und noch einmal ganz neu beginnen!“

Natürlich ist eine so drastische Handlung gar nicht notwendig, aber unsere Wissenschaftler werden ihren Horizont *erweitern müssen,* werden ihren engen, abgeschlossenen Verstand aufgeben und akzeptieren müssen, daß das menschliche Bewußtsein nicht nur physische Fähigkeiten besitzt, sondern auch Organe zur Wahrnehmung weit jenseits der fünf Sinne.

Was zu demonstrieren mir unter beobachteten Bedingungen zu verschiedenen Zeiten meines Lebens möglich war, haben andere empfindsame Menschen ebenfalls vermocht.

Zwar kann ich nicht jedesmal, wenn ich es versuche, hundertprozentiger Resultate sicher sein, aber das kann auch kein anderer. Wir wissen über diese höheren Fähigkeiten bis jetzt noch nicht genug, um sie unter eine wirksame und verläßliche Kontrolle zu bringen. Aber ich vertraue darauf, daß weitere Forschungen und Experimente uns zu ihrer Zeit diese Möglichkeit, diesen Vorteil geben werden.

Meine ESP Research Associates Foundation empfängt gegenwärtig Hunderte von Berichten über Erfahrungen mit ASW von Männern und Frauen aus allen Bereichen des Lebens. Es macht keinen Unterschied, welche religiöse Überzeugung sie haben und ob oder ob sie nicht daran geglaubt haben, daß ASW möglich ist. Diese Erfahrungen kommen zu ihnen auf irgendeine Weise, unter angespannten emotionalen oder unter wahrnehmenden Bedingungen. Das ist ein klarer Beweis dafür, daß außersinnliche Kräfte im Geist eines jeden existieren und nur darauf warten, erkannt, erforscht und entwickelt zu werden.

Die Kraft Ihrer ASW können Sie entwickeln

In meinem Buch *Außersinnliche Kräfte* beschreibe ich die Techniken, welche die verschiedenen Erscheinungsformen von ASW hervorrufen. Sehr vereinfacht können diese als die Grundmethoden gelten, durch deren Anwendung Sie die sensitiven Fähigkeiten entwickeln können, um ebenfalls Eindrücke auszusenden und zu empfangen:

1. Sie müssen fähig sein, Ihren physischen Körper völlig zu entspannen.
2. Wenn Ihr Körper entspannt ist, müssen Sie die Aktivität Ihres Bewußtseins aufgeben.
3. Nun richten Sie die Aufmerksamkeit Ihres Bewußtseins nach innen — und stellen Sie sich vor, wie Sie mit Ihrem geistigen Auge auf eine leere, weiße Filmleinwand schauen, die quer über den dunklen Hintergrund Ihres inneren Bewußtseins gespannt ist.

4. Behalten Sie dieses geistige Bild der leeren Filmleinwand als Blickpunkt, wenn Sie sich nun auf die Person konzentrieren, von der Sie Eindrücke zu empfangen wünschen.
5. Versuchen Sie niemals Eindrücke zu erzwingen. Bleiben Sie in Körper und Geist entspannt. Erfüllen Sie sich selbst mit einem Gefühl der Erwartung und glauben Sie, daß es Ihnen gelingen wird, auf der geistigen Leinwand das geistige Bild des Freundes zu sehen, der als Sender dient.
6. Das erste Bild oder Gefühl, das zu Ihnen kommt, wenn Sie schließlich eine Einstellung gefunden haben, ist wahrscheinlich das richtige. Schreiben Sie es sofort nieder..., dann entspannen Sie sich von neuem und erwarten den nächsten Eindruck. So fahren Sie fort.

Mit zunehmender Übung und Erfahrung werden Sie sehr erstaunt sein über die Anzahl von richtigen Treffern, die Sie machen können.

Zum Senden wird die gleiche Methode zur Vorbereitung des Geistes angewandt. Dann, wenn Sie sendebereit sind, gestalten Sie geistige Bilder, die Sie zu übermitteln wünschen, oder entwickeln Sie die starken Gefühle über Erfahrungen oder Gedanken, die Sie mitteilen wollen. Halten Sie alle diese Eindrücke auf der Leinwand fest, während sie dem Empfänger zustreben.

Es ist meine Überzeugung, daß alle Menschen diese höheren Sinneskräfte in schlafender oder teilweise entwickelter Form besitzen und daß sie für uns zu arbeiten beginnen, wenn wir sie anerkennen — wenn wir glauben, daß sie uns dienen können und wollen. Allein unser Zweifel und Unglaube hindern sie daran, sich zu manifestieren, genauso sicher, wie Zweifel und Unglaube jede schöpferische Tat Ihres Geistes hindern, in Ihnen und durch Sie zu wirken. Die außersinnlichen Fähigkeiten sind alle Teil derselben großen Kraft. Ein unvermuteter, unerklärlicher Impuls, etwas zu tun oder zu lassen, ist Ihre Intuition. Mit Hilfe dieser außersinnlichen Wahrnehmungen versucht eine Botschaft zu Ihnen zu gelangen.

Gelegentlich werden Sie eine Impression oder den geistigen

Bild-Blitz eines zukünftigen Ereignisses empfangen von irgend etwas, das zu seiner Zeit auf Sie zukommen wird. Lassen Sie sich nicht durch Ihr Bewußtsein verwirren, wenn Sie die starke Überzeugung haben, daß diese vorausahnende Impression richtig und echt ist.

Ich glaube, daß der Mensch die Macht hat, sich seine eigene Zukunft in einem sehr großen Maß selbst zu schaffen. Je mehr er lernt, seine höheren Kräfte des Geistes selbst zu entwickeln und sich auf seine intuitiven Fähigkeiten zu verlassen, um seinen echten Ahnungen und Vorgefühlen folgen zu können, um so eher wird er unglückliche Erfahrungen vermeiden und gute Ereignisse zu sich herbeiziehen können.

Sie müssen mehr über Ihr Unterbewußtsein wissen

Bevor Sie erlangen können, was Sie mit Hilfe Ihres Geistes erstreben, müssen Sie mehr über die Wirkungsweise Ihres Unterbewußtseins erfahren. Noch immer sind seine Funktionen zu einem großen Teil unbekannt, und viele Wissenschaftler, Ärzte, Biologen, Anthropologen, Psychologen, Psychiater und andere Autoritäten versuchen unablässig, seine Tiefen zu erhellen und zu erkennen, was in den Schlupfwinkeln des menschlichen Gehirns geschieht.

Immerhin haben sie entdeckt, daß große Teile des menschlichen Gehirns entfernt werden können, ohne seine Fähigkeit zu bewußtem Wahrnehmen und Denken oder seine Intelligenz zu beeinträchtigen. Sicher haben Sie bereits vom Elektronenzephalographen gehört, diesem hochempfindlichen Spezialgerät, das zur Erforschung der Gehirnaktionsströme und zur Diagnose bei Gehirnleiden dient. Kürzlich habe ich von einem neuen, noch fortschrittlicheren Gerät erfahren, durch das nun auch die positiven und negativen Wellen und Ströme in jedem anderen Organ des Körpers gemessen und aufgezeichnet werden können, um Ihren „elektrischen" Gesundheitszustand zu bestimmen.

Die neueren Forschungsergebnisse lassen unbezweifelbar erkennen, daß der physische Körper nicht der schwerfällige, grobe, unbewegliche, starre und nur materielle Organismus ist, den die Mediziner einst in ihm zu erkennen glaubten. Dachten doch unsere Wissenschaftler sogar noch vor einigen Jahren, die sogenannte Seele sei ein Teil des Körpers und sterbe mit ihm ab. Heute sind sie da nicht mehr so sicher; statt dessen hält man den Körper jetzt für eine „Elektrochemische Maschine" von hoher Sensitivität.

In der Tat hat eine beachtliche Anzahl von Wissenschaftlern inzwischen beschlossen, daß Intelligenz — Bewußtsein — überhaupt nicht ein Teil des Körpers sein könne, sondern sich nur manifestiere *durch* den Körper. Stellen Sie sich also sich selbst als den zeitweiligen Mieter oder Bewohner vor, der in seinem wunderbaren Haus aus Fleisch und Knochen Erfahrungen gewinnt, seine Seele entfaltet und mit Hilfe der gesammelten Erfahrungen sein Bewußtsein entwickelt, bis er oder sie schließlich scheidet aus diesem Haus, wenn es beschädigt, abgenutzt und verbraucht ist und daher keinen Nutzen mehr zu bieten hat.

Phantastisch? In unserem Raumzeitalter ist nichts phantastisch. Was der Geist des Menschen sich vorstellen kann, das kann der Geist des Menschen auch erreichen. Der Mensch hat sich Unsterblichkeit gewünscht, seit er seine bewußte Existenz besitzt. Er hat geträumt, geschrieben und gesungen von einem „zukünftigen Leben" in allen seinen Religionen, seinen Philosophien, seinen Liedern und seinem persönlichen Verlangen. Nun wird es offenbar, was der Mensch intuitiv fühlt — „ein Land jenseits der Reichweite seiner fünf physischen Sinne" —, nicht weniger real als die Welt, in der er sich jetzt befindet, — ein Land, daß ihn nach dem Wechsel, Tod genannt, erwartet.

Während Sie Ihr eigenes Bewußtsein entwickeln, werden Sie durchdrungen von der wachsenden positiven Überzeugung, daß „dieses Leben nicht alles ist", daß es „nur der Anfang ist eines sich beständig erweiternden und vertiefenden Abenteuers in Gottes großem Universum".

Der Schlüssel zu diesem tieferen Verständnis des Selbst und zu Ihrer wahren Verwandtschaft mit dem Gottesbewußtsein in Ihnen ist in Ihrer entwickelten Kontroll- und Leitstelle des unbewußten Teiles zu finden.

Wieviel wissen Sie über Ihr Unterbewußtsein? Wissen Sie, daß es der bemerkenswerteste Mechanismus im Universum ist? (Wobei *Mechanismus* sicher nicht das richtigste Wort ist, aber irgendwie müssen wir es ja benennen). Es arbeitet mit der Präzision einer Uhr, *wenn* Sie es richtig gebrauchen. Wenn Sie einen Diener hätten, der Ihnen blind vertrauen würde und daher jeden Ihrer Befehle bis ins kleinste Detail genau befolgte, der Ihnen alles das bringen würde, was Sie sich zu wünschen beliebten — gleichgültig, ob das gut oder schlecht für Sie wäre — dann hätten Sie vielleicht ein Beispiel für den Leistungsumfang Ihres Unterbewußtseins.

Wenn Sie meinen, daß ich mich in verschiedener Beziehung zu wiederholen scheine, so umschreiben Sie genau das, was ich tatsächlich tue. Es ist außerordentlich wichtig, daß Sie ein wahres und verständliches Wissen davon erhalten, wie Ihr Unterbewußtsein funktioniert. Es speichert für den zukünftigen Gebrauch die geistigen Bilder und Gefühle aller Erfahrungen auf, die Sie je gehabt haben. Wie Sie für irgend jemanden fühlen oder empfinden, wird „zu den Akten genommen" und hier in Ihrem Unterbewußtsein aufbewahrt. Ihre Ängste und Haßgefühle und Vorurteile sind zusammen mit Ihren guten Gedanken hier vereinigt. Wenn Sie einen guten Gedanken denken, dann stellen Sie sich zugleich ein auf die Wellenlänge von anderen guten Gedanken der gleichen Art, die Sie hatten, haben werden oder die von anderen Urhebern stammen. Wenn Sie heute jemanden gern haben und es geschieht nichts, was diese Empfindung verändert, dann werden Sie ihn morgen noch mehr mögen, denn Ihre Gefühle dieses Tages gegenüber dieser Person werden zu den Gefühlen des vergangenen Tages hinzuaddiert. Wiederholung ist eine ungeheure Kraft!

Beginnen Sie irgendeine Tätigkeit in einer bestimmten Art auszuüben und Sie werden fortfahren, sie in dieser Weise zu verrichten, wenn Sie nicht Ihr Ziel ändern oder ein Wandel in Ihren Motiven Sie veranlaßt, Ihre Handlungsweise zu ändern. Sie formen eine Rille, die jener auf einer Schallplatte ähnelt, aber diese Rille muß nicht so bleiben. Sie können, immer wenn Sie es wollen, eine neue Rille einfräsen, weil Sie als menschliches Wesen mit dem Recht der freien Wahl begabt sind und weil Ihr Unterbewußtsein immer von Ihren bewußten Wünschen und Entscheidungen kontrolliert und geführt wird.

Ihr Unterbewußtsein ist ein unermeßliches Reservoir des Wissens, das Sie durch vergangene Erfahrungen, Erziehung und reflektierendes Denken erworben haben. Es enthält auch jenes Wissen, das es durch die Vermittlung Ihrer intuitiven Fähigkeiten — Ihre außersinnlichen Kräfte — hervorbringt, weil ein Teil Ihres Unterbewußtseins nicht durch Einschränkungen wie Zeit und Raum begrenzt wird. Es ist Maschinenhaus und Energiezentrale zugleich und greift weit in das Universum hinaus, um Ihnen Wahrnehmungen zugänglich zu machen, die Sie mit den Mitteln Ihres Bewußtseins allein niemals erhalten würden.

Nur *wie* Ihr Unterbewußtsein alles das vollbringt, weiß niemand zu sagen, aber die Wissenschaftler sind damit beschäftigt, eine Vielzahl von Beweisen für die Berechtigung der Annahme zu sammeln, daß Sie — Sie selbst — eine weitreichende Sende- und Empfangsstation sind, gewissermaßen ein „Universalanschluß". Sie können in Kontakt gebracht werden mit so ungefähr jedem Ding auf Erden oder allem, was Sie sich wünschen. Natürlich sind nicht viele von uns bis zu jener Höhe entwickelt, von wo aus diese Kräfte so führen können, daß Sie mit den physischen, geistigen, psychischen und spirituellen Welten bewußt in Verbindung treten können. Viele Forscher aber nehmen an, daß wir alle eines Tages in der Lage sind, uns auf die Wellenlängen der Gegenwart ebenso einzustellen wie auf jene der Vergangenheit.

Ihr Unterbewußtsein ist der eine Teil von Ihnen, der niemals schläft. Wenn er die Arbeit niederlegen müßte, würde Ihr Körper aufhören zu funktionieren, weil nur das Unterbewußtsein die wundersame Intelligenz enthält, die Ihr Herz schlagen, Ihre Lungen atmen, Ihren Magen verdauen läßt, was immer Sie essen (und glauben Sie nicht, daß dies nicht zu manchen Zeiten eine ziemlich harte Arbeit erfordert!). Jedes Organ Ihres Körpers, einschließlich der Funktionen Ihrer fünf physischen Sinne, wird reguliert und gesteuert von Ihrem Unterbewußtsein. Und solange Sie seine Kontrollfunktion nicht beeinträchtigen oder behindern, indem Sie sich einmischen und durch Ängste oder Sorgen Ihre unterbewußte Maschinerie durcheinander bringen, wird Ihr Herz niemals einen Schlag überspringen. Ihr Denken läßt Sie atmen, ohne daß Sie über eine dieser Funktionen nachzudenken brauchen. Sie wissen auch niemals, ob und wie Ihr Magen die aufgenommenen normalen Speisen verdaut. Aber wenn Sie beginnen, sich wegen irgend etwas zu beunruhigen oder gar aufzuregen, wenn Sie durch psychische oder maßlose körperliche Anspannung das Gleichgewicht Ihrer Wesensglieder stören und zerstören, dann werden Sie sehr bald beobachten, wie Ihr Herz schneller schlägt, vielleicht unregelmäßiger, wie es angstvoll zu pochen beginnt; wie Ihr Atem kürzer, ziehend ja hakend wird; wie Ihnen die Lust abhanden kommt, noch etwas zu essen, weil Ihr Magen Ihnen wie zugeschnürt erscheint.

Alles das sollte Sie lehren, Ihrem Denken mehr Aufmerksamkeit zu schenken und Ihr Unterbewußtsein ungestört Ihre Körperfunktionen kontrollieren zu lassen. Wenn Sie Ihrem Unterbewußtsein mitteilen, daß Sie aufgeregt oder verwirrt sind, *muß* es den Organen Ihres Körpers die gleichen Impulse zuleiten, weil Ihr Körper — das Haus, in dem Sie leben — nur ein Spiegelbild Ihres Denkens ist. Sie können nicht einfach *behaupten,* daß Sie sich gut fühlen, wenn Sie sich krank wissen.

Geben Sie Ihrem Unterbewußtsein regelmäßig ein Problem, um daran zu arbeiten, bevor Sie sich zum Schlafen niederlegen. Haben Sie den Glauben, daß diese höhere Intelligenz in Ihnen das Problem lösen kann und wird. Für die Dauer Ihres Schlafs können Sie es dann getrost vergessen, denn am Morgen — mag die Arbeit getan sein oder nicht — werden Sie mit der Antwort aufwachen oder Sie werden doch wissen, was zu tun ist, um die Antwort zu erhalten. Je mehr Sie sich darin üben, Ihrem Unterbewußtsein Aufgaben zu stellen, um so leichter wird es Ihren Ball vorwärts tragen. Denn es ist der gehorsamste und willigste Diener, den Sie jemals haben werden! Es ist ihm gleichgültig, wie viele Aufgaben Sie ihm übertragen, wie viele Wünsche oder Ziele Sie auf einmal in Ihrem Bewußtsein bewegen. Denken Sie daran: Ihr Unterbewußtsein wird in seiner Reichweite durch nichts begrenzt — außer, Sie begrenzen es durch Ihr begrenztes Denken.

Dieses erstaunliche Unterbewußtsein besitzt eine Kraft, die wir — in Ermangelung einer treffenderen Art, sie zu beschreiben — *magnetisch* nennen wollen. Es scheint die Sie umgebenden oder betreffenden Bedingungen in dem Augenblick zu magnetisieren, in dem Sie ihm eine klare Vorstellung dessen eingeben, was Sie wünschen. Und es beginnt alles anzuziehen, was Sie brauchen, sogar die Menschen, die Sie treffen müssen, um zu erhalten, was Ihr Auftrag vorschreibt.

Diese Vorgänge laufen so natürlich ab, daß Sie oft nichts von all dem bemerken, was Ihr Unterbewußtsein für Sie tut. Dabei setzt es alle seine Kräfte ein — im physischen, geistigen und spirituellen Bereich Ihres Lebens — und konzentriert diese Kräfte auf Ihr Ziel.

Nichts kann Ihnen je mißlingen, wenn Sie Ihr Unterbewußtsein richtig instruieren und Ihren Glauben an die wunderwirkende Gotteskraft in Ihnen behalten. Aber die geheimnisvollste Form dieses unterbewußten Wirkens ist das — Sie haben es erraten —, was die Wissenschaft „außersinnliche Fähigkeiten" nennt.

Es gibt Menschen, die daran glauben, daß sie bei Gelegenheit durch den Geist mit ihren bereits dahin gegangenen Lieben in Verbindung treten können. Warum nicht? Wenn menschliche Wesen den Tod überleben und von Geist zu Geist Verbindung aufnehmen können, sollten sie dann nicht imstande sein, uns durch den Geist auch während unseres Erdendaseins zu erreichen, wenn wir unsere sensitiven Kräfte hoch genug entwickelt haben... oder in unseren Träumen, während das Bewußtsein ausgeschaltet ist und wir im unterbewußten Bereich weilen, nicht begrenzt durch Zeit oder Raum?

Arthur Godfrey berichtet in einer Ausgabe des kleinen, hübschen und begeisternden Magazins *Guideposts* von einem „psychischen Versuch", den er selbst unternommen hat:

Es war 1923. Ich war als Funker auf einem Navy-Zerstörer stationiert. Ich war weit herumgekommen, seit ich von zu Hause weggegangen war. Die Jahre und das Leben waren nicht allzu freundlich mit mir umgesprungen, aber die Navy war für mich ein Heiligtum und eine Zuflucht gewesen, die einzige Sicherheit, die ich seit langem gehabt hatte. Eines Tages schlief ich in meiner Koje ein und träumte.

Mein Vater — ich hatte ihn seit Jahren nicht gesehen — betrat plötzlich den Raum. Er bot mir seine Hand und sagte: „Auf bald, Junge!" Ich antwortete: „Auf Wiedersehen, Vater". Dann sagte ich eine Art von Gebet; es war nicht sehr beredt, aber es kam von Herzen.

Ich sah ihn niemals wieder. Als ich aufgewacht war, erzählten mir meine Kameraden, daß während meines Schlafes die Drähte von der Küste die Nachricht vom Tod meines Vaters herübergesummt hatten.

Sagen Sie mir nichts über die Wissenschaft und ihre exakten Erklärungen für alles. Einige Dinge sind größer. Gott ist der Unterschied. Er geht um.

Ja, Gott *ist* der Unterschied — die Gotteskraft in Ihnen. Und es liegt an Ihnen, diese Kraft zu entwickeln und sie gebrauchen zu lernen in Ihrem alltäglichen Leben. Gewöhnen Sie sich daran, ihren Vorahnungen und der Führung zu folgen, die Sie mit ihren Impressionen erhalten. Wenn Sie an Ihre höheren Kräfte glauben — wenn Sie wirklich den Glauben haben —, werden sie für Sie wirken. Sie werden! Und wenn Sie einmal irgendeine eigene Erfahrung gehabt haben, die jenen ähnlich ist, die ich in diesem Kapitel beschrieben habe, werden Sie nie wieder zweifeln!

Leitsätze für Ihr künftiges Leben

Jedes Wesen, jedes Individuum besitzt die Fähigkeit der außersinnlichen Wahrnehmung (oft als „Sechster Sinn" bezeichnet), die jenseits der Reichweite unserer fünf physischen Sinne wirkt.

Wird eine Impression spontan von einem Durchschnittsmenschen empfangen, wird sie meist als Vorahnung oder als Vorgefühl beschrieben — als ein starkes Gefühl, etwas zu tun oder nicht zu tun.

Die bekannteste Erscheinungsform von ASW ist die Telepathie — eine Geist-zu-Geist-Kommunikation. Es gibt eine Technik, Gedanken auszusenden und Gedanken zu empfangen, die erlernt werden kann. Sie kann wahrscheinlich von Astronauten als ein Mittel entwickelt und gebraucht werden, stets in „fühlendem Kontakt" mit menschlichen Sendern und Empfängern auf der Erde zu bleiben.

Diese „telepathische Kommunikation" im äußeren Weltraum ist vielleicht erst in fernerer Zukunft möglich, aber die Tatsache, daß der Mensch diese höheren Kräfte des Geistes besitzt, zeigt an, daß er eine Bestimmung jenseits dieses Lebens hat.

Damit wird ausgesprochen, daß der Mensch auf eine noch unerklärbare Weise über den kosmischen Bewußtseinspegel seines inneren Geistes mit dem verwandt ist, was die Gottesgegenwart genannt werden muß.

Diese ASW-Kräfte manifestieren sich durch Intuition und dienen dazu, diejenigen zu führen und zu schützen, die ihr inneres Bewußtsein entwickeln.

Ich akzeptiere dies im guten Glauben, daß diese Führung und dieser Schutz in dem Maße mein sein können, wie ich meinen Geist empfänglich machen kann für die Wirkungen von ASW in mir und durch mich.

13. Kapitel

DIE MACHT DER PERSÖNLICHKEIT

Eines der unschätzbarsten Besitztümer ist Ihre Persönlichkeit — oder sie könnte es doch sein!

Wenn Sie Ihrer Persönlichkeit den richtigen Ausdruck verleihen, erhalten Sie von ihr die Kraft, nicht nur „Berge zu versetzen", sondern auch Menschen zu bewegen.

Sie können Menschen bewegen Sie zu mögen, Ihnen zu glauben, Ihnen zu helfen, mit Ihnen zu arbeiten, Ihnen ihre Liebe und Freundschaft, ihr Verständnis und ihre Treue zu schenken — alles als Gegenleistung für das, was Sie *sind,* was Sie für andere *bedeuten.*

Wenn Sie lernen, Ihre Persönlichkeit zu entwerfen, diese Kraft, Berge zu versetzen (irgendwelche Widerstände und Schwierigkeiten im Leben) und Menschen zu bewegen, dann wird diese Kraft zur dynamischsten, magnetischsten, anziehendsten von allen Ihren Kräften.

Kein Mensch hat jemals Erfolge im Großen, ehe er nicht gelernt hat, seinen Charme und die Kraft seiner Persönlichkeit freizugeben.

Was ist Persönlichkeit?

Sie ist das DU im äußeren Ausdruck, das Sie widerspiegeln in allem, was Sie tun und sagen. Sie ist der Blick Ihrer Augen, der Ton Ihrer Stimme, die Art, in der Sie gehen und sich bewegen, Ihre Gesten, Ihr Lächeln, die Weise, in der Sie sich kleiden und arbeiten und spielen, die Interessen, die Sie im Leben verfolgen, Ihre Talente und Fähigkeiten, Ihre Haltung gegenüber sich und anderen!

Sie ist alles dies und mehr. Sie ist Ihre Fähigkeit, sich zu äußern in einer Art, die sich deutlich von der jeder anderen Person, die jemals gelebt hat, unterscheidet. Sie sind Sie, und kein anderer kann jemals sein wie Sie — in genau der gleichen individuellen und charakteristischen Weise, in der Sie Sie sind.

Es mag Menschen geben, die Ihnen in der Erscheinung ähnlich sind, in der physischen Statur und im Aussehen, aber diese sind nicht etwa Kopien von Ihnen, weil die Natur keine Doppelgänger schafft, keine Duplikate im ganzen Universum.

Sie sind verschieden, Sie existieren in einer Form, die allein Ihre eigene ist, und es liegt bei Ihnen, aus dem, was Sie in diese Welt brachten und was Sie nun darstellen, das Beste und Höchste zu machen.

In Ordnung, lassen Sie uns dem ins Gesicht sehen. Was haben Sie eigentlich in die Welt gebracht? Bewohnen Sie eine physische Form, die für kurz oder lang, dünn oder dick, hübsch oder häßlich gehalten wird? Sind Sie in irgendeiner Weise behindert? Empfinden Sie selbst sich als gehemmt durch irgendwelche vergangenen Erfahrungen, ängstlich, befangen, fehlt Ihnen Selbstvertrauen, sind Sie unfähig, Ihr wahres Selbst so zu äußern, wie Sie es gern möchten? Fühlen oder glauben Sie, daß Sie nicht das vom Leben haben, was Sie bekommen sollten?

Wenn Sie das tun, dann betrachten Sie, was andere mit ihrem Leben gemacht haben; wie sie es angefangen haben, ihre Persönlichkeit zu entwickeln gegen alle scheinbaren Widerstände und über alle ihre Grenzen hinaus.

Haben Sie einmal innegehalten, um zu erkennen, wie weit Sie von anderen beeinflußt wurden und wie ihre Persönlichkeit auf Sie gewirkt hat?

Denken Sie an die vielen und verschiedenen Eindrücke, die alle jene, die Ihnen begegnet sind und mit denen Sie sich verbunden haben, in Ihnen hinterließen! Hinzu kommen noch die Einflüsse von Persönlichkeiten, die Sie zwar niemals getroffen haben, deren Leben, Gedanken und Taten aber kaum geringere Spuren in Ihnen hinterlassen haben. Einige von diesen Persönlichkeiten lebten zwar nicht mehr zu Ihrer Zeit, aber die Projektion ihres Daseinszweckes ist so mächtig gewesen, daß sie weiterhin existiert und den Geist der Menschen beeinflußt haben — den Ihren inbegriffen.

Betrachten Sie den ungeheuren Einfluß, den Jesus und seine Philosophie auf das menschliche Bewußtsein gewonnen hat! Bedenken Sie auch, daß andere große Geister und Persönlichkeiten wie Konfuzius, Lao-tse, Mohammed, Zoroaster, Moses, Plato, Aristoteles, Sokrates, Thomas von Aquin, Descartes, Spinoza, Kant und zahlreiche andere bleibende Spuren in ungezählten Millionen ihrer Mitmenschen hinterlassen haben.

Ebenso, als Gegensatz, brauchen Sie nur die vergangenen Geschichtsepochen passieren zu lassen, um Zeugnisse zu erhalten für die alles verwüstenden Wirkungen, die Persönlichkeiten wie Dschingis Khan, Julius Cäsar, Hannibal, Alexander, Napoleon, Kaiser Wilhelm II., Hitler, Mussolini, Stalin und zahllose andere Tyrannen und Diktatoren in der Welt hervorgerufen haben.

In der gleichen Weise kann Ihre Persönlichkeit eine Kraft zum Guten oder zum Bösen sein; es hängt allein davon ab, wie Sie diese Ihre Kraft äußern und einsetzen. Ihr Einfluß im Leben wird im Verhältnis stehen zum Ausmaß Ihrer Vervollkommnung, welches Betätigungsfeld Sie sich auch immer erwählen.

Mögen Sie auch nicht dazu bestimmt sein, ein großer Name in Ihrer Gemeinde, in Ihrem Staat oder in Ihrer Nation zu werden. Verhältnismäßig wenige von uns steigen auf zu den Höhen eines Winston Churchill, eines Dwight Eisenhower oder eines Mahatma Gandhi, aber wir alle besitzen die Fähigkeit, uns selbst zu verwirklichen und dort, wo wir sind, Erfolg und Glück auszustrahlen. So bietet jeder von uns einen geschätzten und oft anerkannten Nutzen allen denen, die in die Reichweite unserer Persönlichkeit kommen.

Dies sollte Ihr Ziel im Leben sein, wo Sie auch sind — zu dienen, so gut Sie können, im Vertrauen darauf, daß eine Aufgabe, gut getan, und ein Leben, gut gelebt, immer auch seine angemessene Belohnung für Sie und Ihre Lieben bringen wird.

Und wer weiß — eine Spitzenleistung von Ihrer Seite — gleich, in welchem Beruf oder durch welche Tätigkeit — kann zur Spitzenanerkennung führen. Sie können heute noch unbekannt, morgen aber schon ein großer Name sein. Das ist nicht unmöglich. In jeder Persönlichkeit ist das Potential, die Möglichkeit, die innere Kraft zur *Größe* enthalten. Nur müssen Sie willens sein, in Ihrer Uranmine zu schürfen und zu graben, abzubauen und zu läutern das Gold in Ihnen, Ihre Schwächen zu beseitigen, und Zeit und Bemühungen zu investieren, um aus sich selbst Erträge zu erzielen.

Gehen Sie im Leben aller heute hervorragenden Männer und Frauen zurück bis in die Zeit, bevor sie „jemand" geworden waren. Was finden Sie? Ein bestimmtes Maß an Talent und Fähigkeit im Zustand der Entwicklung. Ohne Zweifel persönliche Mängel. Mangel an Erfahrung und Vorbereitung. Und einen Willen, unter allen Umständen „dorthin zu kommen" — zu überwinden, welchen Widerständen sie auch immer ins Gesicht sehen mußten, zu lernen aus ihren Fehlern, und sich über alle Fehlschläge und Enttäuschungen dennoch zu erheben.

Niemand gelangt in den Besitz hoher geistiger Fähigkeiten und Ziele, der nicht zuvor lernte, Mißgeschick, Not und Unglück zu begegnen, der nie Perioden von Armut und Krankheit zu überwinden hatte, der nie negative geistige und emotionelle Reaktionen auf Lebensereignisse korrigieren mußte.

Nur durch Überwindung gewinnen Sie. Das ist der Weg des Fortschritts. Er mag hart erscheinen, aber das Ziel ist sicher, wenn Sie sich Ihren Prüfungen stellen und sie bestehen, wie sie Ihnen entgegentreten.

Alles im Leben ist relativ und vergleichbar. Wenn Sie mit sich selbst zu sympathisieren beginnen, in Selbstmitleid schwelgen, dann können Sie sich immer im Kreise drehen; aber wenn Sie sich zwingen können, einen objektiven und unparteiischen Standpunkt einzunehmen, werden Sie Menschen finden, die viel schlimmer betroffen sind als Sie.

Die Entwicklung Ihrer Persönlichkeit und Ihrer anziehendsten Ausdrucksfähigkeit ist kein Ziel, das man über Nacht erreichen kann. Es sind die kleinen Dinge, die Sie jeden Tag tun, die Art, wie Sie geistig und emotionell auf das reagieren, was Ihnen zustößt, wie Sie anderen gegenüber fühlen, was Sie von sich selbst halten und von denjenigen, zu denen Sie Kontakt aufnehmen — alle diese Erfahrungen, welche in und durch Ihre individuelle Art sich selbst ausdrücken und widerspiegeln, tun etwas für Sie.

Wie Sie Ihre Passiva kapitalisieren

Sie mögen zum Beispiel denken, daß die Natur Sie schlecht behandelt hat, weil Sie selbst sich als reizlos und hausbacken betrachten. *Wenn Sie dieses „Image" von sich selbst akzeptieren, werden Sie es auch anderen zuspielen.* Aber was tat *Phyllis Diller,* als sie vor einigen Jahren vor dem Spiegel bei sich selbst eine Bestandsaufnahme vornahm? Zuerst sah sie die Figur einer Frau, die, wie sie sagen würde, zwei Sonnenuhren anhalten würde. Sie hatte alles, was die Elizabeth Taylors auf dieser Welt nicht besitzen, und alles an den falschen Stellen. Wie würde sie jemals etwas aus ihrem komischen Gesicht, ihrem wilden Haar, Ihrem Körper, der ganz und gar nicht dem der Sophia Loren glich, machen können? Was besaß sie, um es in Kapital umzumünzen? Ihre Familie von fünf Bengeln könnte schon ein wenig mehr von diesem „grünen Zeug" gebrauchen, wenn sie nur irgend etwas finden würde, um mitzuhelfen, diese grünen Dollarnoten heranzuschaffen...

Nun, es half gar nichts, weiterhin das Negative zu betonen. Sie entschloß sich, nun einmal sich selbst zu studieren, um vielleicht doch noch auf irgendwelche verkäufliche Ideen zu stoßen. Zur Vorbereitung dieser persönlichen Inventur suchte Phyllis Diller eine Bücherei auf und brachte zwei Bücher nach Hause. Später nannte sie mir die Titel, es waren *The Magic of Believing* von Claude Bristol (Die Zauberkraft des Glaubens) und die Originalausgabe von *TNT The Power Within You* von Bristol und Sherman (TNT Die Kraft in Ihnen), der Vorläufer dieses Buches.

„Diese Bücher betonen, daß jeder selbst das richtige Bild von sich finden muß, bevor man irgend etwas erreichen kann", sagte Phyllis, „und das ließ mich anfangen zu denken — und mich zu fragen, was für eine Art von Bild oder Image wohl andere Menschen von mir haben mögen? Glücklicherweise war ich mit einem irrsinnig ansteckenden und starken Sinn für Humor geboren worden und mit der Fähigkeit, über mich selbst lachen zu können. Ich erinnerte mich, daß immer, wenn ich zu einer Party oder zu einem Gesellschaftsabend ausging, meine Freunde fürchteten, ich würde sie umbringen durch die Art, wie ich Geschichten erzählen konnte von all dem, was mir und den Kindern passiert war. Ich legte, ohne es selbst zu wissen, soviel Ausdruck in alles, was ich tat oder sagte, verzog mein Gesicht oder durchlief mit meinen Augen, Haaren und Händen eine nicht endende Skala von Verzerrungen und Krümmungen und Verdrehungen. Dazu aber, lassen Sie es mich ruhig aussprechen, spielte und spielt noch heute jeder Teil meines Körpers mit, wenn ich in Aktion bin, und noch jetzt, wenn ich auf der Bühne auftrete, kleide ich dieses mein nunmehr abendfüllendes Programm in die exotischsten Gewänder, die ich gefunden habe oder weiterhin finden kann.

Aber zurück zu dem Jahr BPD — *before Phyllis Diller*. Mir kam damals die Idee: Warum nicht, anstatt Freunde und Nachbarn umsonst zu unterhalten, einige dieser Witzeleien sammeln, die ich bereits aus dem Ärmel geschüttelt und aufgeschrieben hatte, und sie einem zahlenden Publikum anzubieten? Wie, wenn sie ebensoviel lachen würden über meine dummen oder blödelnden Fratzen, Possen und Narreteien? Ich bekam meine Chance in einem kleinen Nachtklub in einer Nebenstraße — und jedermann brüllte laut auf. Von da an schien es mir, als würde ich geradezu hineinexplodieren in die neue „große Zeit". Und die Menschen haben mir seitdem unaufhörlich zugejubelt. Jedesmal, wenn ich im Fernsehen oder auf der Bühne erscheine, beginnen sie zu lachen; sie lachen sogar schon, wenn ich meinen großen Mund noch gar nicht aufgeklappt habe. Und was mich betrifft — *ich* lache, wie sie sagen, auf dem ganzen Weg zur Bank!"

Phyllis, sehr freimütig, schreibt ihren Aufstieg durch Spaß

zum Reichtum dem Tag zu, an dem sie in den Spiegel schaute und — da sie nun einmal nicht schön war — sich entschloß, sich ab sofort stärker zu konzentrieren und ihre Persönlichkeit zu entwickeln. Ihr Bild akzeptierte sie nun und verwirklichte und vervollkommnete es. Seither ist es in die Köpfe und Herzen von Millionen projiziert worden, deren Stimmung erhoben und erhellt worden ist durch ihre vergnügte Karikatur von sich selbst.

Heute, nachdem sie längst als eine der lustigsten Komikerinnen der Welt bekannt ist, gibt Phyllis Diller zu, daß sie ihrem „Visualisierungsprogramm" noch immer ganz bewußt folgt. *Sie nimmt sich jeden Tag Zeit, um sich „bildhaft vorzustellen, was sie sich wünscht", und hakt die verschiedenen Punkte dann ab, wenn sie erledigt sind.*

Was Phyllis Diller mit den Gaben der Natur vollbracht hat und wie sie außerdem ihre eigene schöpferische Klugheit und Erfindungsgabe geschickt zu nützen verstand, sollte Sie inspirieren, auch Ihre vielleicht noch verborgenen Möglichkeiten zu entdecken. Finden Sie einen Weg, Ihre angenommenen Schwächen in Vorteile zu verwandeln.

Vom Nutzen, sich selbst nicht zu ernst zu nehmen

Wenn Sie es fertigbringen, über sich selbst zu lachen, sogar in widrigen oder enttäuschenden Momenten, dann sind Sie auf dem Weg, der aus allen Ihren Schwierigkeiten herausführt. Aber wenn Sie sich selbst und das, was Ihnen geschieht, zu ernst nehmen, neigen Sie dazu, in dieser Situation zu „erstarren". Dann ziehen Sie nur immer noch mehr unglückliche Erfahrungen der gleichen Natur an.

Selbstverständlich können, noch werden Sie darauf Wert legen, eine zweite Phyllis Diller oder ein zweiter Groucho Marx zu werden. Jene haben ihre Persönlichkeiten und Körper für sich, und was sie daraus gemacht haben, ist völlig anders, als es Ihre Ergebnisse sein könnten.

Im Fall von Groucho, dieser kleinen Figur mit ihren komischen Gesichtszügen — wie wenig wäre ihm normalerweise an Aufmerksamkeit zuteil geworden, hätte er nicht seine Mängel in Vorteile umgewandelt. Aber als er dies einmal getan hatte, erreichte er auf seinem Gebiet der Komik — zusammen mit seinen gleichfalls verrückten Marx Brothers — bald die Spitze. Als ihre höchst erfolgreiche Verbindung zerbrach, blieb Groucho beim Fernsehen und setzte auch dort seine Persönlichkeit so wirkungsvoll ein, daß jeder, der ihm einmal ausgeliefert war, für immer sein geistiges Bild in Erinnerung behielt — zum Beispiel den Mann mit der Zigarre und den Fahrstuhlaugenbrauen! Sie können Ihr Leben wetten, daß Sie sich sogar besser fühlen, wenn Sie nur an ihn denken. Weil er immer, wenn Sie ihn vor Ihrem geistigen Auge sehen, Ihnen Humor suggeriert, wenn seine Augenbrauen und seine Zigarre sich Ihnen entgegenschlängeln. Mit anderen Worten: „Groucho sendet Ihnen jedesmal, wenn Sie sich seiner erinnern, sein Image in Ihren Geist".

Helen Keller, ein immerwährendes Vorbild

Wenn Sie von Kindheit an völlig blind und taub wären, welche Chance würden Sie sich gegeben haben, es jemals zu etwas zu bringen? Das geschah, wie Sie wissen, Helen Keller. Vielleicht haben Sie das Bühnenstück und den Film über ihr Leben gesehen; was für ein eigensinniges, widerspenstiges Kind sie war, verloren in einer dunklen, inneren Welt, dem jedes rationale Bewußtsein von der Welt außerhalb ihrer selbst fehlte. Aber eine Frau, Miß Anna Sullivan, die teilweise blind gewesen war seit ihrer Mädchenzeit, trat in ihr Leben, als Helen acht Jahre alt war. Miß Sullivan wurde Helen Kellers Lehrerin und erreichte nach Jahren belehrender Hingabe ihre trotzige Schülerin durch Liebe. Nun lehrte sie sie mühsam eine Fingersprache, später folgte das Lesen des Braillesystems. Als die Zeit verging, ergriff die sich entwickelnde Helen der Drang, auch sprechen zu lernen. In einer bemerkenswert kurzen Zeit gelang es ihr, deutlich zu sprechen, indem sie an den Stimmbändern ihrer Lehrerin erfühlte, wie jedes Wort ausgesprochen wird! Mit zwanzig Jahren siedelte sie in das Radcliffe College über und graduierte nach einem vierjährigen Kurs. Nun trat sie als Schriftstellerin und Vortragende ins öffentliche Leben ein, ihre heroische Überwindung ihres physischen Unvermögens erwies sich als eine ungeheure Inspirationsquelle für zahllose junge und ältere Menschen, die sich selbst als hoffnungslos behindert angesehen hatten.

In Boston, als sie bei einer der ersten Gelegenheiten öffentlich sprach, erstaunte sie eine Gruppe von Ärzten, die sie fließend in drei Sprachen anredete!

Verschleudern Sie nie Möglichkeiten, die Sie zur Entwicklung innerer Hilfsquellen einsetzen können und deren Gebrauch den Ausdruck Ihrer Persönlichkeit so fördert, daß Ihnen Achtung, Aufmerksamkeit und Zuneigung der anderen zufallen!

Wo *Sie* sind, starten Sie nicht mit der Hälfte jener Handicaps, mit denen andere Männer und Frauen zu kämpfen hatten. Es hilft sehr viel, diese Tatsache zu erkennen. Denn selbstverständlich möchten Sie bewußt und unbewußt wetteifern mit den anziehenden Qualitäten, denen Sie bei anderen begegnen. Sie nehmen deshalb unter eigenen Lebenserfahrungen ein wenig von dem auf, was andere Ihnen bedeuten. In der gleichen Art werden die geistigen Bilder, die Sie von sich selbst projizieren, sich niederschlagen in den Köpfen Ihrer Lieben, Ihrer Freunde und Bekannten, um dort Ihren Einfluß fühlbar zu vergrößern oder zu verringern.

Sind Sie zufrieden mit dem *Image*, das Sie von sich selbst hinausprojizieren? Wenn Sie es nicht sind, so entscheiden Sie, was Sie tun wollen, um es zu verbessern.

Es wird nützlich sein, dazu noch einmal die allerseits bekannten Persönlichkeiten anzusehen, deren geistiges Image in Ihrem Unterbewußtsein existiert. Studieren Sie die Wirkung dieser Persönlichkeiten auf Sie, wenn Sie sich erinnern an Menschen wie:

Bernard Baruch! Welche Art von geistigem Bild bringt er in Ihr Bewußtsein? Ein Mann mit weißem Haarschopf,

Brille und Hörgerät, auf einer Bank sitzend im Central Park, New York. Meditiert er über Weltprobleme? Dies ist das Image, das die Presse von ihm gegeben hat — der „alte Staatsmann", der „Ratgeber und Vertraute von Präsidenten", ein „klarer Denker über nationale und internationale Probleme". Sie haben wahrscheinlich diese Tatsachen über ihn akzeptiert, und Sie fühlen wohltuende Sicherheit, wenn Sie an ihn denken. Sie glauben, daß Sie auf sein Urteil in Fragen der Weltpolitik vertrauen können.

Was kommt Ihnen in den Sinn, wenn Sie Ihre Gedanken auf *Dwight D. Eisenhower* richten? Sehen Sie nicht einen kahl werdenden Mann mit breitem Grinsen, der eine weiße Kappe trägt und einen Golfschläger schwingt? Sie spüren vielleicht auch neben einem gewissen Ernst die Derbheit, die Sie die Gewißheit finden läßt, daß hier ein Mann ehrlich das Beste zu tun versucht für das Land. Sie mögen Eisenhower politisch widerstrebt haben, oder seiner Regierung und der Dauer seines hohen Amtes zugestimmt oder nicht zugestimmt haben, zweifellos haben Sie dennoch den Eindruck von ihm akzeptiert, den er bewußt oder unbewußt projiziert hat.

Wenn Ihr Geist sich schönen Frauen zuwendet (falls Sie männlichen Geschlechts sind), wächst die Chance, daß er immer noch einige köstliche oder delikate geistige Bilder produziert von der verstorbenen *Marilyn Monroe*. Dies hängt natürlich davon ab, ob Sie Blond oder Brünett vorziehen oder daß, was Marilyn Monroe besaß, Ihr spezieller *Geschmack* war. Zwar mögen Sie nicht besonders beeindruckt gewesen sein vom Intellekt in dem bezaubernden weiblichen Bild, das Sie von ihr im Unterbewußtsein gespeichert haben für zukünftigen Gebrauch, aber Sie *sind* stark beeindruckt durch die *Form* und durch die Persönlichkeit hinter der Form. Die Frauen, deren Gestalten für Sie den stärksten Sex-Appeal enthalten, haften am lebendigsten und verlockendsten und verführerischsten in Ihrem Bewußtsein. Das gleiche gilt für Männer und die Symbole attraktiver Männlichkeit, wenn der geistige Betrachter eine Frau ist.

Alle Persönlichkeiten registrierten im Geist zu allen Zeiten solche Impressionen anderer Menschen gemäß der Natur ihres Ausdrucks.

Betrachten Sie, ein weiteres Beispiel, den verstorbenen *Sir Winston Churchill*, vielleicht die hervorragendste Persönlichkeit unserer Zeit. Was stellen Sie sich im Geist vor, wenn Sie an ihn denken? Einen Mann mit pausbäckigem Gesicht, mitten drin die ewige Zigarre, darüber zwei Finger zum „Victory Gruß" erhoben, und ein viereckiger, handfester Unterkiefer um den zerknitterten, grimmig lächelnden Mund. Was fühlen Sie in Gegenwart des Felsens von Gibraltar? Wie können Sie Mißerfolg haben in Ihrem eigenen Lebenskampf, wenn Sie nachsinnen über den Geist der Führerschaft in einem solchen Mann, für den es niemals irgendeine Kapitulation gab? Von Individuen von Churchills Format empfangen wir alle die Stärke, um eigenen persönlichen Krisen zu begegnen.

Mahatma Gandhi! Bei der Erwähnung seines Namens beschwört Ihr Geist das Bild eines zerbrechlichen, gebeugten, dunkelhäutigen kleinen Mannes herauf, der mit gekreuzten Beinen am Boden sitzt, bekleidet mit einem Lendentuch, Ihnen zulächelnd mit fast zahnlosem Mund. Sie bewundern auch diese Kraft, die er durch einfache Übungen zur weltweiten Macht „gewaltlosen Widerstandes" entwickelte. Noch heute können Sie den spirituellen Hintergrund dieses Mannes fühlen, wenn Sie sich seiner Hingabe erinnern, die ihn seinem geliebten Volk von Indien dienen hieß. Und plötzlich bemerken Sie Gandhis Einfluß in sich — Ihr sympathisierendes, nun vielleicht noch verständnisvolleres Interesse für die Probleme nicht nur seines Landes, sondern für die Unterdrückten in aller Welt, das angeregt wurde durch diese wirklich große Seele.

Wenn Sie zu der älteren Generation gehören und sich zurückerinnern bis zu den Tagen von Will Rogers, dann können Sie sich noch Amerikas weltbekannten Cowboy-Humoristen vor Ihrem geistigen Auge bildhaft vorstellen. Seinen ungebändigten Schopf von braunen Haaren über der Stirn, grinsend, lachend, Kaugummi kauend und mit dem Lasso spielend, über seine eigenen Witze glucksend, wie er über alles spricht, was er weiß — „was er in der Zeitung liest". Sie können sich erinnern an Ihre Empfindung von einem persönlichen Verlust, als Sie die Nachricht von seinem Tod zusammen mit Wiley Post bei einem Flugzeugabsturz in der Arktis erfuhren. Sie fühlten ihn fast mit, als sei ein Mitglied Ihrer Familie gestorben. Und Sie erkennen jetzt, daß Will Rogers einen Teil seiner Persönlichkeit, seines Charakters, seines Geistes bei Ihnen gelassen hat, daß Ihr Leben weniger reich wäre, hätte sein Einfluß Sie nicht berührt.

Denken Sie nach über Menschen, über lebende und tote, die niemals ins Licht der Öffentlichkeit getreten sind, die aber auch Ihr Leben an irgendeinem Punkt berührt haben, direkt oder indirekt, und die Sie niemals vergessen werden, weil auch sie etwas von ihrer Persönlichkeit Ihnen aufgeprägt haben — mit positiven oder negativen Wirkungen.

Ihr Vater und Ihre Mutter, Ihre Brüder und Schwestern, Tanten und Onkels, Nichten und Neffen, Cousins, Großeltern, Schwiegereltern, Kollegen, Nachbarn, Fremde — sie alle haben gespielt und spielen eine Rolle in Ihrem Leben.

Sie, eine Persönlichkeit mit Ihren eigenen Rechten, sind umgeben von einer Schar anderer Persönlichkeiten.

Ragen Sie als einzelnes Individuum heraus aus Ihrer Umwelt, oder werden Sie überschattet, unterdrückt oder gar eingeschüchtert durch stärkere Persönlichkeiten?

Nun, nachdem Sie diese Gelegenheit hatten, sich selbst einzustufen, Ihre Größe abzuschätzen, wie würden Sie Ihre Persönlichkeit heute beurteilen? Genießen Sie entspannt und behaglich jede Gesellschaft, beherrschen Sie jede Situation? Drücken Sie sich gut und sicher aus? Besitzen Sie natürlichen Charme und innere Ausgeglichenheit, gute Haltung und positive Ausstrahlung? Haben Sie eine anziehende Erscheinung? Sind Sie ein angenehmer Unterhalter, wenn es die Gelegenheit erfordert? Wissen Sie, wann es klug ist, selbst zu schweigen und die Kunst des Zuhörens zu praktizieren? Sind Sie über die Ereignisse des Tages informiert, im Sport auf dem laufenden, in den nationalen und internationalen Angelegenheiten unterrichtet? Interessieren Sie sich glaubhaft auch für andere, für Ihre Tätigkeiten, ihre Probleme, sogar für ihre verschiedenen Anschauungen?

Das alles ist Teil des Ausdrucks einer Persönlichkeit. Auch Sie können Ihre Persönlichkeit nicht erfolgreich zur Geltung bringen ohne alles dies. Wenn Sie finden, daß Sie auf einem dieser Gebiete die Note „mangelhaft" verdient haben, müssen Sie sich darauf konzentrieren und Ihre Lücken schnellstens zu schließen trachten.

Werfen Sie im Spiegel einen Blick auf sich selbst. Studieren Sie jede Ihrer physischen Bewegungen. Jede einzelne erzählt eine Geschichte. Jede Ihrer Bewegungen ist ein charakteristischer Ausdruck Ihrer Persönlichkeit.

Prüfen Sie den Ausdruck Ihres Gesichts; er zeigt die Art Ihres Denkens an. Ihre Augen — wie erscheinen sie Ihnen? Sind sie klar, ruhig und beständig, direkt? Der Mensch, den Sie im Spiegel sehen, ist derjenige, den alle sehen. Welche Art von Eindruck möchten Sie in anderen hinterlassen? Sie allein prägen ihn!

Sie wissen, warum Sie mit Ihrer Persönlichkeit zufrieden oder nicht zufrieden sind. Wenn Sie es nicht sind, dann ist es zu wenig, einfach den Wunsch zu haben, daß Sie sich ändern.

Was fesselt Sie so, wenn Sie mit einer anderen, ausgeprägteren Persönlichkeit beisammen sind? Was *fühlen* Sie während ihrer bloßen Gegenwart, das Sie überschattet, Ihre Aufmerksamkeit und Achtung erzwingt?

Es ist nichts weiter als eine mit Willenskraft gepaarte dynamische Wirkung, welche diese andere Persönlichkeit aus dem riesigen Reservoir des Unterbewußtseins gewinnt. Es gibt Millionen von Menschen mit dieser Persönlichkeitsform (einige sagen, sie sei ihnen von der Natur gegeben worden, und vielleicht ist sie das, selbst wenn sie diese Kraft nur unbewußt benutzen). Sie ist Ihnen aufgedrängt worden, oder Sie haben sie entwickelt, ohne sie früh genug in Ihrem Leben zu bemerken. Wenn nun dieses Ding namens Persönlichkeit von Willenskraft unterstützt wird und von dem Wunsch, irgendwohin zu gehen und irgend etwas zu tun, dann *handeln* Sie!

Die anziehende Persönlichkeit gehört jedem Mann und jeder Frau, die Selbstvertrauen und Selbstsicherheit besitzen. Immer sind dies Menschen, die *ihren* Lebenszweck entdeckt haben; sie wissen, wohin sie gehen und wie sie dorthin kommen, und die Intensität des Zweckes zeigt sich in ihren Gesichtern. Sie zeigen Sicherheit. Wie ein riesiger Magnet ziehen sie die anderen an. Jedermann drängt herbei, um sie mit zu bekränzen, die strahlende Persönlichkeit.

Wenn Sie Ihr eigenes, wahres Selbst so kennenlernen wie Ihr wirkliches Fühlen und die brennenden Wünsche Ihres Lebens, dann können Sie dieselbe Intensität auch in Ihrem Leben entwickeln, die gleiche Entschlossenheit zu gehen, gehen, gehen, gehen! Einmal erreicht, wird diese Entschlossenheit in Ihren Augen aufblitzen, sie wird Ihre Sprache unwiderlegbar und Ihre Handlungen erfolgreicher machen.

Sie haben schon Menschen sagen hören, daß eine bestimmte Person einen durchdringenden Blick habe, daß er oder sie einfach durch andere hindurchschaue. Was ist das? Nichts weiter als das Feuer von innen — Intensität, Kraft, Fülle oder wie immer Sie es nennen wollen. Was bedeutet es anders, als daß ein Mensch mit diesem Blick gewöhnlich das bekommt, was er wünscht? Er erzwingt, gebietet, lockt.

Denken Sie daran, die Augen sind die Fenster der Seele. Betrachten Sie die Fotos erfolgreicher Männer. Studieren Sie ihre Augen, und Sie werden finden, daß jeder einzelne von ihnen diese Intensität des Blicks besitzt. Deshalb sage ich, lassen Sie sie sich widerspiegeln in der Art Ihres Gehens, in Ihrer Haltung; sehr bald werden Menschen anfangen, Ihre Gegenwart zu fühlen, wenn Sie eine Menschenmenge durchqueren, Sie beachten und Sie zu kennen, Ihnen zuzuhören wünschen.

Ihre Persönlichkeit können Sie entwickeln und ausweiten, indem Sie Schritt halten mit allem, was sich in Ihrer Gemeinde ereignet oder in Ihrem Staat, in Ihrem Land und in aller Welt. Seien Sie informiert! Finden Sie alles heraus, was zu wissen für Sie von Interesse ist in bezug auf Menschen, die Sie getroffen haben oder denen Sie begegnen werden — Sie werden dann viel mehr gemeinsame und darum nützliche Gesprächsgrundlagen haben. Denn Sie wissen niemals im voraus, was einen neuen Freund oder einen voraussichtlichen Kunden (wenn Sie Verkäufer sind) interessieren mag, und es ist manchmal möglich, seine Aufmerksamkeit zu erhalten oder Ihren „großen Durchbruch" durch Kenntnisse auf völlig nebensächlichen Sachgebieten herbeizuführen, zumal Sie nicht immer eine Unterhaltung über das Wetter oder über Ihre Leiden und Schmerzen führen können. Lesen Sie also die Zeitungen und die laufenden Zeitschriften, hören Sie wichtige Radiosendungen und Fernsehkommentatoren. Benutzen Sie Augen und Ohren. Überzeugen Sie sich regelmäßig davon, daß Sie auf dem laufenden sind. Ich meine nicht, daß Sie über jedes Detail eines Mordes oder Selbstmordes unterrichtet sein müssen, aber verschaffen Sie sich einen Überblick über die Ereignisse des Tages, zu Hause und auswärts. Er wird Ihre Perspektive vergrößern.

Vergessen Sie nie: Wissen ist Macht

Wer möchte schon einem uninformierten, unwissenden, egozentrischen Individuum zuhören?

Vergrößern Sie Ihr Wissen, und Sie werden den Raum Ihrer Leistungsfähigkeit wie für Ihre Interessen sehr erweitern. Ebenso wächst dann Ihr Wunsch nach höheren und größeren Dingen. Wenn Sie noch weitere Ausdehnungen wünschen, im gleichen Verhältnis etwa, wie Ihre Wünsche sich ausbreiten, werden auch Dinge, die zu wünschen Sie

207

kürzlich noch für unbedingt notwendig hielten, Ihrem Geist als trivial erscheinen, und Sie werden sie nicht länger beachten — auch eine Art, um festzustellen, daß Sie jetzt endlich „Ihren Wagen an einen Stern binden werden" — und indem Sie das tun, lernen Sie auch schon, sich mit blitzartiger Geschwindigkeit zu bewegen.

Studieren Sie, lernen Sie und arbeiten Sie! Entwickeln Sie Ihren Scharfsinn durch Beobachtung. Treten Sie aufs Gas. Tun Sie noch mehr: Wählen Sie Düsenantrieb. Werden Sie in sich selbst lebendig, so werden Sie diese Lebendigkeit an den anderen Menschen, Ihren jeweiligen Gesprächspartner, weitergeben, Sie werden ihn aufmuntern und anfeuern allein dadurch, daß Sie ihm Ihre Gegenwart schenken. Etwas von Ihrem Magnetismus wird überspringen auf ihn, und er wird Sie dafür lieben. Sie haben bereits gehört, wie Menschen sagten: „Ich finde es außerordentlich interessant, mit dem und dem zusammen zu sein. Er (sie) gibt mir immer neuen Auftrieb!"

Fassen Sie Vertrauen, begeistern Sie sich, geben Sie etwas von Ihrem inneren Feuer frei, daß es auflodert, dieses „Etwas" in Ihnen, und Sie werden, was Sie umgibt, in Schwingungen versetzen. Das ist die Theorie des lebendigen Lebensvorganges, sie ist so alt wie die Welt selbst: *Gleiches erzeugt Gleiches — bringt Gleiches hervor — zieht Gleiches an.* Ein Lachen lockt ein Lachen; eine gute Tat ruft nach einer guten Tat; Reichtum häuft Reichtum an; Liebe weckt Liebe — von hieraus können Sie weitergehen! Es ist ansteckend! Das alte Gesetz der Anziehung versagt nie!

Aber geben Sie sich um keinen Preis der Welt mit der Vorstellung zufrieden, daß ich Ihnen hier einen übergroßen „Wunschknochen" reiche! Glauben Sie nicht, Ihre künftige Tätigkeit dürfe sich darauf beschränken, daß Sie sich hinsetzen, erbauliche Selbstgespräche führen und durch deren emsige Wiederholung nun sicherlich alles bekommen, was Sie sich wünschen! So leicht ist es nicht! Sie müssen auch einen Wunschknochen schon dabei unterstützen, ihm kräftig den Rücken stärken mit einer Wirbelsäule, mit Ihrer Willenskraft, Ihrer Festigkeit. Und das ist noch nicht alles. Der Wunschknochen und die Wirbelsäule müssen koordiniert werden, müssen synchronisiert werden auf den einen Punkt, den einzigen, von dem aus sie erst in perfekter Harmonie wirken können. Wenn Sie dieser Übereinstimmung fähig sind, werden Sie sich persönlich entwickeln. Fügen Sie dann Ihr Handeln und Ihre Energie hinzu, und Ihr Projekt wird beginnen, sich vor Ihren Augen in Bewegung zu setzen.

Ich nehme an, daß wir alle schon diesen starken Menschentyp bewundert haben. Damit meine ich den selbstsicheren Menschen, der über seinen zurückgezogenen Schultern und seiner vorwärtsgewölbten Brust den klaren Kopf trägt mit den ruhigen, aber sehr wachsamen und so schnellen Augen.

Es ist nicht schwer, ihn überall herauszufinden unter den vielen, deren Füße zaudern und schließlich stolpernd zurückbleiben, deren Schultern hängen, deren Kinn flattert und schließlich herabfällt, deren Augen wie kahle Kammern sind, leer und blind. Getriebene, ziellose Müßiggänger und Feiglinge.

Wo gehen Sie? Doch nicht innerhalb dieser Kategorie? Wenn doch, wenn auch nur nahe dabei, so springen Sie eilends heraus und befreien Sie sich von all den anderen!

Nicht durch die Schuld der Sterne, lieber Brutus,
Durch eigne Schuld nur sind wir Schwächlinge.

Dieses Zitat stammt, wie Sie wissen, von William Shakespeare. Alle seine Werke spiegeln, das ist einfach zu sehen, diese Haltung wider, denn er kannte und gebrauchte diese innere Kraft während seines ganzen Lebens. Er erhob sich hoch über das Alltägliche und gewann seinen unsterblichen Platz in der Ruhmeshalle wahrer Dichtung durch sein Vertrauen in die eigene schöpferische Kraft.

Ja, wenn Sie noch nicht das sind, was Sie zu sein wünschen, und wenn Sie noch nicht dort sind, wo Sie anzukommen wünschen, so wurde ein Fehler gemacht, aber — von Ihnen, in Ihnen!

Wenn Sie furchtsam sind, träge, rückständig, schüchtern, nach rückwärts gewandt, wenn Sie sich in einem ausgefahrenen Gleise bewegen und ein Feigling sind, dann finden Sie die Ursache dafür in sich selbst, dann ist das so, weil Sie so sind. Machen Sie also nicht die Sterne dafür verantwortlich. Machen Sie nicht die Gesellschaft verantwortlich. Und nicht die Welt. Akzeptieren Sie endlich *Ihre eigene* Verantwortlichkeit. Die Zeit ist gekommen, umzuschalten, einen schnelleren Gang einzulegen. Beginnen Sie sich auszumalen, was Sie wirklich sein wollen — so werden Sie anfangen, sich zu bewegen.

Nehmen Sie es als Warnung, daß das Denken auch entgegengesetzt wirken kann. Sie können durch falsches Denken genauso schnell rückwärtsgehen, wie Sie durch das richtige Denken vorwärtsgehen können.

Diese Art des „umgekehrten Denkens" hat Depressionen erzeugt, sie kann immer wieder Depressionen bringen. Wenn der Geist des Menschen der Panik verfällt, wenn genügend Individuen von Furcht und Habgier besessen sind, wenn die Psychologie des Mangels durch das Land rast, wenn unabsehbare Menschenmassen zu große Forderungen stellen oder sich zu stark einer bestimmten Richtung zuwenden, werden die Börsenkurse aus dem Gleichgewicht geraten und die Ökonomie der Welt kann zusammenbrechen.

Sie wissen, wenn Sie niedergedrückt sind, dann neigen Sie dazu, auch die Sie umgebenden Menschen niederzudrücken. Wenn das Barometer fällt, ist das ein Zeichen für Sturm. Heruntergefallene Mundwinkel haben schon viele Ablehnungen und Zurückweisungen verursacht. Tragen Sie Ihre Sorgen und Schwierigkeiten nicht mit sich herum, niemand will sie mit Ihnen teilen. Die Menschen haben genug eigene Sorgen und Schwierigkeiten.

Wollen Sie Ihre Bemühungen fortsetzen, um höher aufzusteigen als jemals zuvor? Wenn ja, dann sind Sie auf dem Wege zur entscheidenden Verbesserung Ihres *persönlichen Magnetismus'*. Es gab eine Zeit, erinnern Sie sich, in der die Berühmtheiten von gestern und heute völlig *unbekannt* waren. Wer sind Sie, um schon heute sagen zu können, daß Sie kein großer Sänger, Schauspieler, Dirigent oder Komponist werden, kein Ingenieur, Wissenschaftler, Arzt, Unternehmer, Superverkäufer, Astronaut oder was immer Sie werden *können,* wenn Sie an sich arbeiten und Ihre Persönlichkeit zusammen mit Ihren Fertigkeiten entwickeln, um dorthin zu gelangen?

Leitsätze für Ihr künftiges Leben

Mein wertvollster Besitz, soweit meine Beziehungen zu anderen betroffen sind, ist meine Persönlichkeit und die Art, in der ich ihr Ausdruck verleihe.

Ich muß den besten Gebrauch von dem Körper und dem Geist machen, mit denen ich in diese Welt kam.

Das Studium des Lebens von erfolgreichen Männern und Frauen wird mir den Schlüssel dazu geben, meine eigene Erscheinung zu verbessern und meine Persönlichkeit dynamischer einzusetzen.

Ich erkenne, daß der Fehler größtenteils in mir selbst liegt, wenn ich noch nicht das bin, was ich sein möchte, oder wenn ich mich noch nicht dort befinde, wo ich ankommen möchte.

Mißerfolge, die ich hinnehmen mußte oder die mir begegnen können, müssen in mir eine größere Charakterstärke entwickeln und die Anziehungskraft meiner Persönlichkeit stärken, wenn ich ihnen positiv begegne und versuche, ihren Wert zu erkennen.

Ich bin entschlossen, meine Anstrengungen jeden Tag fortzuführen, um meinen persönlichen Magnetismus zu verstärken.

14. Kapitel

DIE MACHT, MENSCHEN ZU BEEINFLUSSEN

Fähig zu sein, seine Stellung gegenüber anderen im persönlichen, gesellschaftlichen und geschäftlichen Bereich zu behaupten, ist ein natürliches menschliches Bedürfnis.

Es gefällt Ihnen nicht sonderlich, beiseite- und herumgestoßen zu werden, oder getreten und übergangen und niedergeschlagen zu werden von gewöhnlich gefühllosen Menschen, die nur an sich selbst denken und Sie noch als Fußabstreifer benutzten, ließen Sie das geschehen!

Das ist der wahre Grund dafür, daß Sie und zahllose andere Menschen zu willigen, weil urteilslosen Opfern der Werbung für nicht immer ganz seriöse Selbsthilfekurse und -schallplatten werden, die man überall in der Welt anbietet unter Titeln wie *„Der sichere Weg zum Erfolg", „Wie man andere veranlaßt, zu tun, was Sie wollen — durch Hypnose und Suggestion"* oder *„Gewinnen Sie Macht und Einfluß über andere"*. Kein Wunder, daß der deprimierte, oft unglückliche Leser solcher oft auch noch aufdringlich gestalteten Werbung nichts Besseres zu tun weiß, als schnell seine Bestellung zur Post zu geben und in höchster Spannung dann das Wundermittel zu erwarten. Wer aber gar ein Werbeblatt erhält, auf dem ein Titel angepriesen wird wie *„Lernen Sie die verborgenen Schwächen der anderen zu ergründen und zu Ihrem Vorteil anzuwenden"*, der wird sich sagen: „Das ist etwas für mich! Ich möchte ja so gern imstande sein, diesem oder jenem zu befehlen, wohin er zu gehen und was er zu tun hat!"

Nun ist es natürlich wahr, daß jeder seine Schwächen hat. Sogar Achilles hatte eine Ferse, an der er verwundbar war. Und zuzeiten kann es geschehen, daß Sie aus der Schwäche eines anderen Nutzen ziehen, ja ihn hereinlegen können.

Aber statt die Schwächen anderer Menschen zu studieren, um sie besser überlisten zu können oder um noch gerissener zu sein als sie, sind Sie weit besser beraten, wenn Sie versuchen, *Ihre eigenen Schwächen* zu entdecken, um sich von diesen zu befreien und endlich vor sich selbst schützen zu können!

Es ist keine Psychologie, wenn man sich der Schwächen anderer zum eigenen Vorteil bedient, es ist nur eine negative Einstellung. Alles, was Sie dann brauchen, ist das Verständnis des Geistes und der Emotionen. Dann werden Sie nicht nur wissen, wie *Sie* denken und fühlen, sondern es wird Ihnen auch möglich sein wahrzunehmen und zu beurteilen die geistigen und die emotionalen Verhaltensweisen der *anderen*. Und können Sie selbst sich erst einmal kontrollieren und beherrschen, so wird es Ihnen leichtfallen, Ihr eigenes Verhalten in einer allen Ihren Verbindungen und Geschäften nützlichen Weise der Haltung Ihrer Partner anzupassen.

Es ist klug gehandelt, wenn Sie in Ihrem Gesprächspartner nach der guten Seite suchen und darauf Ihre Anziehungskraft konzentrieren. Es ist unklug, wenn Sie sich bemühen, schwache Punkte aufzuspüren und diese auszunützen, um leichte Gewinne zu erzielen.

Es gibt keinen Anlaß, an der ungeheuren Kraft der Suggestion zu zweifeln. Wie oft haben Sie schon davon gehört, daß es leicht ist, einen Menschen krank zu machen, indem man ihm unablässig suggeriert, er sehe nicht gut aus. Wenn genügend Leute sich zusammenfinden und dies tun, so kann ein Durchschnittsmensch das kaum ertragen. Er wird tatsächlich krank.

Angenommen, Sie würden nun einem Menschen begegnen, der sich als äußerst beeinflußbar erweist, so könnten Sie begreiflicherweise versucht sein, ihn zu beeinflussen, gegen sein besseres Wissen und gegen seinen Willen zu handeln. Später würde er das wohl bemerken und Sie dafür hassen. Nur ein Mann, der auf einer Einmal-und-nie-wieder-Basis arbeitet und sich nicht darum kümmert, was ein Interessent von ihm denkt — der nur darauf aus ist, einen Verkauf zu machen und dann zu verschwinden —, könnte sich zu dieser

Art von Verkaufstaktik hergeben. Allerdings vergiftet er so
den Boden für den nächsten und alle nachfolgenden Verkäufer. Er sät Mißtrauen und feindliche Gefühle, die ihn später
einholen werden wie der Bumerang, der immer zu dem zu-
rückkehrt, der ihn geworfen hat.

Es gibt eine Kunst, die Menschen zu beeinflussen; sie dazu
zu bringen, Ihren Standpunkt anzuerkennen; mit Ihnen zusammen an einem Gemeinschaftsprojekt zu arbeiten; etwas
zu kaufen, das sie verkaufen; oder sie als Freund oder Geliebten akzeptieren.

Der Appell an den „eigenen Vorteil"

Der wirkungsvollste Annäherungsweg zu jeder Person
und zu jeder Zeit ist Ihr Appell, seinen eigenen Vorteil
wahrzunehmen. Wenn Sie ehrliches Interesse zeigen an der
Tätigkeit, am Ehrgeiz oder an den Problemen irgendeines
Mannes, einer Frau oder eines Kindes, so können Sie auch mit
deren Aufmerksamkeit und mit deren Anerkennung rechnen.
Finden Sie das vordringlichste Eigeninteresse eines jeden
Menschen heraus und konzentrieren Sie sich darauf, so erlangen Sie bald einen wachsenden Einfluß auf ihn. Da „Gleiches immer Gleiches anzieht", sollten Sie stets daran denken:
Wenn Sie ein ehrliches Interesse an irgend jemandem zeigen, das sich in Worten *und* Taten äußert, dann weckt dieses
als Gegenleistung auch ein Interesse an *Ihnen*.
Beim richtigen Verkaufen und in echten zwischenmensch-
lichen Beziehungen müssen gleichartige Werte ausgetauscht
werden zwischen dem Verkäufer und dem Käufer. Jeder
muß fühlen, daß er aus der Transaktion mit einem Gewinn
hervorgeht. Jenes ist genauso einfach und grundlegend wie
dieses. Um einen Freund zu haben, müssen Sie ein Freund
sein. Um einen Verkauf zu erzielen, müssen Sie ein gutes
Gefühl und Vertrauen erwecken.
Bedauerlicherweise wird *die Macht, Menschen zu beeinflussen,* allzu oft *mißbraucht.* Darum sollten Sie niemals

versuchen, etwas zu verkaufen, an das Sie selbst nicht ehrlich glauben. Mancher Verkauf mag Ihnen schon allein deshalb gelingen, weil Sie den Charme Ihrer Persönlichkeit spielen und den Anschein von Enthusiasmus aufschäumen lassen, aber auch durch Druckmittel und durch falsche Behauptungen oder durch übertriebene Versprechungen. Aber wenn Sie gewissenhaft sind und noch irgendwelchen ethischen Grundsätzen folgen, dann werden Sie sich heimlich dafür hassen, während Sie Ihr so „verdientes" Geld zusammenraffen.

Einige Verkäufer, die ich kannte, haben ihre Verkaufsmethoden entschuldigt, indem sie sagten: „Wenn ich es diesen gutgläubigen Trotteln nicht verkaufe, so tut es irgendein anderer. Es ist nun einmal so. Das gleiche System benutzt mein Konkurrent, und wenn ich nicht genauso hart bin, streicht er auch noch meinen Anteil vom Geschäft ein."

Diese Art des Verkaufens hinterläßt oft einen Trümmerhaufen von enttäuschten und verärgerten Kunden. Aber hier beginnt auch die Straße zu den Magengeschwüren und anderen körperlichen Erkrankungen, die alle geistig und emotional gestörten Zeitgenossen, zu denen gerade solche Verkäufer zählen, mit der Präzision eines Uhrwerkes sich zuziehen. Bald schon brauchen sie den ständig sich wiederholenden Reklamerummel in Form von „Energiesitzungen" und „Anfeuerungsgesprächen", um jeden Tag in die „Feuerlinie" zurückkehren zu können. Und schließlich brechen diejenigen aus, die nicht hart und abgestumpft oder „in ausreichend guter Kondition" sind, weil sie solchermaßen „forcierte Verkaufsmethoden" für Dienste und Produkte verabscheuen, seit sie selbst an ihren wahren Werten zweifeln, auf die jeder Käufer Anspruch hätte. Und schon beginnen sie auch gewisse Blitzreaktionen im Magen und in der Gegend des Solar plexus und in den Nervenzentren im Nacken zu spüren.

Selbst wenn Sie es wollen — dieses Tag-für-Tag-Hochdruckgeschäft können Sie nicht durchhalten, ohne daß es Persönlichkeitsveränderungen mit sich bringt, deren zerstörerischstes Symptom der stufenweise Verlust Ihrer Selbstachtung, Ehrlichkeit und Aufrichtigkeit sein wird. Wenn Sie dennoch damit fortfahren, falsche Behauptungen und Versicherungen abzugeben, um Ihr im voraus festgesetztes Verkaufsziel nur ja zu erreichen, werden Sie nach einiger Zeit nicht einmal an sich selbst glauben! Und allmählich werden Sie — ohne es selbst zu bemerken — „anrüchig", denn Sie beginnen eine „faule, unechte, falsche Atmosphäre auszuströmen". Dann mag Ihre Persönlichkeit zwar noch überschwenglich genug sein, um weiterhin neue Interessenten anzuziehen, die Scharfsichtigen und Urteilsfähigen unter ihnen aber spüren, was Sie geworden sind, und sie werden Ihnen nicht länger das abnehmen, was Sie als Wahrheit anpreisen.

„Ich konnte den und den gut leiden", sagte ein Freund zu mir und bezog sich damit auf einen Mann, den wir beide kannten. „Es gab eine Zeit, da konnte er mir alles verkaufen. Aber jetzt versuche ich mich zu drücken, wenn ich ihn kommen sehe. Ich weiß, er wird über mich herfallen, alle emotionalen Halteschilder herausreißen und mich mit dem alten, vorfabrizierten Verkaufsgeschwätz bearbeiten, das nicht einmal mehr er selbst glaubt!"

Ich pflichtete ihm bei, daß dieser Mann viel von seiner früheren Anziehungskraft, ebenso aber auch von seiner einmal ausgestrahlten Vertrauenswürdigkeit verloren hatte. Dann fuhr mein Freund fort: „Ich wollte, er würde wieder der einfache ehrliche Bursche werden, der er war, und mit einer soliden Verkaufsorganisation zusammenarbeiten — aber er sagt, er verdiene nicht genug mit diesen Standardartikeln, und er könne eine Menge mehr machen mit dem Zeug, das er jetzt verkauft. Für mich ist er ein guter Verkäufer, der sich verirrt hat!"

Das Wesentliche beim Verkaufen ist, daß man sich zuerst selbst verkauft, indem man es sich zum Grundsatz macht, in jedem Kunden zuerst Glauben und Vertrauen zu wecken. Das kann nicht getan werden, wenn man nicht selbst Charakter und Integrität besitzt. Wenn ich sage „das kann nicht getan werden", dann meine ich, Erfolg und Sicherheit sind nicht von vornherein zu erwarten. Ein cleverer „Drücker" oder „Mixer" jedoch, der die hemdsärmelige Psychologie des Durchschnittsverkäufers kennt und auch weiß, wie die Macht der Suggestion zu gebrauchen ist und wie man das Selbstinteresse ausnützt, kann immer noch jeden dazu bringen, den Eiffelturm zu kaufen oder einen Satz falscher Zähne für seine zahnlose Hauskatze. Aber er ist gezwungen, immer in Bewegung zu bleiben. Er wagt es nicht, in dasselbe Verkaufsgebiet zurückzukehren. Sein mesmerisierender Einfluß auf jene, denen er einmal etwas verkauft hat, wird immer kurzlebig sein.

Wir sind alle schon hereingelegt worden

Sie und ich haben jeder einen verwundbaren Punkt. Dafür spielt es keine Rolle, wieviel wir über die menschliche Psychologie wissen oder wie vorbereitet wir zu sein glauben gegenüber den geistigen Manipulationen einiger hinterhältiger Männer und Frauen, die nur darauf aus sind, „ihr eigenes Nest auszupolstern" oder „ihre Schäfchen ins Trockene zu bringen" auf unsere Kosten. Bleiben wir also lieber ständig auf der Hut, um für jede Gelegenheit gewappnet zu sein, in der jemand uns zu überrumpeln versucht.

Ich hätte das wissen müssen, aber vor ein paar Jahren erlaubte ich dennoch einem eindrucksvoll mich überredenden jüngeren Mann, mir ein „faules Papier" zu verkaufen, das mir schwere Zeiten eintrug und mich noch schwereres Geld kostete. Am Ende blieb mir nur noch eine physische Erkrankung übrig.

Wie er das angestellt hat? Indem er meinen Interessen zu dienen vorgab. Seit Jahren hatte ich davon geträumt, eines Tages Teil einer Einrichtung zu sein, die der Erforschung der außersinnlichen Wahrnehmungen gewidmet sein sollte. Ich hatte gehofft, durch die Vermittlung von Garantien bei der Beschaffung großer Summen Geldes mithelfen zu können, um die Anstellung hervorragender Wissenschaftler und die Einrichtung der erforderlichen Laboratorien zu ermöglichen. Auch sollten hervorragende „Sensitive" (Männer und Frauen, die erwiesenermaßen telepathische oder außersinnliche Kräfte besitzen) gewonnen werden, um mitzuhelfen, das Wissen von den geheimnisvollen höheren Kräften des Geistes noch während meiner Lebenszeit gewaltig zu vergrößern.

Dieser jüngere Mann, den ich Mr. „X" nennen möchte, hatte im kalifornischen Immobiliengeschäft großen Erfolg gehabt. Eine Bankauskunft von Dun & Bradstreet schätzte ihn auf ungefähr sechs bis sieben Millionen Dollar. Er hatte gerade auf einer Landspitze, die einen weiten Blick über den Pazifischen Ozean bietet, einige dreißig wunderschöne Häuser gebaut, die nun für je fünfzig- bis hunderttausend Dollar verkauft werden sollten.

„Ich habe mich immer für ASW interessiert", sagte er, „seitdem ich vor einigen Jahren Ihre Vorträge besucht und Ihre Bücher gelesen habe. Ich öffnete meine Augen für die Möglichkeiten der geistigen Entwicklung, und nun, da ich viel Geld habe, möchte ich gern eine Million Dollar für die Forschung zur Verfügung stellen. Glauben Sie, daß Sie einige qualifizierte Wissenschaftler und andere Mitarbeiter auf dem Gebiet der ASW finden und dafür interessieren können, am Auf- und Ausbau einer Stiftung von internationalem Rang mitzuwirken, die mit allgemein anerkannten ähnlichen Instituten in den verschiedenen Teilen der Welt zusammenarbeiten kann?"

Mr. „X" sagte genau das, was ich mir gewünscht hatte von jemandem zu hören, der auch die Mittel besaß, um ein solches Vorhaben mitzutragen. Ich versprach ihm, zu sehen, was ich da tun könne. Dann hatten wir lange und, wie es schien, begeisternde Diskussionen bezüglich der Einrichtung einer solchen Stiftung. Ganz sicher war *ich* begeistert, weil Mr. „X" zudem noch sein Interesse geäußert hatte an der Finanzierung von Schallplattenalben, die ich vorbereitet hatte (auf der Grundlage verschiedener, von mir verfaßter Selbsthilfebücher), und an der Entwicklung geeigneter Vertriebsmethoden. In Augenblicken der Besinnung erschien mir das alles fast als „zu gut, um wahr sein zu können". Ich versuchte gar nicht erst, mich durch meine Intuition führen zu lassen und ein Gefühl dafür zu bekommen, wie ehrlich dieser

ganze Vorschlag gemeint sein könnte. Wenn ich zurück-
schaue, so glaube ich, daß ich einfach nur wünschte, all das
wäre wahr, weil ich von einem solchen Projekt schon zu
lange geträumt hatte. Und natürlich wollte ich nicht, daß der
Traum zerschlagen würde. So brachte ich Mr. „X" in Verbindung mit bekannten Wissenschaftlern; einige von ihnen
wurden für die Beratung aus dem Ausland eingeflogen. Auch
traf er in Kalifornien einflußreiche Freunde von mir. Jeder
einzelne von ihnen war vorteilhaft beeindruckt, was mein
Vertrauen natürlich unterstützte.

Als die Pläne fortschritten, bot Mr. „X" an, für die Wis-
senschaftler fünf seiner schönsten, soeben fertiggestellten
Häuser zu reservieren, die eine wunderbare Aussicht auf den
Pazifik und die Berge boten.

„Eines dieser Häuser ist für Sie und Mrs. Sherman", sagte
er, als er sie uns zeigte. „Auch ich will eins davon für meine
Frau und Familie haben. Ein anderes wird als Gästehaus für
auswärtige Wissenschaftler bereitgehalten, die aus allen Teilen der Welt kommen, um die Stiftung zu besuchen. Die anderen beiden sind für die ständig bei uns arbeitenden Wissenschaftler reserviert."

Wie konnte — oberflächlich betrachtet — irgendein Ar-
rangement idealer sein? Zwar protestierten Mrs. Sherman
und ich, daß wir diese Art eines luxuriösen Lebens nicht gewohnt seien, hatten wir doch die meiste Zeit unseres Lebens
Etagenwohnungen bewohnt in New York, Chicago und Los
Angeles, da wir wegen unserer Vorträge viel reisten und zudem unser ständiges Heim in Ozarks errichtet sei und auch
immer im nördlichen Zentral-Arkansas bleiben solle.

„Das geht völlig in Ordnung", sagte Mr. „X", „es wird
Ihnen möglich sein, alljährlich für eine Anzahl von Monaten
in Ihr Haus in Arkansas zurückzukehren; aber Sie werden
auch immer dieses Haus haben, um als leitender Direktor
der Stiftung hierher zurückzukehren. Ich fühle es, diese Stiftung muß, wenn sie von Spitzenkräften der außersinnlichen
Forschung repräsentiert werden soll, auch entsprechend aussehen, um die Öffentlichkeit angemessen zu beeindrucken."

Ich bin kein Geschäftsmann und werde auch nie einer sein, warum hätte ich also gegen solche Vorbereitungen protestieren sollen? Sie schienen für alle Beteiligten annehmbar, zumal Mr. „X" sagte, er hätte bereits seine Anwälte beauftragt, die Pläne für die Stiftungsgründung und für die amtliche Registrierung auszuarbeiten. Er nahm uns dann im Wagen mit zu einem Platz, von dem aus wir den Ozean weithin überblickten, und er schlug vor, hier die Gebäude und Laboratorien der Stiftung zu errichten.

„Ich besitze diese zwanzig Acres (ein acre = 4047 m²)", sagte er, „und sie sind nicht weit entfernt von großen, geheimen militärischen Anlagen. Es handelt sich um ein ‚Denkzentrum' für die Spitzenwissenschaftler und Ingenieure des Landes; zu den Dienstleistungen vieler von ihnen werden wir Zutritt erhalten, weil ich schon mit der Regierung und den militärischen Leitern von einigen ihrer Bauprojekte in Verbindung stehe."

Das „Erwachen" naht

Es kam der Tag, an dem in einem neuen Bürohaus nahe der Küste unsere Büros eingerichtet wurden. Mrs. Sherman und ich verließen unser Appartement in Hollywood, um eine Wohnung in Kalifornien zu nehmen und uns so die täglichen langen Fahrten zu ersparen zum neuen Büro und zurück. Das „neue Heim" war noch nicht zum Einzug bereit, obgleich auf den Rasenflächen aller fünf Häuser, die für die Stiftung reserviert werden sollten, ein „Verkauft" prangte.

„Wir haben noch eine kleine Schwierigkeit mit der Verwaltung zu bereinigen, wegen der Straßen und der Kanalisation, die uns vorübergehend daran hindert, den Verkauf dieser Immobilien und Häuser zu eröffnen", erklärte Mr. „X".

Ein Teil des vorhandenen Büroraums wurde für Mr. „X" abgetrennt. Er gab vor, auf diese Weise seine Zeit leichter zwischen seinen anderen Unternehmen und der Arbeit für

die ASW-Stiftung teilen zu können und auch für die Fort-
führung meiner Selbstentwicklungs-Schallplatten noch leichter Zeit zu erübrigen.

Es war damals viel Kommen und Gehen von Menschen,
das sich offensichtlich nicht auf meine Projekte bezog, und
Mr. „X" wurde weniger und weniger gesehen. Auch war,
da ich ihn vor jeder meiner Entscheidungen konsultieren
sollte, für mich nur wenig oder nichts zu tun. Und jetzt endlich begann ich mich zu wundern. Mrs. Sherman und ich waren bereit gewesen, unsere eigene Lebensweise drastisch zu
ändern, und ich hatte eine Anzahl von lukrativen Schreib-
aufträgen zurückgegeben, um von Nutzen zu sein bei der
Errichtung der Stiftung, bis die leitenden Wissenschaftler
ihre Forschungsarbeiten würden aufnehmen können. Mr.
„X" hatte mir ein Anfangsgehalt zugesagt und versichert,
wenn die Zeit für ihn gekommen sei, die Million Dollar in
die Stiftung einzubringen, würde diese die Verantwortung
für die Bezahlung derer übernehmen, die aktiv für sie tätig
seien. Aber dann wurde innerhalb von zwei Wochen das
Anfangsgehalt halbiert, und Mr. „X" gab an, es werde doch
länger dauern als vorgesehen, bis er einige seiner Besitztümer liquidieren und die Stiftung den gesetzlichen Bestim-
mungen entsprechend registrieren lassen und in Gang bringen könne.

Der Tag der Ernüchterung.

Eines Tages stellte sich mir ein Mann vor, der sich selbst
als einer von Mr. „X" Geschäftspartnern bezeichnete. Er
dächte, sagte er, daß es da ein paar Dinge gäbe, die ich wissen sollte.

Erstens: Mr. „X" war in finanziellen Schwierigkeiten. Er
hatte die vergangenen neunzig Tage unter dem Druck der
Darlehensfirmen gestanden, die seine Bauvorhaben finanziert
hatten. Zwar hatte er sie davon abhalten können, über ihn
herzufallen, aber das war nur gelungen, weil er sagen
konnte, daß er gerade zusammen mit qualifizierten Wissen-

221

schaftlern eine große ASW-Stiftung errichte und daß alles Geld, das hierfür subskribiert würde, wiederum investiert werde in seinem Immobilienprojekt und in einer Förderungskampagne, die jedermann wieder finanziell flottmachen werde.

Zweitens: Einer von jenen reichen Leuten, denen ich Mr. „X" vorgestellt und auf welchen letzterer gezählt hatte — er wollte ebenfalls eine Million Dollar einbringen neben jener, die er, „X", einzuzahlen sich verpflichtet hatte —, hatte seine finanzielle Beteiligung verweigert, ehe nicht Mr. „X" seinen Anteil beigebracht haben würde.

Drittens: Mr. „X" befand sich in einer so angespannten Lage, daß er zum damaligen Zeitpunkt überhaupt kein Geld zur Verfügung hatte; seine ganze Zeit und alle Bemühungen galten dem Versuch, schnell wieder hochzukommen, da er die Darlehensfirma und andere Gläubiger nicht länger hinhalten konnte.

Dies waren offensichtlich Neuigkeiten, die ich nicht gern hörte. Niemand hat es gern, wenn ein Traum zerschlagen wird, in welchen er alle seine Hoffnungen, all sein Streben und, wenn Sie so wollen, sogar sein Herzblut investiert hat. Aber als ich Mr. „X" gegenübertrat, wischte er diese Fragen mit weniger als einer Handbewegung hinweg. Ja, unglücklicherweise könne er weder den Stiftungsplan zu Ende führen, noch gerade jetzt die Promotion meiner Schallplatten übernehmen. Er sei froh, daß es ihm wenigstens möglich gewesen wäre, mir zu einem Start zu verhelfen; auch daß ich willkommen wäre in diesen Büros, um weiterzuarbeiten und natürlich die Miete und andere Kosten zu übernehmen, wenn ich die Finanzierung bekäme. Er würde später helfen, sobald er gewisse Dinge in Ordnung gebracht habe.

Das war das letztemal, daß ich Mr. „X" persönlich sah, außer in einiger Entfernung. In seinen Büros ging er zwar ein und aus, an mir jedoch ging er vorüber, als ob ich nicht existiere. Und da war nichts Feindseliges, ich war ganz einfach nur verabschiedet und fallengelassen worden; von welchem Nutzen ich auch für ihn gewesen sein mochte, jetzt war es zu Ende. Ich packte mein persönliches Eigentum und nahm Abschied von diesem wunderschönen neuen Büro in der Zentrale der „Stiftung", die niemals eine solche sein würde. Natürlich war ich zutiefst verlegen und bestürzt darüber, daß ich wissenschaftliche Kapazitäten in diese Situation gebracht hatte, aber ich war auch sehr dankbar, daß weder sie noch ich mit dem Vorhaben bereits so fest verbunden waren, daß irgend jemand von uns ernsthaft hätte verletzt werden können. Nur manchmal fühlte ich mich so hilflos mit meinen verletzten Gefühlen, daß diese sich prompt materialisierten in einer ernsthaften Ischiasattacke. Über diese Phase der Erfahrung werde ich in dem Kapitel über das „Heilen" noch einiges zu sagen haben.

Die Scherben aufzusammeln, das Gebiet zu verlassen, zurückzukehren in ein Appartement in Hollywood nahe unserer früheren Anschrift und die Tätigkeiten auf meinem eigenen Gebiet des kreativen Schreibens und der Vorträge wieder aufzunehmen, war keine Kleinigkeit, aber es gelang.

Schuld hatte mein eigenes Selbst

Warum habe ich Ihnen diese ernüchterndste unter allen meinen Lebenserfahrungen in all diesen Einzelheiten aufgezeigt? Weil so viele von Ihnen schon „überrumpelt" und „ausgenommen" worden sind im Verlaufe unzähliger gleichartiger Vorgänge. Meine Korrespondenz enthält eine Menge von Briefen, die davon erzählen, wie Männer und Frauen vertrauensvoll die Ersparnisse ihres Lebens investiert haben in Werde-schnell-reich-Unternehmen oder in „Humanitären Projekten, die der Menschheit viel Gutes bringen" würden, die aber nur das Wohlbefinden derjenigen steigerten, die all den andern das Fell über die Ohren gezogen haben.

Ohne Zweifel sind Sie mindestens einmal in Ihrem Leben „hinters Licht geführt" worden. Sie haben es sich selbst gestattet, von einem Schurken „beeinflußt" zu werden, der genau die Dinge sagte, die Sie zu hören wünschten, und der genau die richtigen Argumente gebrauchte und Ihnen genau die richtige „Schaufensterdekoration" in Schönfärberei geboten hat, um Sie zu beeindrucken und Sie so in ein für Sie sich verhängnisvoll auswirkendes Lügengewebe zu verwickeln.

Viele von diesen Hereingefallenen haben mich gefragt, wie sie ihr Geld zurückerlangen könnten von solchen „Unternehmern". Einige haben kostspielige Gerichtsverfahren eingeleitet. Andere haben es mit allen Arten von persönlichen Bitten, Appellen oder Drohungen versucht. In den meisten Fällen jedoch war ihr Geld nicht wieder zu beschaffen und sie alle sollten lieber ihren Geist frei machen von dem Kummer über ihren Verlust und sich entschließen, niemals mehr einem solchen Einfluß zu erliegen.

Was mich betrifft, so habe ich mich schon vor langer Zeit geweigert, Haß oder Ressentiments in mir zu konservieren gegen jemanden, der mir in irgendeiner Weise Leid zugefügt hat. So kann ich auch wahrheitsgemäß sagen, daß ich keinen Groll und keine Feindschaft gegen Mr. „X" hege. Manchmal frage ich mich sogar, ob er nicht — ungeachtet seines ökonomischen Durcheinanders — ehrlich geglaubt hatte, er könne den grandiosen Plan durchführen und auf diese Weise „zwei Fliegen mit einem Schlag" erledigen, denn indem er mir half, meine Forschungsstätte zu schaffen, hätte ja diese gute Entwicklung unmittelbar auf sein Immobiliengeschäft zurückwirken müssen. Dieser vielleicht zu freundlichen Betrachtung verdankt Mr. „X" möglicherweise den Vorteil, der jedem Zweifel trotz seiner ihm anhängenden negativen Tendenz anhängen mag. Merkwürdig ist jedoch, daß viele von den Leuten, die sich ausgefallenen Förderungs-Projekten widmen, entwaffnend anziehende Persönlichkeiten besitzen. Und wenn sie nicht selbst ehrlich überzeugt sind, dann suggerieren sie sich den Glauben an den unverzichtbaren guten Zweck hinter allen ihren Machinationen. Sie sind wahre Meister darin, zu fühlen, was Leichtgläubige wollen, und sie verstehen es, diesen Wunsch mit entwaffnender Ehrlichkeit und Überzeugungskraft in Worte zu fassen, daß es die Anwendung von außersinnlicher Wahrnehmung erfordern würde, um ihre wahren Motive zu erkennen!

Nehmen Sie sich also unbedingt vor, daß Sie Entschlüsse äußerst langsam und nur nach sorgfältiger Prüfung fassen wollen, wenn irgend jemand sich Ihnen nähert mit einem Vorschlag, der Ihnen als „zu gut, um wahr zu sein" erscheint. Wenn Sie sich einmal erlauben, sich dem „Einfluß" von eher überredenden als überzeugenden Kräften irgendeines Menschen zu unterwerfen, dann ist Ihr Geist für alle Zukunft so ansprechbar für alle Suggestionen, daß Sie gleich kapitulieren können.

In meinem Fall hatte ich natürlich auch auf die Freunde gesetzt, deren Urteilsfähigkeit ich hoch schätzte, aber sie sind ebenfalls übertölpelt worden. Doch im Grunde habe allein ich die Schuld. Ich ließ mich von meinem „Selbstinteresse" forttragen. Und was hat diese Erfahrung mich gelehrt? Daß Sie selbst niemals Ihre Eier in den Korb eines anderen Menschen legen sollten, weil sonst alle Ihre Eier leicht zerbrochen werden können.

Aber trotz aller dieser unliebsamen Erfahrungen *bin* ich heute Präsident und leitender Direktor meiner eigenen Stiftung mit dem Namen ESP Research Associates Foundation, mit Büros in 1750 Tower Building, Little Rock, Arkansas. Wenn sie auch keinen Rückhalt von einer Million Dollar besitzt, so ist sie doch frei von jedem Fallstrick und wird, glaube ich, wenn es soweit ist, dennoch in der Lage sein, auf dem Gebiet der Forschung in einer Weise auftreten zu können, die es ermöglichen wird, meinen lange gehegten Traum zu verwirklichen. Die Erfahrung von Kalifornien lehrte mich immerhin, wie mein Traum *nicht* verwirklicht werden kann; wieder ein Beweis dafür, daß Sie — wenn auch unter Verlusten — von allen vergangenen Erfahrungen profitieren können, solange Sie nicht den Glauben an sich selbst und an Ihre Mitmenschen verlieren.

Suggestion zählt zu den mächtigsten Kräften der Welt. Ihre Kraft wirkt — positiv und negativ — in zwei Richtungen. Von Ihnen hängt es ab, welche Richtung Sie ihr geben. Diejenigen unter Ihnen, die ein eigenes Geschäft besitzen, können die Macht der Suggestion bezeugen. Wenn andere Ihnen sagen, daß Ihr Geschäft schlecht gehe, so neigen Sie dazu, deren negative Gedanken anzunehmen und sie zu Ihren eigenen zu machen, und dann *geht* Ihr Geschäft schlecht. Daran sollten Sie nicht zweifeln. Denn wenn Sie dann mit anderen sprechen, mit hängendem Kopf, Ihre Füße nachschleppend und in der Haltung eines unentwegt Leidtragenden Ihre pessimistischen Gefühle weitergeben, breiten sich diese Ideen mit Windeseile immer weiter aus und die Dinge fahren fort, noch schlechter zu werden für Sie und für die anderen.

Sie bringen Gedanken hervor, aber in Wirklichkeit sind es angstvolle Gedanken, weitreichende Schwingungen. Angstvolle Gedanken sind schrecklich ansteckend und breiten sich aus wie ein Lauffeuer. Wenn Sie andererseits sich weigern, von den besorgten Voraussagen und Klagen der anderen beeinflußt zu werden, und fortfahren, die Verbesserung Ihres Geschäftes, Ihrer Verkäufe und Ihrer Gewinne sich bildhaft vorzustellen, so daß eigene Befürchtungen, Zweifel oder böse Ahnungen keinen Raum gewinnen können, dann werden Ihr Geschäft, Ihr Umsatz und Ihr Gewinn sich automatisch vergrößern.

Sie müssen immer im Bewußtsein behalten, daß die heiße Flamme des echten Enthusiasmus von innen her zur Feuersbrunst anschwillt und auf Ihrer Wellenlänge *alle* solange beeinflußt, wie Sie strahlen. Die Schwingungen, die Sie mit Ihrem kraftvollen, strahlenden Enthusiasmus hervorbringen, inspirieren andere, heben sie herauf auf Ihre Ebene und bauen und beleben das Geschäft – geradeso wie Schwingungen der Angst eine Abwärtsspirale in Gang setzen und damit zu Depression und Fehlschlag führen.

Wenn Sie „Auftrieb" brauchen, können Sie Autosuggestionen mit großem Vorteil benutzen. Denn nachdem Sie die Zeugungskraft des Denkens kennen, müssen Sie jedesmal, wenn Sie sich bei einer negativen geistigen Haltung gegenüber irgend etwas ertappen, das Sie tun oder das Ihre Zukunft betrifft, *sofort alles stoppen!* Stellen Sie sofort den Schaden fest, den Sie sich selbst zufügen, indem Sie es solchen Gedanken nicht gestatten, Ihr Bewußtsein zu regieren. Ersetzen Sie falsche geistige Bilder sofort durch starke bildhafte Suggestionen der richtigen Art. *Schauen Sie sich dabei zu,* während Sie Ihre Schwierigkeiten überwinden, so werden Sie morgen noch bessere Resultate bekommen.

Denken Sie daran, ich wiederhole es noch einmal: Die Ihnen innewohnende schöpferische Kraft kann nur an dem arbeiten, was Sie ihr auftragen! Ein Baumeister muß nach einem Bauplan arbeiten. Wenn dieser Plan Fehler enthält, von denen er nichts weiß, werden sich diese Fehler im vollendeten Bauwerk zeigen. Wenn Sie nicht entdecken, daß Sie falsch denken und sich jeden Tag selbst die falschen Suggestionen geben, werden Sie das zu sich herbeiziehen, was Sie sich bildhaft vorstellen. Wenn auch Ihre Freunde und Mitarbeiter diese Suggestionen annehmen, werden sie ebenfalls mithelfen, genau die Bedingungen zu schaffen, die Sie sich bildhaft vorgestellt haben!

Die suggestive Macht der Hypnose

Experimente mit Hypnose haben gezeigt, in wie vielen Formen die Kraft der Suggestion zu gebrauchen ist. Wenn der Widerstand des Bewußtseins einmal aufgehoben wurde, so daß nun das Unterbewußtsein direkt erreicht werden kann, wird dieses sofort und direkt auf alle ihm eingegebenen Suggestionen reagieren, wenn deren Inhalt nicht die moralischen Grundsätze des Individuums sprengt. Wenn jedoch Suggestionen gegeben werden, die sich in Widerspruch befinden zum Grundcharakter dieser Person, dann wird sie sich entweder weigern zu reagieren oder sie erwacht augenblicklich aus der Hypnose. Es würde einer Serie von Suggestionen bedürfen, um die gegenwärtige moralische Konzeption zu verändern, bevor das Individuum willens wäre, irgendeine seinem fixierten Verhaltensmuster entgegengesetzte Handlung auszuführen. Dies zeigt deutlich an, daß Sie nicht Ihre Handlungsweisen verändern können, solange Sie nicht die in Ihrem Geist dominierenden Tendenzen geändert haben; was Sie durch Ihr Denken und durch Ihre vergangenen Erfahrungen geworden sind, das bleiben Sie, bis irgend etwas eine Änderung Ihres eigenen Denkens herbeiführt.

Sie können während des Schlafes beeinflußt werden

Psychologen und Psychiater haben herausgefunden, daß vielen Menschen geholfen werden kann, mancherlei Mängel und persönliche Gewohnheiten, zum Beispiel Hemmungen und Minderwertigkeitsgefühle, zu überwinden, wenn die Wirkung entsprechender Suggestionen sie erreicht, während sie in ihrem Bett liegen und schlafen. Denn das Unterbewußtsein schläft nie. Es nimmt immer alles auf, was mit Ihnen und um Sie herum geschieht. Oft jedoch, wenn Sie geistig und emotional gestört sind und dennoch Ihren Geist und Ihre Gefühle unter Kontrolle zu behalten wünschen, empfinden Sie es beinahe als unmöglich, dies zu tun, während Sie wach sind. Wenn jemand, den Sie lieben oder mit dem Sie sich auf der Grundlage beiderseitiger Sympathien eng verbunden haben, Ihnen, nachdem Sie eingeschlafen sind, in gewinnender und positiver Weise suggerieren könnte, daß Sie Ihre Schwierigkeiten überwinden werden, so würde Ihr Unterbewußtsein diese Gedanken aufnehmen und Ihnen helfen, die wünschenswerte positivere Haltung zu gewinnen. Das sollte jedoch nur in der „Zwielichtzone des Schlafes" unternommen werden. Suggestionen während des Tiefschlafs sind *selten wirkungsvoll.*

Tatsächlich ist alles Leben Suggestion. Beständig nehmen Sie Erfahrungen, die auf Sie zukommen, auf oder Sie weisen sie zurück. Wenn Sie sie annehmen, dann handelt Ihr Geist unbeirrbar danach; ob zum Guten oder zum Schlechten, hängt allein ab von der Art und dem Charakter der angenommenen Erfahrung.

Was tun wir dem kindlichen Geist an?

Wenn wir schon von der menschlichen Beeinflussung sprechen — was tun wir dem Geist unserer Kinder an? Bombardieren wir als Eltern und Ältere nicht beständig Jugendliche und Kinder mit negativen Suggestionen:

„Geh so angezogen nicht hinaus — Du wirst Dich zu Tode erkälten!"

„Paß auf, Du wirst überfahren werden!"

„Faß das nicht an — Du wirst es zerbrechen!"

„Ich wußte, daß Du das tun würdest! Kannst Du nicht erst überlegen, was Du tust?"

„Bleib nicht zu lange fort — es könnte Dir etwas passieren!"

„Bleib weg vom Wasser — Du könntest ertrinken!"

„Das kannst Du nicht — laß es lieber mich für Dich tun!"

„Sei um Gottes willen still! Du weißt auch überhaupt nichts!"

„Nein — ich traue Dir nicht!"

„Wenn Du nicht damit aufhörst, werde ich einen Polizisten rufen, der Dich einsperrt!"

„Du solltest keine solchen Fragen stellen — Du bist noch zu jung, um die Antworten zu verstehen!"

„So, jetzt hast Du wieder etwas Verbotenes getan! Genau das hab ich erwartet!"

„Geh weg, Du bist ein Nichtsnutz! Ich weiß nicht, warum Du überhaupt geboren bist!"

„Oh, Du Balg! Ich bin so wütend, daß ich Dich umbringen könnte!"

Auch Sie haben diese entzückenden Suggestionen schon gehört, und viele, viele andere mehr. Das einzige Wunder dabei ist, daß Kinder, die dieser Art von höchst emotionellem falschem Denken ausgesetzt sind, sich trotzdem so entwickeln!

Ohne Zweifel werden viele Eltern zum Wahnsinn und darüber hinaus getrieben durch die Possen und Hanswurstereien ihrer Sprößlinge. Aber sie fühlen sich dann oft nur dazu herausgefordert, jedes Mittel — oft bis an die unmenschliche Grenze der Verstümmelung — zu benutzen, um die Kinder zum Gehorsam zu veranlassen. Besonders unklug aber ist es dann, seine Zuflucht zu nehmen zu fürchterlichen negativen Suggestionen, die niemals Mittel zur Besserung sein können und dürfen. Wenn ein Kind derart gerügt wurde, besonders nachdem es sich in einem emotional erregten Zustand befand, so ergreifen diese falschen geistigen Bilder von Unfällen und schlechtem Betragen, dann nimmt aber auch Ihre eigene Betonung dieser Defekte Besitz vom Bewußtsein des Kindes und regen es an, gerade diesen Dingen gegenüber eine noch größere Empfänglichkeit zu entwickeln, von denen Sie wünschen, daß es sie unterläßt.

Das ängstliche oder scheue oder schwerfällige Kind beginnt in jedem Fall mit natürlichen Behinderungen, und wenn Eltern oder Ältere beständig das Kind daran erinnern (wiederholt, immer wieder), wie ängstlich oder wie scheu es ist, so bleibt dem Kind gar nichts anderes übrig, als diese ihm rücksichtslos suggerierten Eigenschaften noch einmal zu verstärken. Hier handelt es sich nun aber gerade um Kinder, die der reinsten Art von positiver Suggestion bedürfen. Immerhin haben einige Lehrer schon begonnen, dieses Bedürfnis zu erkennen. Während ihres privaten Umgangs geben sie solchen oft unattraktiven oder ungeschickten Kindern bei jeder Gelegenheit Hilfen wie „Du fängst an, jeden Tag besser auszusehen! ... Du machst es schon viel besser!" Und diese Kinder reagieren darauf wie kleine Pflanzen, die Mangel an Nahrung hatten; sie blühen plötzlich auf und entfalten innerhalb kurzer Zeit bemerkenswerte Fähigkeiten. Versuchen Sie es mit dieser Methode, stärken Sie Ihre Kinder mit dem Ausdruck Ihrer Liebe und beobachten Sie, wie Wunder geschehen!

Was Eltern tun und was sie sagen, wie sie ihre Persönlichkeit in Gegenwart anderer darstellen, hat einen unmittelbaren suggestiven Einfluß auf die Kinder; allerdings wirken auch, wie ich schon gesagt habe, das Verhalten und der Ausdruck anderer Erwachsener suggestiv auf sie.

Wenn andere Sie kritisieren und nicht glauben, daß Sie fähig sind zu tun, was Sie tun möchten! Analysieren Sie sich unbedingt selbst, um zu entscheiden, ob eine solche Kritik berechtigt ist oder nicht; ist sie es nicht, dann lassen Sie alle Bedenken fallen, die in Ihnen entstanden sein mögen; ist sie es, dann seien Sie dankbar, daß Ihre Aufmerksamkeit auf diese Fehler gelenkt wurde, und beginnen Sie sogleich sie auszumerzen, damit Sie von ihnen nicht noch länger behindert werden während Ihres Fortschritts nach oben. Aber behalten Sie den Glauben an sich selbst! Sollten Sie diesen verlieren, so verlieren Sie alles! Jeder Erfolg, groß oder klein, beginnt mit dem Glauben an sich selbst, mit dem Glauben an die kreative Kraft in Ihnen. Ihn müssen Sie haben und sie müssen Sie haben, und beide müssen Sie bewahren, um von da, wo Sie sich befinden, dorthin zu gelangen, wo Sie sein möchten!

Beeinflussen Sie sich, um Geld zu „machen"

Vielleicht besteht eines der größten Probleme in Ihrem Leben darin, eine akzeptable Antwort zu finden auf die Frage: „Wie komme ich ans große Geld?" Wenn diese Annahme richtig ist, sollten Sie unbedingt lernen, wie man die schöpferische Kraft des Geistes einsetzt, um Geld zu erhalten.

Manche Menschen haben sich so daran gewöhnt, niemals Geld zu besitzen, daß sie sich ihr Leben gar nicht mehr anders vorstellen können. Sie sind wie jener arme, „auf den Hund gekommene" Mensch, der einmal gefragt wurde: „Wenn Du jetzt fünf Dollar in deiner Tasche fändest, was würdest Du tun?" Sofort kam die klägliche Antwort: „Ich würde mich fragen, wessen Hose ich anhätte!"

Sind auch Sie bereits dem geistigen Trott verfallen, daß Sie sich Ihr Bankkonto nur noch winzig klein und Ihre Brieftasche nur noch dünn vorstellen? Wenn ja, so haben Sie sich klägliche Armut geschaffen, anstatt sich des auch Ihnen bestimmten Reichtums zu bedienen.

Wenn Sie fortfahren sich selbst einzureden, daß Sie ja nicht viel wert seien oder daß Sie nicht wissen, wo Ihre nächste Mark herkommen wird, so suggerieren Sie damit Ihrer inneren schöpferischen Kraft tatsächlich, daß es nichts gibt, womit diese Ihnen zu Hilfe eilen kann.

Wollen Sie das wirklich? Natürlich nicht! Also hören Sie sofort auf, sich ein so menschenunwürdiges, unsinniges Ziel vorzustellen!

Nicht einmal Gott wird einschreiten, um Ihnen zu helfen, weil Gott Ihnen die unbegrenzte innere Kraft gegeben hat, auf die auch Sie sich in Zeiten der Not verlassen können — die gottgegebene Kraft, alle die Gelegenheiten und notwendigen Quellen anzuziehen, wenn Sie nur bereit sind, diese Kraft damit zu beauftragen und zu lenken. Befehlen Sie ihr, was Sie tun, was sie verwirklichen soll, indem Sie ihr die richtigen geistigen Bilder dessen eingeben, was Sie begehren.

Ich muß diese großartige Tatsache wiederholen und noch einmal wiederholen, weil sie für Ihren Erfolg und Ihren Reichtum so lebenswichtig ist!

Sie werden den richtigen Einfluß auf andere Leute gewinnen, wenn Sie den richtigen Einfluß auf sich selbst ausüben. Geben Sie sich an jedem Abend, in einem ruhigen Augenblick oder bevor Sie zu Bett gehen, diese Suggestion:

„Jeden Tag vervollkomme ich mich und gewinne, bis ich schließlich die Fehler entfernen werde, die ich in mir selbst entdecke. Jeden Tag vergrößere ich die Kontrolle über meinen Geist und meine Emotionen. Jeden Tag werde ich mehr von meinen Ängsten, meinen Sorgen und von meinen anderen negativen Gedanken überwinden. Jeden Tag entwickle ich meine Gesundheit, mein Glück und meinen Reichtum weiter. Jeden Tag werde ich bessere Gelegenheiten finden, um anderen zu dienen und nutzbringend zu handeln. Jeden Tag werde ich andere so beeindrucken, daß sie für mich und mit mir arbeiten wollen. Jeden Tag..."

Fahren Sie von hier aus selbst fort. Schaffen Sie Ihre eigene Zukunft durch Ihre eigenen positiven Suggestionen, die Ihnen und Ihren Bedürfnissen angepaßt sind.

Leitsätze für Ihr künftiges Leben

Die Kraft, Menschen zu beeinflussen, ist eine Kraft, die zum Guten wie zum Schlechten gebraucht werden kann.

Es ist falsch zu versuchen, einen Menschen gegen seinen Willen zu beeinflussen. Dies wird immer zu einem destruktiven Rückschlag und eines Tages vielleicht zu Haß und Rache führen.

Eigennutz ist das mächtigste Motiv menschlichen Interesses, das es gibt. Und wenn ich mich auf den Eigennutz oder das Selbstinteresse eines anderen berufe, ist es höchstwahrscheinlich, daß ich ihm etwas zu meinen Gunsten verkaufe oder ihn zu meinen Gunsten zu beeinflussen suche.

Ohne Rücksicht darauf, was mir von anderen angetan worden ist — von anderen, die mich beeinflußten zum Engagement von Zeit und Geld, zu kostspieligen Abenteuern —, weigere ich mich doch, Haß und Groll gegen sie zu richten.

Für jedes unglückliche Abenteuer will ich meinen Teil von der Verantwortung übernehmen, damit ich mit meinem befreiten Geist zu besseren Dingen und Taten fortschreiten kann, sobald ich mich aus den Verstrickungen irrender oder falscher Menschen befreit habe.

Ich will immer in meinem Bewußtsein behalten, daß alles, was ich tue und sage in der Gegenwart von ande-

ren, suggestiv auf sie wirkt, und daß die anderen ebenfalls suggestiv auf mich zurückwirken.

Ich erkläre hier und jetzt, daß ich keine negative
Suggestion von andern annehmen will und daß ich es
meinem Geist nicht erlauben werde, eine andere als eine
positive Suggestion zu schaffen, soweit das von mir abhängt.

Ich bin entschlossen, an jedem Tag die Fehler zu entfernen, die ich in mir entdecke, und den richtigen Eindruck auf andere zu machen, so daß sie für mich und
mit mir arbeiten wollen.

Jeden Tag suche ich nach besseren Gelegenheiten, um
anderen zu dienen und nutzbringend zu handeln!

15. Kapitel

DIE KRAFT, MIT ANDEREN AUSZUKOMMEN

Unserer Regierung wurde ein neues Ressort angegliedert
— oder es sollte wenigstens geschehen, denn dieses Ministerium gehört als wichtigstes Amt in die Regierung jeder
Nation.

Es handelt sich um das *Ministerium für menschliche Beziehungen.* Dieses Ministerium würde sofort das meist-
beschäftigte im ganzen Lande werden. Sein erstes Ziel wäre
es, den einzelnen Menschen zu helfen, miteinander auszukommen. Die allgemeine Unfähigkeit aller, friedlich unter
dem gleichen Dach zu leben, mit den Nachbarn hinter der
nächsten Tür, mit Verwandten, mit Mitarbeitern, mit Geschäftspartnern, mit Clubmitgliedern, mit Mitschülern, mit
Kirchgängern, mit politischen Opponenten, mit allen und
jedem, ist überall zur Plage geworden, zur Strafe für Männer
und Frauen, für jung und alt.

Die Drohung eines Dritten Weltkrieges beginnt mit zwei
Menschen, die nicht miteinander auskommen können — mul-
tipliziert mit Millionen anderer, deren Haß und Groll und
Furcht und Mißtrauen sie davon abhalten, mit ihren Mitmenschen in der unmittelbaren Nachbarschaft wie in allen
Ländern der Erde auszukommen. Das Massenbewußtsein
der Menschheit ist gegenwärtig in einem hochemotionellen,
verwirrten Zustand und läßt vermuten, daß dies noch für
einige Zeit so bleibt. Allein können Sie nur wenig daran
ändern. Dennoch können Sie eine Menge dazu tun, Ihren
eigenen Frieden des Geistes zu gewinnen und zu erhalten, um
bessere Beziehungen zwischen den Menschen zu schaffen, zu
Verwandten, zu Freunden und zu allen anderen, denen Sie
begegnen werden.

Eifersucht kann das menschliche Glück ruinieren. Und doch machen wir uns ihrer von Zeit zu Zeit alle schuldig.

Oft fällt es Ihnen schwer zuzusehen, wie irgend jemandem die Anerkennung für irgendein Verdienst zugesprochen wird, von dem Sie glauben, seinetwegen eher ausgezeichnet werden zu müssen. Oder Sie werden ärgerlich, weil ein Mitarbeiter eine Beförderung erhält, während Sie leer ausgehen.

Wenn Ihr Bruder oder Ihre Schwester oder irgendein anderer Verwandter gerade von denjenigen bevorzugt wird, die Sie besonders lieben, dann ist dies eine der zuverlässigsten Ursachen für eine eifersüchtige Reaktion.

Dieser und jener mag mehr Geld und mehr Vorteile vom Leben erhalten als Sie — er mag alle die Dinge besitzen, die Sie gern hätten und die Sie sich nicht leisten können, so daß Sie jedesmal fuchsteufelswild werden, wenn Sie daran denken, was alles er hat und was Sie nicht besitzen.

„Das ist nicht fair. Es ist einfach nicht richtig. Dieses Leben ist ganz und gar ungerecht, es ist überhaupt nicht in Ordnung!"

Ja, ich räume ein, daß dieses Leben voll von Unrecht, Unbilligkeiten und unglücklichen Vorkommnissen ist. Aber wenn Sie und ich in einem angemessenen Verhältnis am Glück des Lebens teilhaben wollen, müssen wir uns den nun einmal vorgegebenen Umweltbedingungen anpassen, dürfen wir emotional nicht jedesmal in Verwirrung geraten, wenn wir eine unerfreuliche menschliche Erfahrung machen.

Warum lassen Sie sich durch Handlungen anderer unglücklich machen?

Sie können, wenn Sie wollen, sich selbst so schulen, daß Sie nicht mehr „vor Zorn aus dem Häuschen geraten", wenn andere Sie schlecht behandeln — sondern daß Sie auf Unrecht, Kränkung und Beschimpfung sogar mit Freundlichkeit antworten.

Wenn ein anderer Mensch auf Sie eifersüchtig ist, wird er alles versuchen, um Ihre Gefühle zu verletzen oder Sie in

Verlegenheit zu bringen, ja er wird nichts mehr wünschen, als Sie zu treffen mit allem, was er tut oder sagt. Wenn Sie Ihre Emotionen nicht fest unter Kontrolle behalten, werden Sie einem solchen Menschen große Befriedigung verschaffen. Aber wenn Sie die beabsichtigte Kränkung übersehen, werden Sie mehr tun als einen eifersüchtigen Freund oder Verwandten zu bestrafen, dessen Gedanken und Handlungen Sie zur Kenntnis nehmen. Ein schwerer Angriff auf einen eifersüchtigen Menschen würde die Angelegenheit nur weiter verschärfen und zum Bruch zwischen Ihnen beiden führen, der niemals wieder in Freundschaft geschlossen werden kann.

Eifersucht ist eine gefährliche, bösartige, negative Emotion. Es ist noch nicht lange her, daß eine Frau einen Zettel aus einem Fenster ihrer Wohnung warf, auf dem sie mitteilte, daß sie von ihrem Ehemann gefangengehalten werde und dringend um Befreiung bitte. Die Polizei drang ein und fand eine attraktive Frau, die von ihrem eifersüchtigen Ehemann in einen Raum eingesperrt worden war. Bei gemeinsamen Ausgängen hatte er sich darüber geärgert, daß auch andere Menschen seine Frau anschauten. Natürlich war dieser Mann emotional unausgeglichen, aber es gibt noch Tausende anderer Männer und Frauen, die auch durch Eifersucht, Neid oder Mißgunst dazu getrieben werden, ihren Ehepartnern schweren Schaden zuzufügen.

Einige Frauen begehen zum Beispiel den großen Fehler, mit ihren Männern immerfort „ein romantisches Spielchen spielen" zu wollen. Sie sind von der Idee gefangen, jene dauernd darüber im Unklaren zu lassen, ob sie sie wirklich noch lieben, oder ob sie es nicht mehr tun. Diese Ungewißheit, so nimmt man an, soll den Ehepartner anregen, seine Frau weiterhin zu „verfolgen", nachdem die „Jagd" an sich bereits durch die Hochzeit beendet ist. Diese Frauen fürchten, daß Romantik und Liebe alltäglich werden könnten, würden ihre Männer sie nicht an jedem Tag von neuem umwerben und begehren — begehren „über alle Vernunft".

Offensichtlich sollte die Liebe keines Mannes und keiner Frau für selbstverständlich genommen werden. Liebevolle

Aufmerksamkeiten dürfen nicht beim Läuten der Hochzeits-
glocken aufhören. Aber mit der Zuneigung eines Mannes oder
einer Frau zu spielen, ist gerade nach der Hochzeit Dynamit.
Denn nun ist die Zeit gekommen, den Ehepartner täglich seiner Liebe zu versichern und keinen Raum entstehen zu lassen
für Zweifel oder Eifersucht, Zwietracht und andere Disso-
nanzen.

Wenn Sie finden, daß Sie auf jemanden eifersüchtig sind
— fragen Sie sich sogleich: *Warum?* Sind Sie es, weil Sie sich
dieser Person gegenüber minderwertig fühlen? Weil Sie nicht
sind oder können, was der oder die andere ist oder kann?
Wenn es so ist, dann drängen Sie Ihre Eifersucht zur Seite
und beginnen Sie unverzüglich mit der Arbeit an sich selbst.
Sie haben hier Wiederaufbauarbeit zu leisten, und zwar
„nach Maß" für Ihre Persönlichkeit, Ihren Charakter und
Ihre Fähigkeiten. Diese Arbeit verhilft Ihnen zur Anerkennung Ihrer Entwicklung wie Ihrer daraus folgenden eigenen
Verdienste und enthebt Sie der Notwendigkeit, sich billiger
Vergleiche wegen an die Versuchung zur Eifersucht zu ver-
lieren.

Sie können es sich leisten, großzügig zu sein bei Ihrer Ein-
schätzung anderer. Sie brauchen sich nicht vor Begeisterung
zu überschlagen, nicht den Gebrauch von Lob und Anerkennung zu übertreiben. Auch aus ungesagt gebliebenem kann
oft Klugheit oder gar Weisheit aufleuchten und damit nun
Ihre Überlegenheit erkennen lassen. Aber Eifersucht und
Neid sind in keinem Fall Zeichen Ihrer Kraft, sie sind Ausdruck Ihrer Schwäche! Werden Sie davon beherrscht, können
Sie nicht mehr klar und richtig denken.

Schwierigkeiten durch Überempfindlichkeit

Sind Sie überempfindlich? Stellen Sie sich vor, Sie hinterlassen nicht den richtigen Eindruck bei anderen, oder Sie
haben nicht das Richtige gesagt oder getan? Dann gehen Sie
noch einmal alles durch, was geschehen ist. Sie wünschen sich,

dieses oder jenes nicht gesagt oder getan und damit möglicherweise Freunde beleidigt oder gekränkt zu haben, die Ihre Absichten vielleicht mißverstehen mußten?

Das ist eine unerfreuliche geistige Gewohnheit. Sie entsteht in der Regel aus einer übertrieben gewissenhaften Einstellung. Wahrscheinlich wurde sie während Ihrer Kindheit durch allzu strenge Kritik in Ihnen veranlagt, weil Ihre Eltern sich durch Ihr Verhalten gestört oder beunruhigt fühlten. Seither fürchten Sie nun dauernd, Ihr Verhalten sei für andere nicht akzeptabel.

„Ich stelle mir immer vor, daß meine Bemerkungen von meinen Freunden falsch ausgelegt werden könnten", bekannte ein einflußreicher Geschäftsmann mir gegenüber. „Ich ertappe mich dabei, wie ich mir einbilde, andere beleidigt zu haben. Aber dann erkenne ich, daß meine Freunde gar nicht wissen, wofür ich mich zu entschuldigen versuche. Aber die Befürchtung, daß alles, was ich tue oder sage, immer falsch sein könnte, macht mich nervös und beeinträchtigt meine Gesundheit."

Eine prominente Dame der Gesellschaft sagte mir einmal: „Jedermann denkt, es sei leicht für mich, in der Öffentlichkeit zu erscheinen und an gesellschaftlichen Ereignissen teilzunehmen. In Wirklichkeit ist es eine Tortur, weil ich ständig in der Angst lebe, diesmal einen Narren aus mir zu machen. Natürlich tue ich das nie, aber eine Qual ist es dennoch, unaufhörlich Menschen gegenüberzutreten, für Zusammenkünfte sorgen und für alles die Verantwortung übernehmen zu müssen. Vorher weiß ich nie, wie ich das wieder zustande bringen soll, und danach bin ich zu erschöpft, um es noch zu wissen. Oft glaube ich, daß ich mal wieder alles verpfusche. Ich würde sehr viel darum geben, wenn ich mich von diesen Minderwertigkeitsgefühlen befreien könnte!"

Eine heilsame Kur für solche Überempfindlichkeit besteht darin, sogleich und ganz klar zu erkennen und anzuerkennen, daß es für Ihre Ängste keine Rechtfertigung gibt. Sie haben keinen falschen Eindruck hinterlassen — trotz Ihrer Besorgnis. Ihr Versagen hat nur in Ihrem Geist, ja in Ihrer Einbildung stattgefunden. Aber wenn Sorgen dieser Art nicht eingedämmt oder — besser noch — mit Hilfe der Vernunft ausgeräumt werden, können sie Sie demoralisieren und verwirren und zuletzt Ihre Ausdruckskraft so beeinflussen, daß Sie nicht mehr in der Lage sein werden, so zu denken und zu handeln, wie Sie es wollen und sollen.

Einige Männer und Frauen haben angefangen zu trinken, um größere Sicherheit zu erlangen, um sich unempfindlich zu machen und zu verschließen gegenüber gewissen Fehlern, die sie — wie sie irrtümlich meinen — sonst nicht unterlassen können, oder sie bedienen sich des Alkohols, um sich *Mut* zu machen und zu sagen und zu tun, was sie wollen. Anscheinend hilft der Alkohol einigen Menschen, wenn sie während der Begegnung mit anderen eines Halts oder einer Stütze bedürfen. Aber das auch daraus entstehende Gefühl der Unsicherheit bringt früher oder später nur wieder neue Schwierigkeiten. Überempfindlichkeit läßt sich weder mit Hilfe von Likör, noch mit „schärferen Sachen", noch durch irgendeinen anderen „Teufel austreiben".

Ein einfacherer und zuverlässigerer Weg ist dieser: Denken Sie stets im voraus über *die* Menschen nach, die Sie während der kommenden gesellschaftlichen Veranstaltung wahrscheinlich treffen werden. Stellen Sie sich vor, wie Sie ihnen in Ihrer entspannten, selbstvertrauenden Art begegnen. Schauen Sie sich selbst dabei zu, wie Sie ihnen Ihr Interesse zeigen, wie Sie sie nach Befinden und Tätigkeit fragen oder wie Sie mit ihnen über Gegenstände von allgemeinem oder speziellem Interesse sprechen. Während Sie die ganze Aufmerksamkeit Ihres Geistes den anderen zuwenden, können Sie sich nicht um das sorgen, was diese anderen von Ihnen denken. So werden Sie ungezwungen und unauffällig stets das Richtige sagen und tun, denn nun reagieren Sie auf das, was die anderen sagen und tun.

Nur wenn Sie selbst im Mittelpunkt Ihrer Aufmerksamkeit stehenbleiben, werden Sie auch in Gegenwart anderer jede Ihrer Bewegungen von so lästigen Befürchtungen gefolgt sehen, daß Sie nichts so recht schaffen. Vergessen Sie sich selbst, und man wird sich Ihrer in der angenehmsten Weise erinnern.

Auch eine Art, mit anderen auszukommen

„Töten" auch Sie Ihre Freunde und Verwandten mit Ihrer Freundlichkeit? Bestehen Sie darauf, anderen alle Mühen abzunehmen, gleichgültig, ob diese es wünschen oder nicht?

Es ist ein falscher Weg, Freunden und Verwandten in dieser Weise Ihre Zuneigung zu zeigen. Es gibt eine Freude am Tun, die Sie anderen niemals rauben dürfen.

Gewiß, Sie mögen Ihren Spaß daran haben, anderen zu dienen; aber wie soll die gleiche Freude auf der anderen Seite entstehen können, wenn Ihre Dienste nun gerade nicht willkommen sind?

„Ich ließ die und die diese oder jene Arbeit für mich tun, weil sie darauf bestand, sie mir abzunehmen", sagte mir ein Freund. „Aber ich wünschte bei Gott, sie würde so etwas nicht tun! Sie zwingt mir das Gefühl auf, ihr nun ewig verpflichtet zu sein, und dabei — das ist am schlimmsten! — tut sie doch nur das, was ich ohnehin selbst am liebsten tue!"

Solches „Dienen für andere" ist nichts anderes als eine Form von Selbstsucht, es ist „erstickende Liebe". Sie tun es nicht etwa, um andere glücklicher zu machen, sondern um sich selbst zu beglücken.

Manche Mütter und Väter schütten diese fragwürdige Form der Liebe und Hingabe auch über ihre Kinder aus und versuchen, an deren Leben soviel wie möglich teilzuhaben — bis die Kinder, außerstande, irgend etwas noch selbst für sich zu tun, sogar ihr eigenes Denken aufgeben. Doch wenn diese Kinder — angetrieben von ihrem eines Tages dennoch durchbrechenden Lebenswillen — dann rebellisch zu werden und zu handeln beginnen oder in mutwillige, aber tolle Streiche verwickelt werden, wenn sie gar gegen die verhärteten Denkschemata der älteren Generation aufbegehren oder wenn sie ganz einfach „durchbrennen", dann sagen gerade solche Eltern oft und gern und voller Selbstmitleid: „Das ist nun der Dank dafür, daß ich alles für Dich getan habe... und für alle Opfer, die ich Dir gebracht habe — keine Anerkennung! Ich kann nicht verstehen, warum Du so geworden bist, wie Du jetzt bist!"

Wenn man das Selbstvertrauen und zugleich das Bewußtsein der Selbstverantwortlichkeit einschränkt oder sogar ganz zum Erliegen bringt, dann verliert der Mensch den Antrieb, für sich selbst zu tun, was er tun kann. In einem solchen Menschen entsteht, was wir als Minderwertigkeitsgefühle oft lebenslang, aber meist erfolglos bekämpfen.

Unabhängige Erwachsene werden auf Ihren Versuch, für sie zu handeln — während Sie es verständlicherweise vorziehen, das selbst zu tun — sehr, sehr ärgerlich reagieren. Sie mögen Ihre „Anhänglichkeit" eine Zeitlang dulden, aber Sie werden hier vorhandene Zuneigung eher zerstören als sie vergrößern, wenn Sie ständig um sie herumflattern und sich bemühen, ihnen jedes Bedürfnis „von den Augen abzulesen" und ungerufen „hilfreich" zu sein.

Die beste Regel heißt: Seien Sie stets bereit und willens, um denen, die Sie lieben, jederzeit helfen zu *können*. Aber vergewissern Sie sich stets *vorher*, daß Ihre Dienste willkommen sind. Bestehen Sie nie auf einer Zusage, noch betonen Sie das Ausmaß Ihrer „Freiwilligkeit" zu auffällig, denn „das Angebot regelt die Nachfrage".

Seien Sie stolz auf Leistungen und Kenntnisse Ihrer Freunde und Verwandten. Ermutigen Sie sie, soviel wie möglich selbst zu tun. Auf diese Weise helfen Sie nicht nur fähigere Menschen zu schaffen, Sie schenken ihnen auch die wahre Freude an allem aus eigener Kraft Erreichten.

Ein kleiner Junge, der auf seinem Fahrrad einige Meter weit fahren konnte, ohne die führenden Hände seiner Eltern zu brauchen, fragte danach ergriffen: „Fuhr ich — oder hat es mich gefahren?" Und sein Gesicht glüht auf, als man ihm versicherte: „Du tatest es ganz allein!"

Eines der stärksten menschlichen Bedürfnisse von jung und alt ist es, fähig zu sein etwas zu *tun*. Ein Gefahrensignal ist es, wenn Sie am liebsten aufgeben möchten, wenn andere für sie handeln sollen, obwohl sie selbst es noch tun könnten. Natürlich verhält es sich anders, wenn Gesundheit oder andere Faktoren Ihnen die fragliche Tätigkeit nicht erlauben. Aber verhindern Sie in jedem Falle, daß andere Sie „aus Freundlichkeit töten", und versuchen Sie niemals, die anderen zu „töten".

Der Satz *Leben und leben lassen* ist Ausdruck einer Weisheit, die Ihnen stets mehr Freunde gewinnen wird, weil sie Menschen, denen Sie die von ihm postulierte Freiheit zubilligen, veranlassen wird, Sie mehr zu lieben.

Angst vor den Gedanken der anderen

Haben Sie Angst vor dem, was andere denken könnten? Lassen Sie sich durch solche Angst daran hindern, Dinge zu tun oder zu sagen, die doch gesagt oder getan werden sollten?

Viele Männer und Frauen mit gefestigtem Charakter erlauben es sich, aus Angst vor Lächerlichkeit, Kritik oder Mißbilligung ihren weit größeren Nutzen für die Gemeinschaft, in welcher sie leben, zu zerstören. Sie fürchten sich, bei Streitfragen einen eigenen Standpunkt einzunehmen, um nicht Freunde zu kränken, die mit ihrer Meinung auf der anderen Seite stehen könnten.

„Ich werde mich da heraushalten", sagen solche Menschen. „Meine Stimme brauchen Sie sowieso nicht. Ich kann es mir nicht leisten, mir diesen oder jenen zum Feind zu machen... er ist ein zu guter Kunde von mir."

Aber wenn Mr. So-und-so nicht zum Besten der Gemeinde handelt, sollte er abgelehnt werden, ebenso wie Sie kein guter Bürger sind, wenn Sie nicht in aller Öffentlichkeit für Verbesserungen eintreten, die die Allgemeinheit betreffen.

Die Angst vor dem Klatsch hat schon zahlreiche Männer und Frauen daran gehindert, freundschaftliche Beziehungen zu Nachbarn zu pflegen, deren Name von anderen beschmutzt worden war, weil sie geglaubt hatten, eine der jenen zugeschriebenen Handlungen verurteilen zu müssen. Nun vermeiden auch Sie es, mit solchen Personen auf der Straße gesehen zu werden, damit die „Lästermäuler" nicht wieder ihre Zungen wetzen.

Wenn auch Sie sich der Angst konfrontiert sehen, „was wohl die anderen dazu sagen werden", dann sollten Sie sich unbedingt die folgende Frage vorlegen und — beantworten:

> *Ich weiß, daß wir alle Fehler haben. Aber daß es Unrecht sein soll, wenn ich mit „y" spreche und verkehre — ist das allein, nur weil ich mein Verhalten kenne und keine Rücksicht auf die Verdächtigungen und das Mißtrauen anderer nehme, schon eine Schande?*

Wenn die Antwort, die Ihr eigenes Gewissen Ihnen gibt, Sie entlastet von allem böswilligen oder schadenfrohen Gerede, dann dürfen Sie sich frei fühlen, zu denken und zu handeln nach Ihrer Wahl.

Wer bestimmt, wie es auch sei, Ihr Leben — Sie oder die engstirnigen Bürger Ihrer Gemeinde?

Besitzt Ihr „Besitz" Sie?

Sie lieben Ihr Heim, natürlich. Wenigstens *sollte* es so sein. Denn es wäre sehr schlecht, das nicht zu tun. Aber haben Sie jemals bedacht, was ein glückliches Heim ausmacht? Die Antwort ist einfach — die *Menschen* in ihm! Nicht etwa die *Dinge* —, die *Menschen*!

Wie oft hören Sie sagen: „Der und der hat ein wunderschönes Heim!"

Hat er es? Es mag sich um ein wunderschönes Haus mit Garten handeln, mit Doppelgarage, mit Swimmingpool, mit jedem modernen Komfort und jedem modernen Gerät. Aber dennoch braucht das Leben in seinem Heim noch längst nicht glücklich zu sein.

244

Wir richten allzu viele Emotionen und Gefühle auf *Dinge*, auf Besitztümer, welche so in Wahrheit viel eher *uns* besitzen, anstatt wir sie. Und weil *Dinge* vielen Männern und Frauen viel mehr bedeuten, als diese füreinander bedeuten, ist das wahre Glück aus ihrem Leben verschwunden. Seinen Platz hat eine Art synthetischen Glücks eingenommen — ähnlich den billigen Freuden eigennützigen Besitzerstolzes.

„Sie lebt nur für ihr Heim!" sagte eine Frau von einer anderen, und sie sprach die Wahrheit.

Denn diese Frau lebte mehr für ihr Haus als für ihren Mann und die Familie. Sie liebte jedes Stück der antiken Einrichtung darin; sie hielt alles in Ordnung, wie man einen Schaukasten oder eine Cowboy-Ausrüstung oder das Inventar eines Museums in Ordnung halten würde. „Du mußt doch nicht ausgerechnet in diesem Stuhl oder in jenem Stuhl sitzen — sie sind zu wertvoll! Unter deinem Gewicht könnten sie doch zerbrechen... Vergewissere dich, daß deine Schuhe nicht schmutzig sind, bevor du auf die kostbaren Teppiche trittst..." — Der subjektive, in der Praxis des Alltags aber längst als allgemeinverbindlich etablierte Wert, den sie ihrer Einrichtung beimaß, zerstörte deren Nutzen. Alle Stücke waren nur da, um bewundert zu werden; benutzen durfte man sie nur mit so großer Sorgfalt, daß die übrigen Mitglieder des Haushalts kein Glück dabei empfanden, in einer solchen Atmosphäre zu leben; besonders die Kinder rebellierten gegen die ihnen ständig auferlegten Einschränkungen des „Faß das nicht an" und „Nimm jenes nicht in die Hand!" Zugegeben, das war ein extremer Fall, es gibt auch viele unbedeutendere Fälle von törichter, ungerechtfertigter Hingabe an *Dinge*, ehe solche Maß- und Urteilslosigkeit das Ausmaß unseres Beispiels erreicht, in dem die Dinge sich zwischen die Liebe einer Frau und eines Mannes und beider Kinder drängten...

Dinge können auch Kleider sein, ebenso gut mindestens wie ein Haus oder Möbel. Ein nicht eben selten wahrnehmbares übermäßiges Bedürfnis, all seinen Besitz, sein „Alles" auf dem Leib zu tragen, ist schließlich nur eine andere Form der

Selbstsucht, die Groll, Verstimmung und — trotz aller äußerlich möglichen und zuweilen wohl auch erreichten Schönheit — leider oft auch ein wenig Verachtung hervorruft.

Auf *Dinge* kann sich auch das übermäßige Interesse an einem Tier, beispielsweise an einem Hund, beziehen — wenn man ihm mehr Aufmerksamkeit erweist als etwa seinem Ehepartner. Oder *Dinge* können das Interesse an Pferderennen und -wetten oder an mancherlei anderen Glücksspielen einschließen; aber auch Tätigkeiten außer Haus, die zuviel Zeit oder Geld beanspruchen und so in mehrfacher Hinsicht die Neigung erkennen lassen, das häusliche Leben zu zerstören.

Sind Sie ein solcher Anbeter von *Dingen?* Oh, es ist wahrhaftig schön, nette Dinge zu haben, wenn nur alle diese hübschen Dinge nicht — *Sie* haben! Die Liebe zum Heim und zur Familie rückt die Dinge, welche nicht durch ihr bloßes Dasein, durch ihren befriedigenden Gebrauch schon beglükken, meist sehr bald an ihren richtigen, ihnen zukommenden Platz.

In keinem Heim wird es je ohne die *Menschen* und ihre Hingabe füreinander ein Glück geben, das diesen Namen verdient.

Der Echo-Effekt

Wie lautet das am meisten geschätzte Kompliment, das Sie einem Freund oder irgendeinem anderen lieben Menschen schenken können?

Widmen Sie Ihre ungeteilte und hingebungsvolle Aufmerksamkeit den Interessen, Tätigkeiten, Wünschen und Hoffnungen des Mannes und der Frau!

Wenn Sie sich in Gegenwart eines Freundes, einer Geliebten, eines Mannes oder einer Frau als gedankenlos, gleichgültig oder uninteressiert erweisen, dann ist es nur eine Frage der Zeit, bis auch Sie die Achtung und die freundschaftlichen

Gefühle, die Rücksicht und den Respekt dieses oder dieser Menschen verlieren.

„Er pflegte mich mit jeder nur denkbaren Höflichkeit und Aufmerksamkeit zu überschütten", sagte eine junge und recht ernüchtert wirkende Frau zu mir, „aber nun glaubt er meiner sicher zu sein. Gehen wir irgendwo hin, benimmt er sich, als wüßte er oder als kümmerte es ihn kaum, daß ich auch dabei bin. Er hat nur Augen für andere junge Frauen und wendet ihnen allein seinen Charme und seine Unterhaltungsgabe zu. Wenn es dann Zeit ist heimzugehen, erinnert er sich plötzlich, daß ich noch da irgendwo herumsitzen muß. Also packt er mich zusammen und beginnt zu erzählen, was für einen wunderbaren Abend *wir* da wieder *gehabt haben!*

Es gibt eine Menge Männer und Frauen wie diese beiden, *aber* sehr oft ist der so behandelte Ehepartner nicht schuldlos. In unserem Fall gab die jungverheiratete Frau zu, daß sie sich aus den Scherzen und Witzeleien ihres Mannes, aus all seinen Versuchen, immer und überall die Seele der Party zu sein, nicht viel machte. Worauf dieser seinen Drang nach gesellschaftlicher Anerkennung natürlich bei denjenigen befriedigte, die ihm als wohlmeinenderes Publikum erschienen. Seine Frau ließ er eben sitzen, bis er fertig war. Hätte sie ihm gezeigt, daß sie seine Aufmerksamkeiten liebte, daß sie ihr noch immer soviel bedeuteten wie in der Zeit ihrer jungen Liebe, so hätte er wahrscheinlich versucht, im Wohnzimmer auf dem Kopf zu stehen, wäre er nur sicher gewesen, daß es ihr gefallen würde.

Wir alle wollen „im Leben irgendeines Menschen die Hauptrolle spielen", wollen Brennpunkt seiner Aufmerksamkeit sein und wissen, daß irgend jemand uns liebt und sich darum sorgt, was uns passiert, wie wir uns fühlen, was wir tun und denken. Wenn unser Ehepartner das Interesse verliert, suchen die meisten von uns einfach irgendwo anders nach verständnisvollerer Gesellschaft.

Ein egozentrischer Mann oder eine solche Frau können den Ehepartner zur Verzweiflung treiben und zum Trinker machen. Er oder sie bemerken vielleicht nicht einmal, was sie mit ihrem ausschließlichen Interesse an der eigenen Person sich selbst und dem Lebenspartner antun. Auch Sie haben diesen Typ schon getroffen:

„Oh, Liebling, ich hatte heute einen furchtbaren Tag. Die Waschmaschine ist defekt... und Mary ruinierte das neue Kleid, als sie über den Zaun kletterte... und ich hatte einen Krach mit unserer Wirtin... und... und..."

Einem Menschen, der solche Ereignisse dramatisiert, passiert alles. Vielleicht hatte der Ehemann an seinem Arbeitsplatz auch einen harten Tag und würde gern darüber sprechen:

„Das ist schlimm, meine Liebe, aber warte nur, bis du hörst, was *mir* heute zugestoßen ist...!"

Soweit kommt er. Denn an *seiner* Geschichte ist sie gar nicht interessiert, noch ist sie ja nicht einmal halbfertig mit der *ihren.* So ist jeder Tag nur eine Folge von unglücklichen Episoden, die sie selbst betreffen. *Sie* hat keine Zeit und kein Bedürfnis, etwas zu erfahren oder gar Sympathie aufzubringen für das, was ihrem Manne begegnete. *Er* kann ihr mit Ausdauer geflötetes „ich... ich... ich...!" nicht mehr aushalten und zieht es vor, in irgendeiner Bar oder Kneipe *sein eigenes hartes Schicksal* gegen das eines ebenfalls unbefriedigten Menschen einzutauschen. Und Männer und Frau, die zunächst nichts als einen verständnisvollen Zuhörer suchen, sind ja nicht eben selten.

Aufmerksamkeit, persönliche Aufmerksamkeit ist eine tiefe Sehnsucht der menschlichen Seele. Aber wir dürfen nicht unsere Lieben aus dem Hause treiben, indem wir ihre restlose Aufmerksamkeit beanspruchen und ihrer Forderung kein Gehör schenken. Es gibt eine Zeit, um zuzuhören, und es gibt eine Zeit zu sprechen — von beiden Gaben zahlt das Zuhörenkönnen die schönsten, beglückendsten Dividende.

Dies sind nur einige von den geistigen und emotionalen Haltungen, die uns Menschen so oft daran hindern, miteinander auszukommen.

Letzten Endes läuft alles auf die Notwendigkeit hinaus, die Kontrolle Ihres Geistes zu entwickeln. Sie werden sich beständig den sich verändernden Stimmungen Ihrer Freunde und Ihrer Lieben anpassen müssen. Lassen Sie sich aber nicht von Dingen, die Sie sagen oder tun, während Sie verwirrt oder erregt sind, selbst noch verwirren und aufregen. Wenn Sie so reagieren, machen Sie alles nur noch schlimmer. Lassen Sie die gespannte Situation möglichst gelassen vorübergehen, spielen Sie sie herunter, anstatt hinauf, oder klammern Sie einfach alles aus, was in der gerade vor Spannung knisternden Atmosphäre keinen Raum hat. Und behalten Sie keine bösen Gefühle, keinen Groll zurück; diese würden sich in Ihnen aufstauen, bis auch Sie selbst sich versucht fühlen, nun wütend zu werden... wenn Sie dagegen Herr über sich selbst bleiben, werden Sie die Lage und alle anderen um Sie herum beherrschen können. Mit anderen harmonisch auszukommen, gelingt am besten dem, der gewöhnlich auch mit sich selbst am besten auskommt.

Leitsätze für Ihr künftiges Leben

Um mit anderen auszukommen, muß ich die Fähigkeit entwickeln, mich ihren Unterschieden in Temperament, Persönlichkeit, geistigen und emotionellen Haltungen und ihren Vorlieben und Abneigungen anzupassen.

Ich kann nicht erwarten, daß andere sich mir anpassen.

Ich bin entschlossen, niemals das zu fürchten, was andere von mir denken könnten.

Ich billige grundsätzlich mir wie allen anderen das Recht zu, zu „leben und leben zu lassen".

Ich will andere nicht kritisieren, noch Fehler bei ihnen finden. Statt dessen will ich in ihnen nach dem Guten suchen und nach Taten, die ich schätze.

Soviel Wert ich auch auf mein Heim und meinen persönlichen Besitz lege, und auf die Liebe, die ich gegenüber den Dingen empfinde – niemals will ich diese über die Menschen, über meine Lieben stellen.

Ich will es unbedingt unterlassen, egozentrisch zu werden! Darum wende ich meine Aufmerksamkeit den Nöten, Wünschen und Interessen anderer zu.

Ich will immer daran denken, daß der beste Weg, mit anderen auszukommen, der ist, daß ich mich bemühe, stets *mit mir selbst* auszukommen!

16. Kapitel

DIE HEILENDE KRAFT DES GEISTES

Die schöpferische Kraft des Geistes, richtig geführt, kann Sie heilen. Ich habe diese Kraft angewandt, um verschiedene physische Störungen zu heilen, die sich in mir infolge falschen Denkens entwickelt hatten; auch Sie können lernen, sie zu gebrauchen.

Nehmen Sie sich selbst ins Kreuzverhör! Wenn Sie nicht den Grad der Gesundheit besitzen, dessen Sie sich erfreuen sollten – was haben Sie unternommen, um die Störungen zu beseitigen und die physische und psychische Ordnung wiederherzustellen? Nun, immerhin können Sie sicher sein, daß Sie nichts unterlassen haben, um die Chemie Ihres Körpers durcheinanderzubringen, indem Sie irgendwelche Sorgen und Ängste, Groll oder gar Haßgefühle in sich haben wuchern und sich austoben lassen. Denn so etwas geschieht nicht durch Zufall. Immer sind Ursachen vorhanden, sogar hinter den unbedeutendsten Dingen, die sich ereignen. Auch gilt es längst als erwiesene Tatsache, daß Ihr Körper die Einstellungen Ihres Geistes reflektiert, bis diese Einstellungen den Charakter einer chronischen Erkrankung annehmen. Sie wissen genau, daß Sorgen und Ängste Ihre Verdauung empfindlich stören, Herzstörungen, Kurzatmigkeit oder auch nervöse Schweißausbrüche zur Folge haben können. Jede plötzlich Sie erschütternde Angst kann dies alles bewirken. Ich habe dies schon zuvor betont, so versuchen Sie mir jetzt nicht zu sagen, daß ausgerechnet Ihre Gedanken und Gefühle nicht imstande wären, Ihre Gesundheit zu beeinflussen.

Halten Sie diesen wichtigen Punkt fest: Wenn Ihr Geist die Kraft hat, Sie durch falsches Denken krank zu machen, dann hat er auch die Kraft, Sie wieder gesund zu machen, Sie zu heilen durch das richtige Denken!

Ich behaupte nicht, daß die Kraft des Willens, die kreative Kraft in uns ein Allheilmittel sei; ich *weiß* jedoch, daß die *richtige* geistige Einstellung jedem Menschen mit schlechter Gesundheit helfen wird. Das bedeutet nicht, daß Sie sich selbst hinters Licht führen können, indem Sie mit einem bloßen Lippenbekenntnis in der Art von „An jedem Tag, auf jedem Weg geht es mir immer besser und besser" jede ersehnte Besserung bereits herbeiführen können, während Sie sonst nichts tun, um die falschen geistigen Einstellungen und Gewohnheiten zu ändern, die Ihren schlechten Gesundheitszustand herbeigeführt haben.

Wir alle kennen Menschen, die beständig über Rückenschmerzen, Kopfschmerzen, Magenschmerzen oder irgendeine andere Art von Beschwerden klagen. Sie reiten immerfort darauf herum und reden von nichts anderem. Dabei bedenken sie nicht, daß alle diese ständigen Wiederholungen gar nichts anderes bewirken *können* als das, was dann auch wirklich und unaufhaltsam eintritt: Die so kräftig herbeigezogenen Schmerzen werden Wirklichkeit, weil die falsche geistige Einstellung endlich die physischen Voraussetzungen dafür geschaffen hat. Wenn Sie an einem solchen Schmerz leiden und schließlich feststellen, daß es sich um nichts Ernstes handelt, sondern nur um eine Nerven- oder Spannungsreaktion irgendeiner Art, dann besteht für Sie überhaupt kein Anlaß, über diese Unpäßlichkeit oder gar über Ihre Ängste und sonstigen Schwierigkeiten zu sprechen. Verhalten Sie sich anders, so erschweren ganz allein Sie selbst sich Ihre Situation und verärgern zudem auch noch andere. Denn die haben genug eigene Sorgen und Schwierigkeiten, über die sie sprechen wollen, und sie werden es Ihnen nur übelnehmen, wenn Sie versuchen, sie darin zu übertrumpfen oder gar zu schlagen... Denn auch hier handelt es sich ja um eine Art Faustschlag – wenn Sie sich Ihr vielleicht etwas ungutes Empfinden allzusehr ins Bewußtsein heben, so treffen Sie damit direkt den Solar plexus. Sie gehen herum mit Ihrem Armesünderallesverloren-Gesicht, und je mehr Sie sich wiederholen, wie lausig schlecht Sie sich fühlen, um so sicherer glauben Sie, nun in Reichweite des Totengräbers angekommen zu sein. So wird beständiges Nachdenken über Ihre Krankheiten diese nur um so fester an Sie ketten.

Werfen Sie alle Ihre negativen Vorstellungen ab und werden Sie ein positiver und lebensbejahender Typ! Denken Sie positiv, und als erste Veränderung werden Sie erfahren, daß Ihre Schmerzen, Sorgen und Schwierigkeiten – da sie ja nicht mehr die Hauptrolle spielen dürfen während Ihrer Gespräche mit anderen Menschen – verschwinden. Sie können nicht fortfahren, in Ihnen zu leben, wenn Sie sich weigern, sie zu ernähren.

Ein außergewöhnliches Come-back

Kürzlich schrieb mir ein Mann von der Küste und bat mich, ihn eines Versprechens zu entbinden, das er mir einmal gegeben hatte. Infolge eines Autounfalls war er lange Zeit gelähmt; sein Gehirn war verletzt worden, so daß er noch einmal sprechen lernen mußte, ebenso lesen und schreiben. Zu mir war er in einem Rollstuhl gebracht worden. In meiner Klasse für Selbstentwicklung nahm er an Vorträgen und Übungen teil, obwohl er zunächst nur unverständliche Laute statt der Wörter ausstoßen konnte; sein Bewußtsein aber wußte stets genau, was er sagen wollte. Er war emotionell sehr verstört und wollte dennoch so dringend artikulieren, was er fühlte, daß er bereits versuchte, seine Kehle und Stimme antworten zu lassen, ehe sie genügend darauf vorbereitet waren.

Meine Instruktion für ihn lautete, vor seinem geistigen Auge das „Bild" eines jeden Wortes zu sehen, das er zu sprechen wünschte, und zwar bevor er versuchte, die Lautfolge des betreffenden Wortes zu schaffen. Ich versicherte ihn meiner festen Überzeugung, daß er durch diese Methode schließlich seine Fähigkeit zu sprechen wiedergewinnen werde. Auch riet ich ihm, er möge seinen Gedanken nicht erlauben, durcheinanderzulaufen; es genüge, den langsam vor seinem Geiste sich bewegenden Bildern mit der Artikulation seiner Gedanken leicht und möglichst ohne Anstrengung zu folgen. Ich war überzeugt, wenn er erst einmal die Herrschaft über seine Sinne und seine Emotionen gewonnen hatte, würde er diesen Vorgang auf normale Geschwindigkeit beschleunigen können.

„Und wenn Sie gelernt haben, wieder richtig zu schreiben", sagte ich ihm, „werde ich mich freuen, wenn Sie Ihren ersten Brief mir schreiben!" Er hatte es versprochen, aber es sollte ein Jahr dauern, ehe dieser erste Brief – noch dazu einem Freund diktiert – mich endlich erreichte. Er lautete:

Lieber Mr. Sherman:
Wie Sie wissen, versprach ich, meinen ersten Brief Ihnen zu schreiben. In der Zwischenzeit habe ich jedoch herausgefunden, daß ich eine Schwester in Holland habe, und sie bat mich, wenn ich soweit sei, meinen ersten Brief doch ihr zu schreiben.

Ich habe noch nicht zugesagt, denn ich möchte Sie zuvor fragen, ob Sie mir nicht mein Wort zurückgeben wollen. Ein Versprechen ist doch ein Versprechen. Kann ich über Ihren Brief verfügen, entbinden Sie mich davon? Ich kann nichts tun, ehe ich nicht Ihren Brief erhalten habe. Ich weiß, daß Sie das verstehen werden.

Jetzt kann ich schon beinahe vollkommen sprechen; auch lesen kann ich wieder zu zwei Dritteln; und gerade habe ich damit begonnen, noch einmal alle diese Tausende von Wörtern schreiben zu lernen. Ich glaube, wenn noch ein Jahr vergangen ist, werde ich alles wieder zurückhaben – Lesen, Schreiben, richtig schreiben und sprechen.

Selbstverständlich entband ich ihn von seinem Versprechen, so daß seine Schwester die erste sein konnte, die dieses Wissen um seinen Triumph mit ihm teilte. Leider besitze ich nicht die Erlaubnis, seinen Namen zu nennen; solche Fälle behandle ich immer vertraulich und halte sie in der Anonymität, wenn mir nicht die Erlaubnis gegeben wurde zur Aufdeckung der Identität solcher Menschen. Aber was dieser Mann durch seine eigenen heroischen geistigen Bemühungen um Selbstrehabilitation vollbracht hat, als Ärzte seinen Zustand noch als hoffnungslos bezeichneten, ist ein modernes Wunder.

Wie gut ich mich daran erinnere, wie dieser Mann nach jeder Übungsstunde meine Hand ergriff, unartikulierte Laute hervorstieß und zugleich mit seinen Augen sagte, wie sehr er all das schätzte, was er unseren Gesprächen entnahm, und wie sehr er versuchen wollte, die gegebenen Instruktionen anzuwenden! So hatte er damit begonnen, Worte zu sprechen, bevor die fünf Abende des Kurses vorüber waren, und dann fügte er sie ein in stockende, unsichere, langsame Sätze...!

Angesichts solcher Leistungen trotz eines sehr beeinträchtigten physischen Körpers sollten wir, die wir uns für so behindert halten, zu viel größeren Bemühungen veranlaßt werden, um unsere eigenen kleinen Schwächen zu überwinden! Wenn alle anderen Versuche scheinbar fehlgegangen sind, warum verlassen Sie sich nicht auf Ihre eigene gottgegebene innere Kraft? Diese Kraft des Geistes, richtig geübt, kann auch das vollbringen, was anders unmöglich wäre. Sie müssen sich nur bildhaft vorstellen, was Sie wollen, und das ausdauernd, ja hartnäckig und voll tiefen Glaubens Ihre Anstrengungen immerfort steigernd – und es können Wunder geschehen!

Wiederherstellung nach einem Nervenzusammenbruch

Es gibt verschiedene Arten von Nervenzusammenbrüchen, denn sie können verschiedene Ursachen haben. Aber die häufigsten Ursachen sind meist in übersensiblen geistigen oder emotionalen Reaktionen auf vergangene Lebenserfahrungen zu erblicken. Einmal in der Gewalt einer solchen nervlichen Störung, fühlen Sie sich völlig unzulänglich und unfähig, gewissen Situationen in Ihrem gegenwärtigen Leben ins Gesicht zu sehen. Es scheint, als werde Ihr Ego, Ihre Identität, Ihr wahres Ich, von allen Seiten geschlagen, erschüttert, herumgestoßen und bekämpft. Sie versuchen vor dem Leben wegzulaufen, aber wohin immer Sie Ihren physischen Körper wenden, wenn Sie eine Änderung der Szenerie und eine Befreiung aus Ihren gegenwärtigen Verbindungen und Verstrickungen suchen — Sie entdecken nur, daß Sie die gleichen geistigen und emotionalen Zusammenhänge mit sich genommen haben.

Letzten Endes erkennen Sie, daß der einzige Weg zurück zum normalen Verhalten des Geistes und der Emotionen darin besteht, „die Suppe, die man sich eingebrockt hat, auszulöffeln" und die Folgen seiner Handlungen zu tragen, indem Sie versuchen, alle mißtönenden Schwingungen aus Ihrem Leben zu entfernen.

Allein im Laufe eines Jahres schrieben mir Hunderte von Menschen und baten mich, ihnen irgendwelche Ratschläge zu geben und sie die Technik des richtigen Denkens zu lehren, das ihnen zur Kraft des Glaubens verhelfen und sie zurückführen würde in ihr geistiges und emotionales Gleichgewicht. Ich lege Wert darauf festzustellen, daß ich weder Arzt noch Psychiater bin und daß ich nicht den Wunsch oder die Absicht habe, deren Dienste zu ersetzen. Nachdem ich mich jedoch vergewissert habe, daß diese der Hilfe bedürftigen Menschen medizinische oder psychiatrische Behandlung erhalten oder doch erhalten haben, fühle ich mich frei und berechtigt, ihnen geistige Einstellungen zu empfehlen als zusätzliche Hilfe für ihre Wiederherstellung.

Ein solcher Fall kam mit einer Mrs. B. aus Australien auf mich zu. Sie schlug sich seit Jahren mit einem schweren Nervenleiden herum, das bisher allen Arten von medizinischen und psychologischen Annäherungen widerstanden hatte. Endlich hatte ein Freund ihr eines meiner Bücher gegeben. Und bald darauf schrieb sie mir und teilte mit, dieses Buch sei sehr hilfreich gewesen, denn es hätte sie in der Hoffnung bestärkt, daß sie irgendwie in der Lage wäre, sich selbst zu helfen. Ich antwortete ihr sogleich und gab ihr jede nur mögliche Ermunterung, weil immer etwas Gutes geschieht, wenn irgendwo ein Mensch sich dafür entscheidet, nun alle Anstrengungen auf sich zu nehmen und „sich selbst zu helfen".

Hier das glückliche Ergebnis des Kampfes, den diese Frau ausfocht, um die Kontrolle über sich selbst wiederzugewinnen, erzählt in ihren eigenen Worten:

Seit ich Ihnen das letztemal geschrieben habe, bin ich von meinem Nervenleiden geheilt worden. Ich erhielt eine Therapie verordnet von einem jungen Mann, den ich durch einen meiner damals auch an einem Nervenzusammenbruch leidenden Freunde kennenlernte. Er heilte mich, indem er bis zu meinen Kindheitserfahrungen zurückging (wie Sie es geraten hatten), die ich gemeinsam mit meiner Mutter erlebt hatte. Er erklärte sie mir alle, und ich erkannte bald, daß ich meine Mutter sehr glücklich gemacht hätte, wenn ich ihr meine uneingeschränkte Zuneigung hätte zuteil werden lassen. Damit wären mir viele Schuldgefühle und Feindseligkeiten erspart geblieben, die in den folgenden Jahren unaufhaltsam gewachsen sind.

Diesen jungen Mann besuchte ich jeden Montagabend, sechs Monate lang. Er riet mir, allem, was ich tun würde, stets die Worte *ich bin* voranzustellen; zum Beispiel „*ich bin* dabei, die Kartoffeln zu schälen" oder „*ich bin* im Begriff, ins Theater zu gehen" oder „*ich bin* am Ziel meines Spaziergangs angelangt" und so weiter. Ich brauchte sie, wie er meinte, nur zu flüstern bei allem, was ich tat, denn nicht auf die Lautstärke, nur auf die Artikulation komme es dabei an. Er erklärte mir auch, daß ich auf diese Weise jede „Verworrenheit" in meinen Gedanken vermeiden würde. Und er hatte recht. Als ich bei allen meinen täglichen Arbeiten tat, was er mir geraten hatte, sind alle meine schrecklichen Ängste für immer von mir gegangen. Er erklärte mir auch, daß ich durch diesen Gebrauch der Worte *ich bin* mich im Augenblick fest in der Gegenwart verankern würde und daß es in jedem dieser Augenblicke für mich keine *Vergangenheit* und keine *Zukunft* gebe.

Ihr Rat, Mr. Sherman, den ich Ihren Briefen entnahm, weist in die gleiche Richtung. Mein Mann und ich kommen nun sehr gut miteinander aus, obwohl ich ihm von meinen Übungen bei dem Therapeuten nichts sagte. Ich weiß, daß er meinen Nervenzusammenbruch *niemals* verstehen würde, noch seine Ursache. Aber das macht mir nichts mehr aus, denn das Wunderbare ist, daß ich mich des Lebens wieder freuen kann, *ohne Angst!*

Die heilende Kraft der Liebe

Wissenschaftler in Harvard haben unter der Leitung von Professor Pitirim A. Sorokin ein höchst ungewöhnliches Experiment durchgeführt. Ihre Forschung galt der *Macht der Liebe*. Sie entdeckten, daß Liebe mehr Macht über Krankheit hat als die Medizin. Richtig dosiert, kann diese Emotion ein längeres Leben herbeiführen, bessere Gesundheit, Glück und den Frieden des Geistes. Junge und Alte werden verwandelt, wenn sie den Trank der Liebe einnehmen.

Wenn Sie jemanden gar nicht mögen, ja wenn Sie sich bisher in Haß gegen ihn verzehrt haben, und wenn Sie plötzlich, ganz unvermittelt, diese Person zu lieben beginnen – was geschieht dann? Nun, es ist wahrscheinlich, daß Sie am Ende statt eines Feindes einen Freund besitzen, und natürlich einen Magen ohne Magengeschwüre. Denn die meisten menschlichen Wesen vergessen zwar niemals eine Kränkung, aber an jede Freundlichkeit erinnern sie sich fast noch länger. Und möchten Sie nicht, da Gleiches stets Gleiches anzieht (schon einmal gehört?), lieber Freundlichkeit und Liebe verschenken und wieder Liebe und Freundlichkeiten empfangen?

Sicher hörten auch Sie schon Menschen sagen: „Mit dem und dem werde ich abrechnen, auch wenn es den Rest meines Lebens kostet!" Wer einen solchen Groll mit sich herumträgt, schwächt zwar sich selbst außerordentlich, er ist aber nicht imstande, damit der verhaßten Person ernsthaft zu schaden.

Jedermann möchte geliebt werden, sogar ein Hund möchte es; und jeden erwärmt die Liebe, sogar einen Hund. Sie fühlen sich besser, wenn Sie lieben und geliebt werden. Schauen Sie die vertrockneten Männer und Frauen Ihrer Umgebung an, sie hungern nach Liebe! Glauben Sie wirklich noch, daß Liebe keine gewaltige, lebendige und auch lebenswichtige Kraft sei? Verschiedene Wissenschaftler haben auch mit Pflanzen experimentiert: Sie haben versucht, manche Pflanzen zu lieben, andere aber zu hassen. Die mit Liebe genährten Pflanzen haben getrieben, die mit Haß vergifteten Pflanzen, denen man dieselbe mechanische Pflege und Bewässerung hatte angedeihen lassen, blieben zurück, verkümmerten, starben!

Ein altes Sprichwort sagt: „Sie können einen Menschen zu Tode lieben"; aber dennoch würde ich jeden Tag auf die Liebe setzen, gegen den Haß! Entfernen Sie aus Ihrem Leben den Haß, wenn Sie Ihre Gesundheit zu erhalten oder wiederzuerlangen wünschen!

Frustration, eine Gefahr für die Gesundheit

Die Frustration oder die ernüchternde, enttäuschende Erfahrung kann die Gesundheit eines jeden Menschen ebenso schnell in Unordnung bringen wie ein plötzlicher böser Unfall. Ihr Nervensystem reagiert sofort auf geistige oder emotionale Schocks und Erschütterungen! Halten diese an, wie etwa der Nachhall eines Erdbebens, so beginnen sie die chemische Zusammensetzung Ihres Körpers zu verändern, bis Sie anfällig werden für vielerlei Verletzungen und Erkrankungen.

Erinnern Sie sich, was ich Ihnen in *Kapitel 14* von meiner unglücklichen Erfahrung mit Mr. „X" erzählt habe? Im Lichte dessen, was ich hier ergänzend dazu berichten werde, könnte es gut sein, noch einmal zurückzublättern und jene Vorgänge kurz zu wiederholen.

Es ist einfach nicht möglich, durch dieses Leben zu gehen, ohne ein bestimmtes Maß an Frustration und Enttäuschung zu erleiden. Dennoch liegt alles daran, *wie* wir geistig und emotionell auf diese Erfahrungen reagieren, denn mit unserer Reaktion entscheiden wir über das Ausmaß des Schadens, den wir physisch erleiden als die Konsequenz dieser oft tragischen, verwirrenden Geschehnisse.

Ich bekenne, daß auch ich meine schwachen Momente habe, trotz der Tatsache, daß ich es besser weiß. Aber auch gut vorbereitet – wie ich es vor ein paar Jahren zu sein glaubte, weil es ja genügt, „die Ohren steif zu halten" und alles abprallen zu lassen, als ob es nichts wäre –, wurde ich doch hart getroffen durch das nicht zu rechtfertigende Vertrauen, das ich in Mr. „X" gesetzt hatte. Wohl hatte ich meine Gefühle von Haß und Groll gegen Menschen und Situationen befreit, zumal ich überzeugt bin, daß solche Emotionen nur mir selbst geistigen und physischen Schaden zufügen können; und so ließ ich kein böses Gefühl gegen diesen Mann aufkommen. Aber ich ließ etwas anderes zu: Ich ließ mich tiefer und tiefer verwunden durch meine Überlegungen und Gedanken über Zeit und Energie und Geld, die ich verloren hatte, und über die Verwicklung einiger sehr geschätzter und angesehener Freunde in dieses „vielversprechende" Wagnis. Alle diese Gefühle und Empfindungen aber fügten mir nun das zu, was ich durch meinen völligen Verzicht auf Haß hatte vermeiden wollen. Ich fühlte mich zeitweise zu hilflos, um mich aus der bedrückenden Situation noch herauszuwinden, in welcher Mr. „X" mich zurückgelassen hatte, bis mein Körper einen Zustand annahm, der auch physisch widerspiegelte, was ich geistig durchlitt. Eine heftige Attacke von Ischias befiel mich so schmerzhaft, daß ich nicht mehr gehen konnte, sondern sechs Wochen lang buchstäblich auf Händen und Knien herumkroch.

Das war die lähmendste Erfahrung meines Lebens. Verständnisvolle, einfühlende Freunde sagten zwar, daß sie mir

„gute Gedanken" senden würden. Einige kamen auch, um zu beten und freiwillig geistige Hilfe der einen oder anderen Art zu leisten. Ich versuchte auch all das zu würdigen, versuchte aufgeschlossen und empfänglich dafür zu sein, ja nach Kräften mitzuarbeiten, aber im Innern wußte ich: Solange es mir nicht gelang, die in meinem Geist bohrende und nagende „Verletzung" zu überwinden, würde auch der „Schmerz in meinem Körper" unvermindert andauern. Und *das tat er dann auch.*

Wenn Sie die meiste Zeit Ihres Lebens mit einem Traum zugebracht haben, mit der Sehnsucht und dem Ehrgeiz, ihn zu verwirklichen, und dann sind Sie dazu verführt worden zu glauben, nun sei der Augenblick seiner Verwirklichung nahe herbeigekommen und über Nacht seien praktisch alle Hemmnisse „weggeblasen" worden, so können Sie die beste Philosophie der Welt besitzen, Sie werden unter solchen „Testbedingungen" trotzdem Schwierigkeiten mit der Anwendung Ihrer Lebenslehre haben.

Ich erzähle Ihnen das, um Ihnen vor Augen zu führen, daß keiner unter uns unverwundbar ist. Zwar hatte auch ich nicht den Glauben an mich selbst oder an die innere Gotteskraft verloren, aber ich hatte den Fehler gemacht, nicht sofort wieder in mir mit der Arbeit zu beginnen und so mein Bewußtsein freizumachen von dieser schweren Enttäuschung. Hätte ich das getan, und hätte ich mir nicht erlaubt, diese unglücklichen Ereignisse in meinem Geist wieder und wieder durchzugehen, so wären sie niemals so tief in mein Unterbewußtsein eingedrungen.

Nachdem diese schmerzlichen Gefühle aber erst einmal so tief eingebettet waren, als sie sich in meinem ebenso schmerzenden Körper widerspiegelten, wurde ich mir der Schwierigkeiten des nun unausweichlichen Kampfes erst ganz bewußt. Jetzt kam es darauf an, die „beiden Schmerzen" in mir zu überwinden und auszumerzen. Offenbar war es der „geistige Schmerz", der den „physischen Schmerz" in mir nährte und am Leben erhielt. Hinzu kam, daß die Neugestaltung meines Lebens und meiner Pläne, wie die vorausgegangene Katastrophe sie erforderte, mich so beunruhigte, daß ich zeitweise unfähig war, einen Ausweg zu suchen oder gar zu finden. Auf diese Weise verschlimmerte sich mein Zustand weiter.

Wie der Alkoholiker schließlich entdeckt, daß er aufhören muß, über seinen vergangenen unglücklichen Erfahrungen zu brüten und seinen Glauben auf eine höhere Macht zu richten, so fand ich endlich zu der Erkenntnis, daß es weder möglich noch notwendig sei, alle meine Probleme auf einmal zu lösen. Ich würde einfach dort beginnen, wo ich gleich am Anfang hätte beginnen sollen – *bei mir selbst.*

Ich fand zurück zu einem Gedanken, der sich schon oft in vergangenen Bewährungsproben und Widerwärtigkeiten als so nützlich erwiesen hatte, daß ich ihn bereits in einem oder mehreren meiner Bücher erwähnt habe und den bereits viele Leser als „sehr hilfreich" anerkannten:

„Nichts und niemand kann mich verletzen – solange ich mich nicht von ihm verletzen lasse!"

So einfach war das! Wiederholen Sie diesen Satz so oft Sie wollen und beobachten Sie, welches Gefühl innerer Kraft er in Ihnen aktiviert. Er schließt die Tür vor allen äußeren Einflüssen. Er baut einen Schutzwall, Sie spüren, wie Sie wieder die Führung in jeder Situation übernehmen. Sie rufen wieder die höhere Kraft in Ihnen an, und Sie sagen zu sich selbst:

„Mit Gottes Hilfe überwinde ich alle Zustände meines Geistes und Körpers, die nicht harmonisch, die außerhalb der Ordnung verlaufen. Ich habe nichts zu befürchten. Die Zukunft wird für sich selbst sorgen, solange ich mich um mich selbst kümmere – solange ich meine Gedanken und Gefühle kontrolliere. Ich weiß, daß ‚nichts und niemand mich verletzen kann, solange ich mich nicht von ihm verletzen lasse'. Ich erkläre, daß damit meine Schwierigkeiten zu Ende sind, denn ich glaube, daß ich mit klarem Geist eine Antwort auf alle meine Probleme finden werde. Ich bin frei von allen Gefühlen des Hasses oder Grolls, frei von allen negativen Gedanken. Darum geht es mir in Körper und

Geist gut, und darum bin ich fähig, jeder Situation des Lebens so zu begegnen, wie ich ihr begegnen muß."

Während ich mir diese Gedanken verabreichte, wurde mir klar, daß ich diese Dosis bitterer Pillen schon die ganze Zeit nötig gehabt hätte. Und weil ich diesen Gedanken *glaubte*, *fühlte* ich ihre Wirkung ebenso in meinem Geist wie in meinem Körper. Nachdem ich sie abschnittsweise während des ganzen Tages und auch während der Nacht wiederholt hatte, fühlte ich endlich die ersehnte geistige und physische Erleichterung. Der Schmerz in meinem Bewußtsein war verschwunden, und ebenso war der Schmerz aus meinem Körper gewichen. Ich erhob mich vom Bett, als ob mir niemals etwas passiert gewesen wäre, und ich habe seither keinen Rückfall erlebt.

Geistige Heilungen sind möglich

In meinen früher erschienenen Büchern *Gebet – heilende, helfende Macht* *) und *Außersinnliche Kräfte* habe ich über erwiesene geistige Heilungen berichtet, die einer meiner Freunde, der Reverend Harold Hayward aus Kalifornien, mit seiner „Gebetstherapie" vollbrachte. Er hat freundlicherweise auf die Bitten vieler Leser geantwortet, die ihn um für sie geeignete Gebetstexte gebeten hatten. In vielen Fällen haben dann ungewöhnliche, aber unbezweifelbare Heilungen stattgefunden.

Mr. Hayward bevorzugt, wenn möglich, einen persönlichen Kontakt mit dem kranken Menschen, so daß er seine Hände auf den leidenden Teil des Körpers legen kann, während er betet. Eine noch wenig verstandene „heilende Form von Energie" scheint dabei übertragen zu werden, etwa so, als bringe der Glaube in diesem Prozeß spiritueller Meditation eine heilkräftige Substanz hervor. Die Wissenschaft

* Hermann Bauer Verlag, Freiburg im Breisgau.

kann den Vorgang der „geistigen Heilung" jedoch noch nicht erklären.

Einer von Mr. Haywards jüngsten Erfolgen ist mir gerade berichtet worden. Eine Mrs. Toenjes, die er kürzlich auf einer Reise nach Kalifornien kennengelernt hat, suchte ihn auf und klagte über heftige Schmerzen in ihrer Brust und über eine Schwellung an der rechten Seite. „Sie hatte zuvor ihren Arzt konsultiert", erzählte Mr. Hayward, „der eine Wucherung vermutete und einen Termin verabredete zu einer vollständigen Untersuchung in der Universitätsklinik Los Angeles, um Aufschluß zu erhalten über das Ausmaß ihrer Erkrankung."

„Ich legte meine Hände auf ihre Brust und betete für sie. Ich fühlte die Schwellung verschwinden, und schließlich sagte sie, daß auch der Schmerz und die Entzündung verschwunden seien."

„Der beigeschlossene Brief, der gestern eintraf (5. April 1965), erzählt seine eigene Geschichte und kann selbstverständlich durch den Untersuchungsbefund der Universitätsklinik beglaubigt werden."

Die Beilage, unterschrieben von Mrs. Toenjes, befindet sich seither bei meinen Unterlagen. Adressiert an Mr. Haywards, lautet sie:

Hallo

Es tut mir leid, daß ich nicht früher geschrieben habe, um Ihnen zu sagen, wie gut ich mich infolge meiner Heilung fühle. Ich habe weder Schmerzen noch Entzündung, seit Sie für mich gebetet haben; um einem der Mädchen und den Nachbarn den Gefallen zu tun, ging ich dennoch in die Klinik zu einer Untersuchung. Aber da war nichts zu finden...

Die Heilung hatte am 29. März stattgefunden. Mrs. Toenjes schloß:

Dies ist das erstemal in fünfzehn Jahren, daß keiner von uns krank war. Wir fühlen uns heute wirklich wohl, und wir danken Gott für einen so guten und treuen

Freund wie Sie und für alles, was Sie für mich getan haben.

Es kommt weniger auf die Worte an, die Mr. Hayward benutzt, wenn er betet; es ist das Gefühl der Überzeugung und des absoluten Glaubens, das seine Worte erfüllt. Er hat so verschiedenartige und erfolgreiche Erfahrungen im Bereich des Betens gesammelt, daß er fast augenblicklich die richtige geistige und emotionale Haltung einnehmen kann, wenn er betet.

Ich habe ihn gefragt, ob es notwendig sei, jedesmal eine „Handauflegung" vorzunehmen, wenn ein um Heilung bittendes Gebet dargebracht wird. Er sagte, daß es das nicht ist, obgleich er denkt, daß mit Hilfe des physischen Kontakts wirkungsvoller geholfen werden kann. Die Berührung kann für die leidende Person viel bedeuten, weil sie sich die Heilung dann leichter bildhaft vorzustellen vermag, wenn sie eine Hand auf der verletzten oder erkrankten Stelle fühlt.

„Für einige Leute", erzählte Mr. Hayward, „ist das Auflegen der Hand auf den Kopf oder auf einen anderen Teil ihres Körpers wie eine Segnung. Sie erleichtert es ihnen, sich mit dem Betenden zum Gebet für die Genesung zu vereinigen. Es ist dann so, als würde irgendeine Art von Stromkreis geschlossen zwischen uns beiden und der Gotteskraft in uns. Sobald ein Mensch dies einmal wirklich empfindet, erfolgt oft augenblicklich die Heilung. Und sie bezeugen fast ohne Ausnahme, daß sie sich viel besser fühlen, einen Fortschritt also, der gewöhnlich anhält, bis sie genesen sind."

Mr. Hayward beansprucht nicht, daß er fähig sei, hundertprozentige Resultate zu erhalten. Aber seine Erfolge, die seit Jahren zunehmen, haben seine Fehlschläge bei weitem übertroffen. Nun ist es wichtig, daß auch die Wissenschaft sich der „Glaubensheilung" zuwendet und ihre Grundlage offenbart. So ist auch das ein Gebiet, auf dem ich beabsichtige, meine ESP-Stiftung forschen zu lassen. Denn ich bin überzeugt, daß wir uns um so besser fühlen werden, je mehr, enger und lebendiger wir Kontakt knüpfen zur Gotteskraft in uns.

Für Hunderte von Männern und Frauen mit schweren physischen Leiden, deren Fälle ich kennengelernt habe, werden als charakteristische Ursachen ihrer Erkrankungen gewisse tragische Erfahrungen in ihrer Vergangenheit gelten müssen, die zur Verbitterung nicht nur im psychischen Bereich führten, sondern die schließlich auch auf die Körperfunktionen übergriffen. Kein mir bekannt gewordener Fall aber erschien mir dramatischer als die selbst herbeigeführte Lage einer Frau, die wir Mrs. Dawson nennen wollen.

In einem meiner Kurse in New York City erschien Mrs. Dawson vor einigen Jahren als Rollstuhlpatientin. Sie war ein *Arthritiskrüppel*. Ihre Hände waren arg verunstaltet. Dort hörte sie mich sagen, daß *falsches Denken* – Haß, Groll, Verbitterung – den menschlichen Organismus mit destruktiven Impulsen so belasten, daß seine chemische Zusammensetzung sich verändern und physische Krankheiten, wie Arthritis und Rheumatismus, herbeiführen kann. Nach der Vorlesung wartete Mrs. Dawson, um mich zu sehen. Sie empfing mich mit der herausfordernden Frage:

„Wollten Sie andeuten, daß *ich* meinen Zustand selbst herbeigeführt habe?"

„Das ist durchaus möglich", antwortete ich, „wenn Sie emotional unausgeglichen oder überfordert waren, oder wenn irgend jemand Ihnen etwas angetan hat, das Sie weder vergessen noch vergeben können und worüber Sie unablässig gebrütet haben, weil Sie es nicht aus Ihrem Bewußtsein zu vertreiben vermochten. Wenn diese Gefühle noch in Ihnen eingeschlossen sind, dann müssen Sie irgendein Ventil für sie suchen, irgendeine Form des Ausdrucks, weil jeder Gedanke die ihm angemessene Form annehmen muß – so ist das Gesetz. So gesehen, könnte Ihre Arthritis deshalb die physische Widerspiegelung Ihrer gestörten oder verwirrten Gedanken und Gefühle sein, die Sie jahrelang mit sich herumgetragen haben."

Die Frau brach in Tränen aus.

„Ich habe es nicht zugeben wollen", sagte sie, „aber es ist wahr. Ich *bin* voller Bitterkeit. Niemals kann ich meinem Sohn vergeben, was er seinem Vater und mir angetan hat. Er ist zum Verbrecher geworden. Jetzt verbüßt er eine lebenslange Zuchthausstrafe, weil er einen Mann getötet hat. Er hat uns so entehrt, daß wir unser Haus verkaufen mußten, für das wir dreißig Jahre lang alles gespart und geopfert hatten. Denn auch die Gemeinde, in der wir lebten, mußten wir verlassen und in eine fremde Stadt gehen, wo uns niemand kannte. Gerade jetzt bin ich in New York, um Verwandte zu besuchen, und ich kann es noch immer nicht glauben – es scheint mir nicht recht zu sein, daß ich so wegen etwas leiden muß, was mein Sohn getan hat!

„Nun, ist es nicht – verzeihen Sie, ist es nicht möglich", fragte ich, und versuchte nachdenklich, fast unsicher zu wirken, „daß Sie unbeabsichtigt dazu beigetragen haben, daß Ihr Junge ein Verbrecher geworden ist?"

„Wie können Sie so etwas sagen?" fragte sie erregt.

Da bat ich sie, doch einmal die gemeinsam mit ihrem Jungen verlebten Jahre zu überdenken. Und schließlich berichtete sie, daß er immer sehr dickköpfig gewesen sei und meist nur seinen eigenen Weg habe gehen wollen. Sein Vater, als Vertreter meist abwesend, hatte für den Sohn wenig Zeit gehabt. Schließlich war der Junge in irgendwelche örtlichen, aber noch harmlosen Schwierigkeiten geraten, allerdings in der falschen Gesellschaft. Die Mutter sorgte sich, versuchte ihn nachts zu Hause einzusperren, und sagte ihm sogar voraus, er werde sicherlich noch als Verbrecher enden. Sie gestand, daß sie oft nachts wach gelegen habe, Monat um Monat, sich gesorgt und sich *bildhaft* das Schlimmste *vorgestellt* habe. Wie nicht anders zu erwarten, wurden die Dinge schlimmer und schlimmer – bis der Sohn sich einer Bande anschloß und bei einem Raubüberfall einen Menschen niederschoß.

Seit seiner Tat fühlte sich die ganze Familie entehrt. Sie verließ den bisherigen Wohnort, und sogar heute dachte Mrs. Dawson nur voller Bitterkeit an ihren Sohn. Aber seltsam, nachdem sie mir alles erzählt hatte, begann die Mutter allmählich zu erkennen, was sie durch ihr falsches Denken bewirkt hatte – nicht nur für sich selbst, vor allem auch für ihren Jungen! Zuletzt wandte sie sich hilfesuchend an mich und fragte: „Wie kann ich das alles wieder rückgängig machen? Ist es wirklich zu spät?"

„Es ist zu spät, um noch etwas ungeschehen machen zu können", erwiderte ich, „aber können Sie nicht noch einmal neu beginnen? Vielleicht können Sie sich entschließen, Ihrem Sohn zu schreiben – vielleicht ihn um Vergebung bitten, wie Sie auch ihm alles das vergeben, was er Ihnen angetan hat? Und Sie könnten sich entschließen, alles nur mögliche zu tun, um die Versäumnisse der Vergangenheit wieder gutzumachen. Sie sollten sich Ihrem Sohn wieder nähern, sich mit ihm vertragen und mit jedem anderen, der mit in die damaligen Ereignisse verwickelt war. Nur so erlösen Sie sich und ihn von den Fehlern, die Sie beide gemacht haben, und von der Bitterkeit, die Sie bis heute ausfüllte, weil Sie daran festhalten wollten."

„Wenn ich das tue", fragte die Frau, „und ich weiß noch nicht, ob ich dazu imstande sein werde – viel zu lange habe ich all das mit mir herumgetragen –, aber wenn ich das tue, denken Sie, daß es mir physisch besser gehen wird?"

„Es kann gar nichts anderes geschehen, als daß es Ihnen dann besser geht", versicherte ich. „Wenn Sie damit aufhören, durch falsches Denken immer von neuem Gift in Ihren Kreislauf zu schütten, und wenn Sie damit beginnen, Ihren Haß durch Ihre Liebe zu ersetzen, dann muß etwas geschehen. Und das Ausmaß der Änderung, die eintreten wird, hängt allein von Ihnen ab."

Die Frau begann an sich selbst zu arbeiten. Sie beseitigte die bittere, unglückliche, belastete Situation zwischen ihrem Sohn und sich selbst. Allein das Heben dieser Last bewirkte schon etwas Gewaltiges in bezug auf ihre geistige Haltung und ihre Emotionen. Dreieinhalb Monate nach unserem Gespräch verließ sie ihren Rollstuhl. Heute – verständlicherweise wünscht sie nicht, daß ihr richtiger Name bekannt wird – ist sie völlig frei von ihrer Arthritis (außer einigen Knoten) und widmet einen großen Teil ihrer Zeit anderen Menschen, um auch ihnen zu helfen, ihr falsches Denken zu korrigieren.

Was *Ihre* Gefühle *Ihnen* antun? Wenn Ihre Gesundheit nicht so ist, wie sie sein sollte, wenn Ihr Leben von Unglück und Unruhe erfüllt ist, dann wandern Sie in Ihrem Geist zurück in jene Zeit und zu jener Erfahrung, die Sie damals emotionell verwirrt hat, und entfernen auch Sie alle diese Empfindungen aus Ihrem Bewußtsein. Zögern Sie nicht!

Geistige Heilung gilt bei vielen Arten von physischen Leiden als anerkannte Tatsache, besonders wenn sie sich dabei auf das Nervensystem bezieht. Selbst Ärzte und Chirurgen geben bereitwillig die Bedeutung der geistigen Einstellung des Patienten für die Heilung zahlreicher Erkrankungen zu. Natürlich gibt es hier physische Grenzen, wir leben ja in einem physischen Universum. Und offensichtlich ist es auch nicht möglich, einen verlorenen Fuß, einen Arm oder ein Bein nachwachsen zu lassen, wenn ein Mensch sich das verlorene Glied geistig vorstellt. Aber wenn der Körper noch intakt ist, wenn Nervenzentren zwar beschädigt, aber nicht zerstört sind, wenn lebenswichtige Organe noch funktionsfähig sind, *kann* der Einfluß Ihres inneren oder unterbewußten Geistes als entscheidender Faktor zu Ihrer Genesung beitragen.

Die Wirkungsweise Ihres Geistes bei der Bekämpfung von Krankheiten und bei der Überwindung von physischen und nervlichen Störungen und Erkrankungen ist noch ein verhältnismäßig neues und unbekanntes Feld im Umkreis des menschlichen Bewußtseins. Immerhin aber sind einige Religionen bereits auf dieser Fähigkeit des Geistes begründet worden, und viele Versprechungen sind gegeben worden durch die Vermittler neuen Denkens. Und Heilige Schreine verzeichnen ihre jährlichen Quoten, die angeblich „Tausende von Geheilten" nicht unterschreiten.

Es ist immer klug, einen fähigen Arzt zu konsultieren...

aber dann ist es auch ratsam, dem Arzt dabei behilflich zu sein, indem der Patient die in seiner Lage richtige geistige Haltung einnimmt. Und noch wichtiger ist es, daß man darauf achtet, die falschen geistigen Bilder der Angst und der Sorge aus dem Bewußtsein zu entfernen; Sie werden so viel dazu beitragen können, um Ihre Jugend und Ihre Gesundheit zu erhalten.

Der Beweis dafür, daß der Geist eine ungeheure Wirkung im Körper entfalten kann, ist längst durch Experimente in Hypnose erbracht worden. Von aufgeschlossenen Ärzten wurde herausgefunden, daß hypnotisierte Versuchspersonen ebenso die Durchblutung ihres Körpers und ihren Herzschlag kontrollieren und ändern können, wie sie sich selbst immunisieren gegen Schmerzen; sie können mit Nadeln und Messern ihren Körper durchbohren, ohne daß Blut fließt oder sonst ein Zeichen zurückbleibt; sie können zermalmende Gewichte auf ihrem Magen und ihrer Brust halten, die zuvor starrgemacht worden sind durch geistige Suggestion.

Auch hier stoßen Sie auf die erstaunliche Kraft Ihres Unterbewußtseins, wenn dieses in der richtigen Weise angesprochen und geführt wird. Es demonstriert den Einfluß, den Sie auf Ihren Körper durch die bewußte bildhafte Vorstellung ausüben können, so daß Ihr Unterbewußtsein diese Impression jedem Teil Ihres physischen Körpers zuleiten kann.

Wagen Sie zu leben. Haben Sie den Mut, dem Leben ins Gesicht zu blicken, wie und wo Sie ihm begegnen. Befolgen Sie alle normalen physischen Gesetze – Mäßigung beim Essen, Trinken und Schlafen, bei Arbeit und Übung.

Geben Sie niemals die Hoffnung auf. Selbst wenn Ärzte bereits Ihr „Todesurteil" gesprochen haben, müssen und dürfen Sie Ihr volles Vertrauen auf den Glauben und auf die gottgegebene Heilkraft in Ihrem Innern setzen. Unter Umständen kann es Ihnen gelingen, die Zellen des Körpers durch Ihr eigenes richtiges Denken so zu aktivieren, daß eine Heilung stattfindet. Richten Sie Ihr Vertrauen auf die Meditation und das Gebet. Tausende von Männern und Frauen haben auf wunderbare Weise ihre Gesundheit, ihre Vitalität, ihre geistige und körperliche Aktivität wiederhergestellt, nachdem sie längst alle Hoffnungen verloren hatten. Was jenen gelungen ist, sollte auch Ihre eigene Hoffnung und Ihren Glauben beflügeln.

Leitsätze für Ihr künftiges Leben

In meinem Bewußtsein besitze ich eine heilende Kraft, die nicht nur fähig ist, mich in Körper und Geist gesund zu erhalten, sondern die meine Gesundheit, sollte sie geschädigt sein, auch wiederherstellen kann.

Diese Heilkraft entspricht der Natur und dem Charakter meiner Gedanken und Gefühle. Wenn ich verwirrt bin, beherrscht von Ängsten und Sorgen, wollen diese Emotionen mich veranlassen, meinem Unterbewußtsein geistige Bilder von Krankheit oder Unglück einzugeben, welche die Funktion meiner geistigen Heilkraft beeinträchtigen müssen.

Ich muß abkommen von allem Negativen, und ich muß ein positiver Typ werden, wenn ich meine Sorgen und Schmerzen und Schwierigkeiten ausmerzen will.

Ich muß mich weigern, von der Enttäuschung über andere, von verratenem Vertrauen, von geschäftlicher Übervorteilung und all den anderen menschlichen Schwächen mich geistig und emotional verwirren zu lassen. Tue ich das nicht, so muß ich wissen, daß meine Reaktionen darauf mich physisch und psychisch beeinträchtigen und mich krank machen können.

Ohne Rücksicht auf jeden körperlichen Zustand, dem ich jemals ins Gesicht gesehen habe, will ich niemals die Hoffnung und den Glauben aufgeben, daß ich geheilt werden kann.

Wissenschaft und Religion vereinigen sich in der Erkenntnis, daß der Einfluß des menschlichen Geistes auf den Körper so gewaltig ist, daß Ärzte und Patienten, die vertrauensvoll zusammenarbeiten, oft Wunder vollbringen.

17. Kapitel

DIE KRAFT, DEM ALTER INS AUGE ZU SCHAUEN

Ohne Zweifel hatten Sie Ursache zu bemerken, daß „Alter" ein wachsendes Problem im menschlichen Leben ist... im Leben der Welt. Männer und Frauen leben heute um Jahre länger als noch vor einem halben Jahrhundert, dank der Fortschritte der medizinischen Wissenschaft und der besseren Lebensbedingungen. Aber gerade die Tatsache der längeren Lebensdauer hat wachsende ökonomische Probleme hervorgebracht.

Unsere ganze Auffassung von „Alter" ist falsch und muß berichtigt werden. Bisher verbanden wir mit der Vorstellung von „Alter" den Glauben, daß Alter an sich nur physische und geistige Unzulänglichkeit bedeute, da kein älterer Mensch mehr fähig sei, sich der Gesellschaft nützlich zu erweisen. Tatsächlich aber besitzen viele Männer und Frauen auch in fortgeschrittenen Jahren noch einen *guten Körper* und einen *gesunden Geist,* sie sind auch noch immer gut genug ausgestattet, um in ihrer aktiven Tätigkeit ebensogut fortzufahren, wie sie das Jahre zuvor vermochten. Sie können sich sogar als noch nützlicher erweisen, denn diese Jahre haben ihnen einen Vorsprung an Erfahrung und Geschicklichkeit gegeben, eine Reife des Urteils, wie jüngere Männer und Frauen sie noch nicht erworben haben können. Und doch werden solche Männer und Frauen gezwungen, gut bezahlte Positionen aufzugeben – sie werden buchstäblich abgeschoben, weil ein Gesetz es befiehlt und weil Pensionsgesetze und Rentenbestimmungen und -verordnungen oder andere Altersprojekte des Handels und der Industrie jeden menschlichen und zugleich ökonomischen Weg ausschließen.

An diesem Tag noch sind sie gewinnbringend und glücklich beschäftigt, erfreuen sich ökonomischer Sicherheit, und schon am nächsten Tag, nach Erreichung der festgesetzten Altersgrenze, sind sie ohne Arbeit, sind abhängig von einer gewöhnlich unzureichenden Pension oder Altersrente oder Sozialrente, die – wenn nicht andere Quellen es ihnen ermöglichen, ihren gewohnten Lebensstandard aufrechtzuerhalten – sie am Abend ihres verdienten Lebens den Faulenzern und Nichtskönnern gleichstellt, denen aus Mitteln der Sozialhilfe nahezu gleiche Lebensbedingungen geboten werden.

Viele Geschäfte und Industrieunternehmen gehen nach einem internen Pensionierungsplan vor und stellen keine Männer und Frauen über vierzig oder fünfundvierzig mehr ein, weil ältere Personen von ihren Einkünften nicht mehr genügend Geld in die Fonds einzahlen können, um für einen zu erlangenden Pensionsanspruch auch die erforderliche Deckung erwarten zu lassen. Dabei empfinden einige Arbeitgeber durchaus Sympathien für ältere Mitarbeiter und würden sie gern anstellen, aber die ebenso willkürlichen wie unvernünftigen Regeln, die von den Firmen nun einmal aufgestellt worden sind, verbieten eine solche Beschäftigung. Und natürlich gibt es eine Menge Geschäfte und Industrien, die gar keinen Pensionierungsplan haben, die aber dennoch verpflichtet sind, jüngeres Personal einzustellen. Dies ist nun einmal das Zeitalter der Jugend – aber es ist unglücklicherweise zum Zeitalter einer gegen das Alter eingenommenen Jugend geworden. Wie können eine Million und mehr Teenager, die alljährlich die Schulen verlassen, vom Arbeitsmarkt absorbiert werden? Junge Menschen finden es schwierig zu verstehen, daß sie die älteren Menschen von morgen sein werden. Könnten sie das, wären sie großzügiger und verständnisvoller gegenüber den Problemen, denen nun ihre Vorgesetzten und die Älteren sich gegenübergestellt sehen.

Wenn Sie zur Gruppe der Älteren gehören, sollten Sie jenen neuen Wegen Ihre Aufmerksamkeit schenken, auf welchen Sie sich den die Zeit bestimmenden Veränderungen selbst anpassen können, und darauf achten, daß Sie *jung im Geist* bleiben. Eine solche Einstellung kann Sie gesund und aktiv erhalten und macht Sie fähiger, mit ökonomischen Problemen fertigzuwerden.

Eine Frau schrieb mir, seitdem ihr Haar weiß geworden sei, habe sie keine Arbeit mehr bekommen können, obwohl sie eine höchst geschickte und gewandte Stenotypistin und Empfangsdame gewesen sei. Endlich, aus Verzweiflung, hatte sie ihr Haar schwarz färben lassen, hatte begonnen jugendliche Kleider zu tragen und erhielt daraufhin sofort eine vorzügliche Position als Hostess im Speisesaal eines großen Hotels.

„Natürlich log ich bei der Bewerbung über mein Alter", bekannte sie, „und ich war nicht glücklich darüber. Aber Freunde hatten gesagt, daß ich zwanzig Jahre jünger aussähe; so fühlte ich mich auch, als ich die Reaktionen sah, die meine neue Erscheinung bei allen Männern auslöste, denen ich begegnete. Wissen Sie, daß diese Änderung mir sogar eine neue Liebe einbrachte? Es ist zu schlimm, daß ein Mensch heute lügen muß, um nachzuweisen, daß er etwas wert ist. Aber so ist die Welt, in der wir leben, nun einmal."

Ja, es gibt viele Ungerechtigkeiten, die älteren Menschen heute zugemutet werden. Viele fühlen sich vernachlässigt und beiseitegeschoben, fast hilflos ihrem Geschick überlassen, auf sich selbst gestellt, kaum noch gekannt von früheren Geschäftspartnern, Freunden und Verwandten.

„Wir begehen nur eine einzige Sünde, wir leben zu lange", sagte ein älterer Herr zu mir. „Nehmen Sie meinen Fall: Wenn ich vor Jahren gestorben wäre und alles, was ich besitze, meinen Kindern und deren Kindern hinterlassen hätte, wäre mein Andenken geehrt worden. Aber nun, weil ich weiterlebe von Jahr zu Jahr und allmählich meine Lebensersparnisse aufbrauche, die an sie gegangen wären, kann ich sagen, daß sie meine weitere Existenz bedauern. Sie können es ja sehen: Wenn ich nicht bald sterbe, bleibt nichts mehr übrig, das ich ihnen weitergeben kann. Für mich ist es ein großer Schock zu bemerken, daß ihnen mein Besitz mehr bedeutet als ich. Dabei war ich immer großzügig mit dem, was ich hatte. Niemals habe ich meinen Kindern etwas verweigert, wenn ich sah, daß es gut für sie war. Ich achtete darauf, daß alle vier eine gute Erziehung erhielten und sich im Leben selbständig einrichten konnten. Aber sie wollen noch mehr – jetzt wollen sie mich aus dem Wege haben – je eher, um so besser – solange ich noch etwas auf der Bank habe!"

Dieses ziemlich grimmige, ja finstere Bild steht heute in unterschiedlichen Graden für viele Familiensituationen. So vertraute eine alte Frau mir an, daß sie vor ein paar Jahren zu sterben erwartet hatte. Sie ließ ihre drei Kinder rufen, um ihr Eigentum unter sie zu verteilen. Dann, wie durch ein Wunder, erholte sie sich noch einmal, aber sie fand sich als Arme wieder, die gezwungen ist, um Fürsorgeunterstützung nachzusuchen, weil ihre Kinder ihr weder etwas zurückgeben wollten von dem, was sie ihnen als Erbteil hinterlassen hatte, – noch wollten sie die Teilung aufschieben oder rückgängig machen, bis sie tatsächlich gestorben war.

„Nun weiß ich, daß sie nur damit gerechnet hatten, das in die Hände zu bekommen, was ich im Augenblick meines Todes besaß", sagte sie, „und als sie mein Geld einmal von mir bekommen hatten, gaben sie gar nicht länger vor, daß ihnen vielleicht auch etwas an mir gelegen haben könnte!"

Welches Elend können doch das Geld und die Begierde nach dem Besitz anderer verursachen!

Haben Sie noch nie Menschen sagen hören: „Der oder die ist ein alter, langweiliger, lästiger Mensch, und ein immer ärgerlicher dazu. Aber er oder sie ist ein Verwandter von mir und ich muß ihn ertragen, weil ich annehme, er oder sie wird mir im Falle seines oder ihres Todes etwas hinterlassen!"

Wenn Sie ein Elternteil oder Großelternteil sind und etwas Geld und Eigentum besitzen, das an Ihre Kinder und deren

Kinder geht, wenn Sie sterben, könnte es klug sein, alle Spekulationen zu beenden und ihnen einfach zu sagen, daß und wie Sie sie in Ihrem Testament bedenken werden. Und wenn Sie sicher sind, daß Ihnen für den Rest Ihres Lebens genug bleibt, nehmen Sie die Eigentumsübertragung vielleicht noch zu Ihren Lebzeiten vor. Behalten Sie, soviel Sie für sich brauchen, und schauen Sie mit Befriedigung zu, wie Ihre Verwandten das ihnen hinterlassene Erbe genießen. So wird die Freude aller verdoppelt werden und schon mit geringfügigen Vorbehaltsklauseln können Sie auf die Sicherung des Erbes oder zur Schlichtung von den bei der Teilung zu erwartenden Streitigkeiten auf die Erben einwirken.

Da menschliche Gier nun einmal so ist, wie sie ist, sollten Sie darauf vorbereitet sein, vielleicht auch von Verwandten enttäuscht zu werden, die Ihnen zuvor tiefe Zuneigung bekundet haben. Versuchen Sie die auf Ihr Alter entfallenden Erwartungen realistisch einzuschätzen, so werden Sie sich irgendwelche ernsteren emotionellen Schocks leicht ersparen.

Was halten Sie vom Altersheim?

Der folgende Brief ist typisch für viele, die ich erhalte:
Lieber Mr. Sherman:
Glauben Sie, ich könnte mich in einem Altersheim wohlfühlen? Ich komme in ein Alter, in dem ich körperliche Pflege benötigen könnte, und ich möchte nicht meinen erwachsenen Kindern und ihren Familien zur Last fallen.

(Mrs. J. G.)

Eine ebenso typische Antwort, die ich auf solche Fragen gebe, ist die folgende:
Das hängt ab von dem Altersheim. Einige dieser Institutionen werden von einer aufgeschlosseneren Art von Männern und Frauen bewohnt, deren Gesellschaft sehr erfreulich und anregend ist. In einer solchen Umgebung können Sie ein neues und interessantes Leben finden.

276

Es wäre jedoch gut für Sie, wenn Sie zuvor verschiedene Heime für Alte besuchten, falls Sie über genügend Geldmittel verfügen, um selbst zu entscheiden, ob Sie in einem dieser Heime glücklich sein können oder nicht.

In Ihren späteren Jahren bedeutet Gesellschaft fast ebensoviel wie die physische Pflege, die Sie empfangen können. In vielen Fällen bedeutet sie mehr, weil es doppelt schwer ist, irgendwelche physische Krankheiten oder Unzulänglichkeiten des Alters zu ertragen, wenn Sie nicht wenigstens geistig glücklich sind.

Ihren Verwandten die Last Ihrer Pflege zu ersparen, ist ein schöner, großzügiger Entschluß. Wann immer es möglich ist, daß ein älterer Mensch sich seine Unabhängigkeit wenigstens teilweise bewahren kann, ist das besser für alle Beteiligten und trägt zu glücklicheren Familienbeziehungen bei.

Sind Sie imstande allein zu leben?

Wenn Sie älter werden und die Freunde und Verwandten Ihrer Generation, vielleicht auch Ihr Mann oder Ihre Frau, nacheinander starben, werden Sie sich zunehmend einsamer und auf sich selbst gestellt finden. Ob diese Veränderung für Sie zu einem Hauptproblem wird, hängt dann von Ihrer Fähigkeit ab, allein sein zu können oder nicht, sich mit Ihrer eigenen Gesellschaft zu begnügen, oder sich den zeitvertreibenden Unterhaltungsmöglichkeiten wie Radio, Fernsehen, Kino, Theater, guten Büchern, Ausflügen und anderen Zerstreuungen hinzugeben, falls sie ein befriedigender Ersatz für den Mangel an menschlicher Gesellschaft sind.

Es ist möglich, daß diese Unterhaltungsmöglichkeiten viel von ihrem Reiz verlieren, sobald Sie sich ihrer allein erfreuen müssen, weil Sie in der Vergangenheit gewohnt waren, sie mit anderen zu teilen. Die Gesellschaft eines verständnisvollen, ebenbürtigen Menschen mit ähnlichen Interessen und Geschmack ist fast ein „Muß", damit das Leben nicht in tödlicher Langeweile erstarrt.

Nur selten kann der Mensch ganz allein mit sich selbst leben. Man muß schon ein extrem introvertierter Typ sein (so selbstbezogen, daß man sich seine eigene Welt schafft und diese immer von neuem reflektiert), oder man muß eine Lebensphilosophie besitzen, die einem die innere Gewißheit der Übereinstimmung mit der Natur und mit Gott vermittelt.

Einige dieses letzteren Typs habe ich gekannt. Sie waren weit davon entfernt, Einsiedler zu sein. Mit Hilfe des Radios waren sie stets gut informiert; einige von ihnen haben Beachtliches gelesen und wenn man sie einmal kennengelernt hat, werden sie zu jeder Diskussion bereit sein über Menschen und Leben, über Kultur und Politik, und ihre kritischen Anmerkungen und Ratschläge würden oft selbst sogenannten „studierten Leuten" Ehre machen.

Ein älterer Mann, gekrümmt und gebeugt von seinen dreiundneunzig Jahren, aber knorrig und wetterfest vom Leben im Freien, wohnte wenige Meilen von mir in einem verwitterten Ein-Raum-Haus. In dieses Gebiet im nördlichen Arkansas war er vor mehr als sechzig Jahren gekommen und hatte hier seine Heimstätte gegründet, die er jetzt noch bewohnt. „Ich heiratete ein Mädchen in Wisconsin, hatte in der ersten Woche einen Streit, lief zur Tür hinaus und weiter und immer weiter bis hierher", hatte er mir bei unserer ersten Begegnung erzählt. „Ich habe seither nichts von ihr gesehen oder gehört, und ich hatte auch kein Verlangen mehr nach irgendeiner Frau. Aber meinen Hund würde ich nicht für eine Million Dollar abgeben."

Abgesehen von dieser leichten Verschrobenheit sind die Ansichten des Alten über die Weltangelegenheiten jedoch vernünftig und angemessen. Aber ob sie allein leben oder nicht – wir alle sind ein wenig einseitig in manchen Dingen; aber diese Einseitigkeit hängt ab von unseren Reaktionen auf Erfahrungen, die uns ein Leben lang zuteil geworden sind.

Das Menschenwesen ist nicht geschaffen, um allein zu leben. Ein Philosoph sagte einmal: „Gott machte zwei Geschlechter, daß Mann und Frau einander suchen müssen, um das Gefühl beglückender Ganzheit zu gewinnen, um das eingeborene Verlangen nach liebender, verständnisvoller Gemeinschaft zu erfüllen."

Wenn einige von uns nicht den richtigen Partner fanden, mußten wir eine emotionale Anpassung durchmachen, um allein das Glück zu finden.

Die einsamsten Menschen, die ich je getroffen habe, waren nicht diejenigen, die allein oder fern der Zivilisation lebten, sondern es waren Männer und Frauen, die sich nicht in Einklang mit Verwandten und Freunden befanden, und diese – obgleich umgeben von Menschen und Betriebsamkeit – sind entsetzlich unglücklich.

Gewöhnlich haben der Mann oder die Frau, die mit sich selbst auskommen, auch die Fähigkeit, mit anderen glücklich zu leben. Aber dennoch zeigt der Fall des dreiundneunzigjährigen alten Mannes, daß irgendeine Art von Gesellschaft nötig ist, und sei es nur die Gesellschaft eines treuen Hundes.

Wenn Sie in Ihren späteren Jahren einsam oder allein sind, unternehmen Sie etwas dagegen. Beginnen Sie sich für Dinge zu interessieren, die außerhalb Ihrer persönlichen Existenz liegen: Für andere Menschen. Da „Gleiches immer Gleiches anzieht" (niemals, niemals sollten Sie das vergessen!), werden Sie bald auf andere Menschen stoßen, die ihr freundliches Interesse dafür *Ihnen* zuwenden!

Gewinnen Sie die Freundschaft der Jüngeren

Um zu vermeiden, daß Sie auf einer „Insel" zurückbleiben, während alle Gleichaltrigen sie verlassen, um ihre „Reise ohne Wiederkehr" anzutreten, sollten Sie rechtzeitig die Gesellschaft und Freundschaft von Männern und Frauen der jüngeren Generation suchen. Die Altersdifferenz werden Sie leicht überbrücken, indem Sie sich einen jugendlichen Geist und ein ehrliches Interesse an allen Gegenwartsfragen erhalten. Daß Sie dann immer noch auf Gesellschaft zählen können, wenn Sie die meisten, oder gar alle Angehörigen Ihrer Altersgruppe überleben sollten, wird Ihnen helfen.

Kürzlich, bei einem Treffen im Lions Club von Mountain View (Löwen Club), Arkansas, dessen Mitglied ich bin, bemerkte der Distriktgouverneur der Löwen, die Mitgliedschaft müsse immer junge, mittelalte und ältere Menschen umschließen. „Die jungen Löwen", sagte er, „bringen die *Energie* mit zur Lösung von vielerlei öffentlichen Aufgaben; die mittleren Alters bringen die *Stabilität* ein; aber die älteren Mitglieder", und dabei blickte er in meine Richtung, „bringen uns ihre Weisheit mit".

Nun, auch ohne diesen freundlichen Hinweis habe ich mich niemals als „alt" oder auch nur als „älter" oder gar als „weiser" betrachtet. Gleichwohl wirkt es auf mich wie ein Schock, daß einige beginnen, mich „den alten Sherman" zu nennen. Ich bin sicher, daß ich weder alt *denke* noch alt *handle*. Und wenn ich höre, wie einige Bürger eine bekannte Dame als „die alte Lady soundso" bezeichnen, dann möchte ich am liebsten protestieren. Weder sie noch ich müssen diese Auffassung von Alter akzeptieren, solange wir uns in Geist und Körper kraftvoll und aktiv fühlen.

Vor nicht sehr langer Zeit schloß ich mich einigen jüngeren Männern an, die zur Erforschung einer Höhle aufbrachen. Ein Seil um die Taille geknüpft, wurden wir von der Spitze eines Berges fast hundert Fuß tief hinunter gelassen durch eine kaminartige Öffnung. Einige Stunden dauerte dieser rauheste und härteste Aufenthalt... welche Art zu gehen — zwischen übergroßen Geröllhaufen und Schutt hindurch, über und entlang an Kalk- und Sinterablagerungen vieler Jahrhunderte, auf Händen und Knien durch enge Felsspalten, Risse und Tunnels kriechend, dann wieder steile Felsen empor steigend, mehr als hundert Fuß hoch und bedeckt mit schlüpfrigem Lehm, darin Hand und Fuß nur den allernotwendigsten Halt ertasteten... Welche Beanspruchung des Körpers wie der Nerven in der kohlschwarzen Finsternis, unterbrochen nur von den Karbidlampen auf unseren Helmen.

Als Männer meines Alters mir sagten, sie wären nicht in die Höhle hinunter gestiegen (eine der größten der Welt, größer als die berühmten Karlsbader Höhlen), nicht für eine Million Dollar, und mich dann fragten, warum ich die bei einem solchen Abenteuer immerhin möglichen ernsthaften Verletzungen riskiert hätte, konnte ich nur antworten: „Ich dachte nicht daran, daß mein Alter damit irgendetwas zu tun hätte, vielmehr wollte ich in diesem riesigen Höhlengebiet von Blanchard Springs einfach die Wunder der Natur sehen; und ich war während der unterirdischen Erkundung von jedem einzelnen Schritt so fasziniert, daß der Gedanke an eine Gefahr mir überhaupt nicht kam!"

Blicke ich zurück, so bin ich sicher, daß ein Geist warmer Kameradschaft alle verband, die in die Höhle hinunterstiegen; und obwohl wir alle von diesem sicherlich etwas gewagten Ausflug wohlbehalten zurückkehrten, wird die gemeinsame glückliche Erfahrung in unser aller Erinnerung leben, als seien wir alle im gleichen Alter gewesen – dem Alter der ewigen Jugend.

Nun, vielleicht haben Sie in Ihrer Nähe keine Höhle zu erforschen, um auf diese Weise die Kameradschaft mit der jüngeren Generation zu fördern. Aber wenn Sie eine noch annehmbare geistige und physische Gesundheit besitzen, werden Sie, wo immer Sie leben, viele gemeinschaftliche oder gesellschaftliche Betätigungen finden, die Ihnen Gelegenheiten zu solchen Begegnungen bieten.

Es ist falsch, sich in den Schaukelstuhl zurückzuziehen, solange Sie dank Ihrer lebenslangen Erfahrungen irgendeiner guten Sache nützliche Dienste leisten können. Das ist der eine Weg, der Ihnen bleibt, um jung zu bleiben und sich Ihres Wertes zu erfreuen. Und wenn Sie in die Augen von jüngeren Frauen und Männern blicken, aus denen Achtung und Verehrung Sie anstrahlen, dann erfüllt Sie ein warmes Gefühl innerer Zufriedenheit, denn Sie wissen, daß Sie willkommen sind und geschätzt werden.

Einmal nähert sich der Augenblick, dem jeder von uns auf seine eigene Weise begegnen muß – der Augenblick des Scheidens von dieser Welt. Wir sind tatsächlich glücklich, wenn wir unsere physische und geistige Gesundheit uns erhalten können, bis der Zeitpunkt des Übergangs gekommen ist. Aber viele von uns, wie gut wir auch auf uns achten mögen, verfallen früher, geschwächt an Körper und Geist. Solche Schwächen müssen getragen werden, mutig und mit so wenigen Klagen, wie es möglich ist.

Es mag sein, daß ein lange geübter religiöser Glaube Sie bisher aufrecht erhielt. Wenn Sie jedoch gefunden haben, daß Ihr Glaube schwankt oder Sie verläßt, daß Sie nicht mehr so glauben können, wie Sie einst geglaubt haben, daß Sie nicht länger von der Möglichkeit eines Lebens nach dem Tode überzeugt sind, dann ist es möglich, daß Sie der Zukunft mit tiefer Besorgnis, ja mit Angst oder gar Entsetzen entgegensehen.

Gestützt auf außersinnliche Erfahrungen, die ich gewinnen konnte, und auf Forschungen, die ich durchgeführt habe, gelangte ich zu der Überzeugung, daß wir den Tod tatsächlich überleben. Vielleicht kann ich Ihnen diese Überzeugung nicht einfach weitergeben, denn was ich auch sagen könnte — diese innere Gewißheit müssen Sie selbst finden. Nun kenne ich aber Männer und Frauen, welche die Fähigkeit entwickelt haben, ihre physischen Körper nach Wunsch und Willen zu verlassen. Während sie sich eines Körpers mit einer höheren Schwingungszahl bedienen (der deshalb unsichtbar für das physische Auge und für gewöhnlich jenseits der Wahrnehmungsfähigkeit der fünf Sinne bleibt), sind sie in der Lage, in „die nächste Dimension" hinüberzuwechseln. Hier finden sie eine Welt vor, die für sie ebenso *real* ist, wie die diesseitige für uns. Hier finden sie aber auch Kontakt zu körperlosen Wesenheiten, die sie in die Lage versetzen, nach ihrer Rückkehr zu berichten von Begegnungen mit Lieben, die bereits „hinübergegangen" oder „abgeschieden" sind.

Einmal, hoffe ich, werden sich solche Männer und Frauen

der wissenschaftlichen Forschung zur Verfügung stellen, um mitzuarbeiten an der überzeugenden Beweisführung für ein „Weiterleben nach dem Tode". Mag Ihnen das auch als unglaubwürdig erscheinen — bitte „lassen Sie die Geschworenen beiseite" —, so bewahren Sie sich doch einen offenen Geist, denn vieles, was gestern noch völlig unmöglich erschien, wurde seither im Bereich des Wirklichen nachgewiesen ...

Würde es für Sie nicht etwas völlig anderes bedeuten, in Ihrem fortschreitenden Alter zweifelsfrei zu wissen, daß der Tod des Körpers nur Ihre Seele befreit, Ihre Identität, das „ich bin ich" in Ihnen, für die nächste, höhere Existenz? Würde Sie das nicht herausfordern, Ihre geistige Einstellung zu ändern, um vorbereitet zu sein für ein solches fortdauerndes Abenteuer? Würde es Sie nicht wünschen lassen, noch ein höheres Guthaben in sich selbst anzusammeln während der Zeit, die Ihnen auf dieser Erde noch bleibt?

Ich glaube es. Jedenfalls möchte ich persönlich nicht irgendwelches unnütze Gepäck hinübertragen in das nächste Leben. Ich weiß, daß ich nur das mit mir nehmen werde, was ich hier entwickelt habe. Und mehr wird keiner von uns mitnehmen.

Versuchen Sie die Veränderungen Ihres Körpers so gut wie möglich hinzunehmen, wenn sie kommen. Das fleischliche Haus, das Sie hier bewohnen, hat Ihnen treue Dienste geleistet. Vielleicht haben Sie es oft mißhandelt mit übermäßigen Gewohnheiten und Gelüsten, mit verwüstenden Gedanken und Gefühlen. Seien Sie ihm dennoch dankbar, wie Sie einem zuverlässigen, treuen Diener danken würden.

Sie wurden nicht geschaffen, um auf dieser Erde eine Ewigkeit zu leben. Nur der physische Tod kann Sie befreien für eine andere Existenz.

Haben Sie keine Furcht. Leben Sie Ihr Leben einen um den anderen Tag, so voll und so glücklich wie möglich. Akzeptieren Sie, was Sie nicht ändern können, so glücklich und so gelassen und heiter, wie Sie können. Und seien Sie dessen gewiß, daß die Gottesgegenwart in Ihnen genauso real ist, wie für jedes andere Lebewesen einer jeden Zeit, überall, im ganzen grenzenlosen Universum. Darum sollte es Ihnen zur beständigen inneren Gewißheit werden, daß alles, was immer geschieht, im Grunde gut für Sie sein wird.

Leitsätze für Ihr künftiges Leben

Ich akzeptiere die reale Tatsache, daß ich in einer sich ändernden Welt lebe und, wie ich älter werde, den wachsenden Problemen der Einstellung und Anpassung ins Auge sehen muß.

Ich bin mir bewußt, daß mit dem Alter viele Probleme ökonomischer, sozialer und gesundheitlicher Art auftreten.

Ich handle klug, wenn ich diese Veränderungen voraussehe und mich auf sie vorbereite, so gut und so früh ich es kann.

Es mag notwendig oder ratsam für mich sein, allein zu leben, wenn ich es mir leisten kann und nicht von Verwandten abhängig bin, solange meine Gesundheit solche Abhängigkeit nicht erzwingt.

Ein Krankenhaus oder ein Altersheim sind den Beeinträchtigungen des persönlichen Lebens von engen Freunden oder Verwandten vorzuziehen, denn sie haben ein Recht auf ihr Eigenleben, soviel sie sich auch um mich sorgen mögen.

Solange ich mich trotz meines Alters einer durchschnittlichen Gesundheit und Lebenskraft erfreue, will ich teilnehmen am Leben meiner Gemeinde und am gesellschaftlichen Geschehen, soweit diese mich nicht überanstrengen, weil jede Tätigkeit mein Interesse am Leben um mich herum und in der Welt lebendig erhält.

Ich wage zu glauben, daß dieses Leben nicht das Ende ist. Auf diese Annahme hin werde ich mehr und mehr Zeit und Gedanken auf die Entwicklung einer Philosophie verwenden, die es mir ermöglichen wird, dem Wechsel, genannt Tod, ohne Furcht ins Gesicht schauen zu können.

18. Kapitel

GEFAHREN DURCH MISSBRAUCH
GEISTIGER KRÄFTE

Nun, da Sie bereit sind, diese innere Kraft freizusetzen, ist es an der Zeit, Sie vor ihrem Mißbrauch zu warnen.

Sie bedienen sich tatsächlich einer hochexplosiven Kraft – ihr falscher Gebrauch kann Ihr Leben ruinieren. Und nicht nur Ihr Leben, sondern auch das Leben aller, deren Wohlergehen Ihnen am Herzen liegt.

Das muß so sein, weil Sie als ein Wesen mit freiem Willen und mit freier Wahl geschaffen worden sind. Sie können also wählen, ob Sie diese Kraft zum Bösen oder zum Guten gebrauchen wollen. Gehen Sie den Weg des Bösen, so tun Sie das auf eigene Gefahr.

Millionen von menschlichen Wesen haben sich selbst zerstört, weil sie die Gefahr nicht sahen, und weitere Millionen werden es ebenso tun, bevor der Mensch diese Kraft in seinem Leben völlig versteht und die Kontrolle über sie gewinnt. Das ist das *Verbrechen und der Frevel vieler Jahrhunderte und aller ihrer Generationen*, daß der Mensch ungezählter Jahrhunderte bedurfte, um nur an den Anfang seines Selbstverständnisses und des Verstehens dieser gottgegebenen Kraft zu gelangen, die, richtig angewandt, seit langem dauernden Frieden, Wohlstand, Gesundheit und alles übrige Gute hätte bewirken können nach des Menschen Wunsch!

Heute dagegen führen falsches Denken, aufgestaute Haßgefühle, Groll, Gier, Furcht, Vorurteile und andere destruktive Gefühle bei allen menschlichen Rassen unerbittlich zu Umsturz und Untergang alles Bestehenden, wenn diese Gefahr nicht ausgeschaltet wird durch das Wunder eines neuen Selbst- und Weltverständnisses!

Sie können diese Kraft nur eine begrenzte Zeit im Zaum halten; sie muß sich in irgendeiner Form manifestieren, gut oder böse, in dieser äußeren Welt! Schauen Sie sich um. Betrachten Sie die weitverbreitete Unruhe, die menschlichen Leiden und die Not in vielen Ländern, den wirtschaftlichen Druck, die unüberbrückbar anmutenden Feindseligkeiten, die Vorurteile und die sich häufenden Bosheiten, die Kriege und das nie verstummende Kriegsgeschrei – alles von Menschen hervorgebracht, durch *des Menschen falsches Denken!*

Was kann dagegen getan werden? Wie kann dieser höchst gefährliche Mißbrauch geistiger Kraft gestoppt werden? Wie lassen sich die unabsehbaren Zerstörungen des Menschen und alles dessen, was er liebt und schätzt, vermeiden?

Irgend etwas muß getan werden! Und Sie müssen der Eine sein, der es tut! Die Tat kann nicht länger auf andere warten. *Sie* müssen beginnen. Jeder Geist, der diese Kraft benutzt, so wie sie benutzt werden sollte, fügt etwas Positives und Aufbauendes zum universalen Denken hinzu. Sie können großen Einfluß erlangen – unter Ihren Freunden und Ihren Lieben und in Ihrer Gemeinde. Verhalten Sie sich realistisch, ohne negativ zu sein.

Was auch geschieht, Sie können der Führung und des Schutzes für sich selbst sicher sein bei richtigem Gebrauch Ihres eigenen Geistes hier und jetzt. In der Tat, die Kraft des Geistes, den Menschen zu befreien oder zu zerstören, sollte öffentlich verkündet werden. *Das gewaltigste Erziehungsprogramm der ganzen Weltgeschichte sollte in Gang gesetzt werden, um dem Menschen zu enthüllen, was er zufügt – sich selbst!*

Die Geschichte ist übervoll von Männern, die diese Kraft zu gebrauchen begannen, und die deshalb schnell Schlagzeilen machten. Dann erlagen sie der Versuchung, die Kraft für selbstsüchtige Zwecke zu benutzen, andere auszunutzen oder die Herrschaft über sie zu gewinnen. Aber trotz anfänglicher oder auch einige Zeit anhaltender Erfolge – einige von ihnen erzielten weltweite Wirkungen – nahmen sie doch alle ein tragisches Ende. Ich brauche nur Männer

wie Nero, Julius Cäsar, Mussolini, Hitler, Stalin, Lenin ...
wieder zu erwähnen. Denken Sie an all das Elend, das sie
über die Menschheit brachten mit der Kraft, die auch sie
einst besaßen, und an das Böse, das sie durch den Mißbrauch
dieser Kraft schufen, und das sie in einigen Fällen überlebte,
selbst um Jahrhunderte!

Überwachen Sie den eigenen Gebrauch dieser Kraft!
Lassen Sie Ihr Ego nicht größenwahnsinnig werden, wenn
Sie bemerken, daß diese Kraft Sie emporzuheben beginnt!

Folgen Sie der Stimme Ihres Gewissens! Fragen Sie sich
vor jedem Schritt, den Sie planen: „Mache ich den rechten
Gebrauch von dieser Kraft? Oder benutze ich sie in einer
Weise, die anderen oder mir Schaden zufügt? Versuche ich
zu schnell fortzuschreiten, bevor ich noch die Verantwortung übernehmen kann für die Erfahrungen, die ich anziehe?"

Schreiten Sie langsam fort, aber sicher!

Ja, es ist möglich, daß Sie zu schnell Erfolg haben – vor-
übergehenden Erfolg. Denn die innere Kraft vermag weder
Ihre Fähigkeiten zu analysieren noch den Grad Ihrer Taug-
lichkeit zu bestimmen, die Sie in die Lage versetzen, das,
was Sie wünschen, auch in der richtigen Weise zu gebrauchen, wenn es Ihnen zuteil wird. Alles, was diese Kraft vermag, ist, Ihren Instruktionen zu folgen und zu liefern, was
den von Ihnen ihr eingegebenen geistigen Bildern entspricht.
Der Richter darüber, ob Sie selbst Ihren Bitten oder Forderungen gewachsen sind, welche die Kraft bewegen, sind
Sie allein – sind Sie es nicht, werden Sie auch den Resultaten nicht gewachsen sein!

Sie kennen sich besser, als irgendein anderer Mensch Sie
kennt. Sie wissen, was Sie tun können und was Sie nicht tun
können innerhalb gewisser Grenzen. Zum Beispiel wissen
Sie, wenn Sie gerade das College verlassen haben, daß Sie
Ihre Erziehung noch durch Erfahrung ergänzen müssen und

daher nicht sogleich an der Spitze eines Geschäfts anfangen können. Sie wissen, daß Ihnen die Stärke Ihres Diploms allein noch keinen Erfolg sichert. Ich hoffe, Sie wissen soviel! Aber ich habe auch mit Hunderten von College-Männern und -Frauen gesprochen, die im Geschäftsleben versagt und ihr Leben nicht zum Erfolg geführt haben; sie waren in diese Welt eingetreten mit der Erwartung, daß die Welt ihnen nun ihren Lebensunterhalt schulde und daß ihre Erziehung sie für alles, was sie wollten, qualifiziere. Auch sie benutzten diese Kraft, um mit ihrer Hilfe und ihrer ansprechenden Persönlichkeit in verantwortliche Positionen zu gelangen. Sie kamen zwar glatt und ohne Schwierigkeiten eine Zeitlang voran, aber als ihr Mangel an Erfahrung sie einzuholen begann, fühlten sie den Druck. Ihre Selbstsicherheit verminderte sich, und bald sahen sie andere Männer und Frauen mit weniger Bildung, aber mehr Erfahrung über sie hinwegklettern. Das konnten sie nicht ertragen, sie wurden eifersüchtig, gereizt, böse und schließlich furchtsam. Was war falsch gewesen? Sie brachten alles mit, und doch schien nichts davon zu zählen in dieser Welt der Realität, im Kampf des Lebens! Hatten Erziehung und Bildung selbst die Schuld daran? War diese Jugend vielleicht gelehrt worden, am Anfang zuviel zu erwarten?

Erkennen Sie sich selbst. Lernen Sie sich kennen. Lernen Sie Ihre Wünsche kennen, aber bleiben Sie ehrlich – fordern Sie nur das, von dem Sie wissen, daß Sie es wirklich gebrauchen und handhaben können. Malen Sie sich selbst aus, was Sie damit arbeiten, um so Ihren Anspruch auf den begehrten Besitz zu *verdienen.* Wünschen Sie für sich niemals mehr, als Sie fähig sind, auf einmal zu bewältigen. Selbstverständlich werden Sie in noch schönere und größere Gelegenheiten hineinwachsen, und die innere Kraft wird Sie zusammen mit Ihren eigenen Anstrengungen — versehen mit allem, was Sie benötigen, um dorthin zu gelangen, wohin Sie kommen wollen — Schritt für Schritt die Leiter des Erfolgs emporheben zum Glück.

Benutzen Sie diese Kraft niemals für egoistische Zwecke!

Für viele Menschen, die zum erstenmal diese innere Kraft
gewahr werden, bedeutet sie eine Versuchung. Ist es gestattet, sie für egoistische Zwecke zu gebrauchen? Gewiß, auch
dann wird die Kraft Ihren Anordnungen entsprechen; sie
wird jede Anweisung ausführen, welches geistige Bild Sie
ihr auch eingeben, und ob Ihre Absichten nun gut oder
schlecht sein mögen. Sie können sich ruhig bildhaft ausmalen, wie Sie irgendeinen Menschen übervorteilen wollen,
wenn Sie dann auf dieses Ziel hinarbeiten und dieser Mensch
sich Ihrem Vorhaben gegenüber zu vertrauensvoll und nicht
wachsam genug verhält, so können Sie Erfolg haben und ihn
an der Nase herumführen. Aber indem Sie das tun, haben
Sie sich selbst einen *verletzlichen Punkt* geschaffen – eine
Schwingung Ihres eigenen Bewußtseins, die sich nicht scheut,
Ihnen Gleiches mit Gleichem zu vergelten.

Solche falschen Manipulationen des Geistes verhelfen Ihnen dazu, sich in Ihrer eigenen Falle zu fangen. Was Sie
auch planen, um es anderen anzutun, immer verüben Sie,
ohne es zu bemerken, diesen Anschlag in Wahrheit gegen
sich selbst, weil „Ihr Eigenes immer wieder zu Ihnen zurück-
kehrt".

Sind Sie willens, die Gegenstände Ihrer Wünsche sich im
Leben durch eigene Anstrengungen zu verdienen? Was Sie
ohne Anstrengung gewinnen, verlieren Sie gewöhnlich wieder
genauso schnell. Das ist so, weil die magnetische Kraft, die
es angezogen hat, nicht dauernd wirkt; wenig oder keine
Kraft aber umgibt, was Ihnen unverdient (durch falsche
Handhabung des Geistes) zufällt, so daß jeder andere (wieder durch falschen Gebrauch der Kraft) es Ihnen wegnehmen
kann – ganz folgerichtig.

Gleiches – erinnern Sie sich? – zieht immer Gleiches an.
*Wenn Sie nicht wollen, daß irgend jemand Ihnen irgend et-
was antut, dann tun Sie es ihm nicht zuerst an!* Dies ist eine
abgewandelte Form einer sehr alten Mahnung; aber sollte
nicht ein Wort an die Törichten und Unvernünftigen der Be-

ginn der Weisheit sein? Sie können nicht ungestraft davon-
kommen, wenn Sie irgend etwas „auf dem Kerbholz" haben. Das Gesetz der ausgleichenden Gerechtigkeit wird dafür
sorgen.

Von frühester Vergangenheit an bis heute hat nur ein kleiner Prozentsatz der menschlichen Wesen diese Kraft richtig
angewandt. Aber jedesmal, wenn das geschah, hat sie ihnen
zu großem persönlichen Glück, Erfolg, Gesundheit, Reichtum
und sogar zu Ruhm verholfen. Und das Ausmaß der erfah-
renen Befriedigung stand stets im Verhältnis zum Ausmaß
des in Anspruch genommenen Anteiles von der Kraft. Und
das wird immer so sein! Drehen Sie einen Wasserhahn halb
auf, und Sie werden nur den halben Wasserstrahl zur Verfügung haben. Lassen Sie sich nur von einem Teil der Kraft
durchströmen, und Sie verkleinern die Resultate, die sie Ihnen bringen kann.

Alle Führer, die mit ihrer inneren Kraft Haß und Groll,
Mißtrauen und Neid großer Menschenmassen in Brand setzen, können unermeßlichen Schaden anrichten. Die Zeugen
dafür sind die Dschingis-Khans und die Napoleons, die Kaiser Wilhelme und die Hitler der Geschichte! Und bedenken
Sie: Es gibt immer Millionen, die nur darauf warten, geführt
zu werden von einem, der willens und bereit ist zu führen...
in die richtige Richtung zu führen! Doch die Menschheit, Sie
wissen es, hält den tragischen Rekord, ihre Retter zu kreu-
zigen!

*Die Zeit ist reif für den richtigen Gebrauch der Kraft
des Geistes*

Für den Menschen ist die Zeit nahe, ungeachtet seines religiösen oder philosophischen Glaubens, seiner Rasse oder seiner Hautfarbe, die ihm innewohnende spirituelle Kraft zu
erkennen und anzuerkennen. Gelingt es ihm, dieses „Etwas",
das jeder Mensch besitzt, richtig zu gebrauchen, so besteht
Grund zu der Hoffnung, daß allen Menschen der Friede und

das Glück, der Überfluß und die Gemeinsamkeit einer universellen Verbundenheit zuteil werden kann, die der Mensch seit langem ersehnt.

Sie ist *hier*, direkt in Ihnen, ein Teil von Ihnen genauso wie sie ein Teil von mir ist und vor Jahren schon war, als auch ich sie nicht erkannte, weil ich noch nicht erwacht war zu dem, was ich besaß, was immer mein gewesen war, zu dem, was immer in der Welt gewesen war, erreichbar für alle Menschen zu allen Zeiten — der Schatz hinter allen Schätzen, der heilige Gral, die Weisheit, die Intelligenz, die Klugheit und Einsicht, das Verständnis und die Antwort auf alle Probleme, aber auch der Fluch aller Flüche, die teuflischste oder unmenschlichste aller Kräfte, wenn sie durch *des Menschen falsches Denken explodiert ...!*

Es liegt bei Ihnen, sie zu gebrauchen oder zu mißbrauchen. Nun, da Sie sie haben – und wissen, welcher Wirkungen sie fähig ist –, was werden Sie mit ihr tun?

Wie Sie sich auch entscheiden, sie zu gebrauchen, zu jeder Zeit wird sie Ihre Welt verändern – könnte sie die ganze Welt ändern!

Gefahr: Hochexplosiv! Gehen Sie mit Vorsicht und Weisheit vor. „Wenn Sie es glauben, ist es so!" Aber *was* glauben Sie?

Was Sie glauben und was die Menschen dieser Welt glauben, wird die Welt von morgen schaffen! Und der Glaube an diese schöpferische Kraft wird *die Erde erschüttern!*

Leitsätze für Ihr künftiges Leben

Ich weiß, wenn ich die geistige Kraft in mir falsch gebrauche, kann sie mein Leben ruinieren.

Richtig angewendet, weiß ich, daß die geistige Kraft mir den großen Frieden des Geistes bringen kann, ein neues und dauerndes Gefühl der Sicherheit, bessere Lebensbedingungen, dauerndes Glück und gute Gesundheit.

Um die Kontrolle über die Kraft auszuüben, muß ich bescheiden bleiben, bei Erfolg wie im Unglück — und vor jedem wichtigen Schritt, den zu unternehmen ich plane, frage ich mich: „Gebrauche ich die Kraft richtig?"

Ich weiß, daß das, was ich glaube und was die Menschen dieser Welt glauben, die Welt von morgen schaffen wird.

Die Wirkung dieser gottgegebenen kreativen Kraft sichert mir Führung und Schutz zu, die ich beide benötige, um künftigen Gefahren gewachsen zu sein.

19. Kapitel

FRAGEN UND ANTWORTEN
ZUM GEBRAUCH DER KRAFT IN UNS

Seit Jahren erhalte ich regelmäßig die Anfragen von Männern und Frauen, die dieses „Etwas", die kreative Kraft in uns, entdeckt haben oder gerade entdecken und sich ernsthaft dem Studium dieser geistigen Kraft widmen. Einige dieser Fragen könnten nun genau die sein, die Sie mir stellen möchten. Ich habe daher die wesentlichsten ausgewählt und beantworte sie in diesem Kapitel, in der Hoffnung, daß meine Antworten Ihnen zu Ihrer weiteren Entwicklung und zum rechten Gebrauch verhelfen werden.

Wie kann ich meinen Geist freihalten vom erregenden, verwirrenden Denken an Angst und Sorgen, die anscheinend von außen zu mir kommen?

Falsche emotionelle Reaktionen auf verschiedene Erfahrungen, die Sie hatten, haben Ihrem Geist die Ängste eingepflanzt, daß ähnliche Erfahrungen Sie weiterhin heimsuchen könnten. Unterbewußt angezogen durch diese Ängste, bringt alles, was Ihnen passiert und was an frühere unglückliche Erfahrungen erinnert, diese „verwirrenden Angst-und-Sorgen-Gedanken" hervor, die Sie beschreiben. Schalten Sie diese aus, indem Sie Ihren Geist befreien von eben diesen emotionalen Einflüssen vergangener Ängste und Sorgen. So wird die Kraft dieses falschen Denkens, ähnliche Gedanken und Reaktionen anzuziehen, proportional vermindert. Mit anderen Worten, je mehr Sie Ihre positive Geisteshaltung entwickeln, um so weniger werden Sie durch negative Gedanken beeinflußt oder gestört.

Wie können wir den Glauben haben und die Tatsache ignorieren, daß ein Feind auf uns lauert, immer bereit, anzugreifen – oder daß die Straße, der wir in der Finsternis folgen, in einem Abgrund enden kann – oder daß das Wasser, das wir gerade trinken wollen, bösartige Bakterien enthalten mag? Nur wenige von uns haben die Macht der Vorahnung oder des Vorgefühls entwickelt, so daß man sich darauf nicht verlassen kann in Notfällen oder im alltäglichen Leben.

Blinder Glaube ist immer gefährlich, oft ist er schlimmer als überhaupt kein Glaube. Echter Glaube besitzt eine „innere wissende Qualität". Solcher Glaube ist gegründet auf ein intelligentes, einsichtsvolles und vernünftiges Bewußtsein der Faktoren, auf welche Sie Ihren Glauben gründen. Sie benutzen Ihren Verstand jedoch nicht, wenn Sie ohne Vorsicht ein Gebiet durchstreifen, in dem Sie einem Feind begegnen, auf einen jähen Abgrund oder möglicherweise auf verseuchtes Wasser stoßen könnten. Der Glaube war *nicht* als ein Ersatz für intelligentes Handeln vorgesehen. Er war und ist bestimmt zur Vermehrung und Erhöhung Ihrer Intelligenz, um die kreativen Kräfte in Ihnen zu aktivieren, damit Sie mit seiner Hilfe und in Verbindung mit Ihren eigenen Bemühungen alles das zu sich herziehen können, was Sie ersehnen.

Wenn Sie sich im Geist und mit Ihrem Glauben bildhaft vorstellen, daß Sie eine Begegnung mit dem Feind sicher vermeiden oder durchstehen können, oder daß Sie ohne Unfall eine Straße entlanggeführt werden in der Dunkelheit, oder daß Sie vorgewarnt werden, wenn Sie zum Beispiel im Begriff sind, infiziertes oder verseuchtes Wasser zu trinken, dann folgt die schöpferische Kraft Ihren Anweisungen und gibt Ihnen diese „Vorahnungen" zu Ihrem Schutze.

Sie sagen, im Falle großer Gefahr lasse das Unterbewußtsein uns das richtige Vorgehen wählen. Wir alle kennen aber Fälle, in deren Verlauf Menschen, die von Feuer eingeschlossen waren, ihre wertvollsten Besitztümer aufgegeben haben, während sie wertlose Möbelstücke herauszogen – oder sie haben auf dem falschen Weg versucht, sich zu retten, während der richtige Weg offen war. Wie erklären Sie sich das?

Ihr Unterbewußtsein wird in einem Notfall nicht „die richtige Bewegung oder das richtige Vorgehen" für Sie wählen können, wenn es nicht durch *richtiges Denken* darauf vorbereitet ist, so zu handeln! Wenn Sie immer vor Feuer Angst hatten, sich aber nicht bildhaft vorgestellt hatten, was Sie im Falle eines Feuers tun würden, wird die Furcht Sie lähmen, wenn Sie sich in einem Feuer gefangen finden, und Sie werden unfähig sein, irgendeine richtige Anweisung Ihres Unterbewußtseins zu empfangen. Denken Sie daran: Aus Ihrem Geist kommt nur das heraus, was zuvor irgendwann einmal hineingegangen ist... weil Sie Ihre Welt geschaffen haben durch Ihre eigene vergangene Reaktion auf die Welt. In Ihrem Wunsch, etwas vor dem Feuer zu retten, ergreifen Sie in Hysterie oder Panik irgend etwas, weil Sie sich die Dinge, die es wert sind, gerettet zu werden im Falle eines Feuers, niemals bildhaft vorgestellt haben. Weil Sie sich auch die im Falle eines Brandes geeigneten Ausgänge niemals bildhaft vorgestellt haben, finden Sie nun nicht *den Weg*, der ins Freie führt, sondern Sie folgen wieder nur der Furcht und der Panik, indem Sie um jeden Preis herauszukommen trachten. Beginnen Sie jetzt gleich damit, Ihren Geist vorzubereiten, um künftig jedem Notfall begegnen zu können!

Ich reise sehr viel, und unterwegs wohne ich in allen Arten von Motels und Hotels. Ich habe keine Angst vor dem Feuer; meine intelligente Vorsicht aber veranlaßt mich immer sogleich nach der Ankunft an meinem Bestimmungsort, die in der Nähe meines Zimmers gelegenen Notausgänge und Feuertreppen zu überprüfen. Ich probiere sogar die Tür zum Notausgang, um zu sehen, ob sie vielleicht verschlossen ist, und die Fenster, die zu Notausgängen führen, um festzustellen, ob sie vielleicht verklemmt sind. (In vielen Fällen habe ich Bedingungen vorgefunden, zum Beispiel verschlossene Türen und Fenster, die kein Entkommen gestattet haben würden.) Auch stelle ich mir im Geist den Grundriß des Raumes und den ganzen Weg bis zum nächsten Ausgang bildhaft vor, so daß ich sie auch in der Dunkelheit finden könnte, wenn dies nötig sein sollte. Diese Prüfung und Beobachtung kostet mich fünf bis zehn Minuten, dann streiche ich sie aus meinem Bewußtsein, denn ich bin sicher, daß ich beim Ausbruch eines Feuers augenblicklich imstande bin, die richtigen Bewegungen auszuführen. Zudem entscheide ich ebenso frühzeitig auch, welche Gegenstände ich mit mir nehme, so daß mein Geist in einer gefährlichen Situation keine schwierige Entscheidung zu treffen hat. Richtig instruiert, wird Ihr Unterbewußtsein Sie niemals irreführen.

Sie sagen, daß das Unterbewußtsein ganz und gar intelligent und praktisch unfehlbar ist, wenn ich Sie richtig verstanden habe. Aber wie kann das Unterbewußtsein dann beeinflußt werden von falschen, ungerechtfertigten oder schädlichen Gedanken oder von äußeren Geschehnissen?

Suggestion! Ihr Unterbewußtsein reagiert augenblicklich auf alles, was Ihnen in Ihrer äußeren Welt geschieht, wenn Sie dieses in Ihr Bewußtsein aufnehmen. Vergessen Sie niemals: Was immer Sie hereinnehmen, die geistigen Bilder von jeder Ihrer Erfahrungen werden in Ihrem Unterbewußtsein gespeichert. Das ist der Grund, warum ich Sie wieder davor gewarnt habe, Ihre geistige Kraft in der falschen Art zu gebrauchen. Lernen Sie, sich vor falschen Reaktionen auf Dinge, die Ihnen geschehen, zu schützen. Fahren Sie nicht damit fort, diese angst- und sorgenvollen Gedanken über Bedingungen und Verhältnisse in Ihrer Umwelt an Ihr Unterbewußtsein weiterzugeben. Denn solange Sie das tun, befehlen Sie ganz einfach der Macht in Ihnen, weiterhin alle ungünstigen Erfahrungen zu Ihnen herzuziehen, weil Sie nur diese sich bildhaft vorstellen. So schaffen Sie das Muster dessen, was bereits geschehen ist, und was, dank Ihrer Beihilfe, auch nicht endet, wieder und wieder. Unfehlbar ist Ihr Unterbewußtsein allein in der Befolgung der Instruktionen, die Sie ihm über Ihr Bewußtsein geben. Es besitzt zwar die Fähigkeit zu intelligenter Wahrnehmung, aber es hat keine Urteilskraft. So können Sie sich nicht darauf verlassen, daß Ihr Unterbewußtsein das Denken für Sie besorgt. Es kann nur für Sie wahrnehmen, wenn Sie es beauftragen, das zu tun, und es kann Ihnen das Wissen von Dingen herbeibringen, von denen Sie wissen müssen, oder es führt Sie hin zu den Quellen dieses Wissens... aber es ist Ihnen nur dienstbar und folgt Ihren Wünschen und Entscheidungen immer nur, soweit Ihr freier Wille diese Dienste beansprucht.

Sie sagen: „Denke immer, daß der andere Bursche ein netter, anständiger Mann ist — und er wird freundlich werden." Aber nehmen Sie einmal an, Sie wissen ganz genau, daß er ein Schuft, ein räudiger, gemeiner, roher Mensch ist. Raten Sie auch dann, man solle sich in einem solchen Fall selbst hinters Licht führen?

Ich rate ganz gewiß nicht zum Selbstbetrug. Wenn Sie wissen, eine bestimmte Person ist „ein räudiger, gemeiner, roher Mensch", wie Sie es nennen, und keines Vertrauens würdig, dann sollten Sie natürlich in jeder Beziehung auf der Hut sein. Aber zu oft schon sind Menschen für Fehler sozialer oder persönlicher oder krimineller Art von einer selbstgerechten Gesellschaft verdammt worden, ohne daß es ihnen erlaubt worden wäre, für diese Fehler Buße zu tun. Statt dessen erwarten wir Böses von ihnen und, natürlich, wir bekommen, was wir erwarten. Sich verteidigend und uns herausfordernd zeigen uns diese Menschen nur noch ihre schlechtesten Seiten, schließen wir ihre guten Seiten doch durch unsere eigene Haltung aus. Darum schadet es nie, wenn wir uns „im Zweifelsfall für den Angeklagten" entscheiden, um neben unserer auch seine „beste Seite" anzusprechen. Denn wenn wir ihm Kredit gewähren und erneut Glauben schenken, versetzen wir ihn erst in die Lage, das Gute, das wir von ihm erhoffen, wieder hervorzubringen. Da Gleiches immer Gleiches anzieht, und da ein Mensch fühlt, daß Sie ehrlich sind, wenn Sie ihm Glauben schenken, ist es mehr als wahrscheinlich, daß er alles daransetzen wird, Ihren Glauben zu rechtfertigen und das Gute Ihnen zurückzugeben.

Stellen Sie sich bildhaft vor, daß Sie vor falschem Denken und falschem Tun anderer geschützt werden. Daß Sie es nicht zuzulassen oder sich nicht davor zu ängstigen brauchen, von anderen übervorteilt zu werden, weil allein diese Angst Sie schon anfällig dafür machen würde. Wie oft haben schon Menschen zu mir gesagt: „Ich kann nicht verstehen, was Sie in dem und dem sehen?" Oder: „Wie können Sie nur mit dem da auskommen?" Dabei ist das so einfach, weil ich nach dem Guten suche, während diese anderen Leute Barrieren errichten, die man ihnen verübelt, weil immer irgendwer sich an ihnen stößt. Konsequenterweise erwecken sie ja falsche Reaktionen in den Menschen, sie würden Sie anders behandeln, wenn auch sie selbst anders behandelt würden. Kann Ihnen doch sogar ein Hund instinktiv verraten, wie Sie wirklich zu ihm stehen, so sehr Sie sich auch bemühen, das Gegenteil davon vorzuspiegeln. Und würden nicht auch Sie menschliche Wesen besser behandeln als Hunde? Aber wenn Sie einem anderen die Chance für ein Comeback verweigern — welche Hoffnung gibt es dann noch für uns?

Ich glaube, Sie sagten irgendwo, daß ein Mensch mit einer durchführbaren Idee, von deren Richtigkeit er völlig überzeugt ist, selten irgendeine Schwierigkeit hat, das zu ihrer Realisierung erforderliche Geld zu erhalten. Und doch sind viele Erfinder, die vom Wert ihrer Erfindungen zutiefst überzeugt waren, im Armenhaus gestorben.

Ich habe schon oft den Widerwillen und die Abneigung mancher Wissenschaftler und anderer intelligenter Leute gerügt, neue Ideen zu akzeptieren oder auch nur in Betracht zu ziehen. In bezug auf die *Telepathie* aber habe ich festgestellt, daß praktisch alle großen Physiker, einschließlich Edison, Steinmetz, Tesla und Marconi, sehr stark an ihr interessiert waren. Natürlich trifft das auch für Angehörige anderer naturwissenschaftlicher Zweige zu, denn beispielsweise war auch Dr. Alexis Carell daran interessiert, hielt er sie doch für so exakt, daß er erklärte, Wissenschaftler müßten sie unbedingt genauso studieren, wie sie physiologische Phänomena studierten. Aber trotz dieses erwachten Interesses und zahlreicher Untersuchungen und Forschungen von Wissenschaftlern wie Dr. J. B. Rhine von der Duke-Universität, von der Londoner Gesellschaft für Psychische Forschung, von der Amerikanischen Gesellschaft und anderen gibt es noch heute Wissenschaftler, die den Wert dieser Arbeit schmälern. Sie lehnen es ab, irgendeine neue Idee einzubeziehen, wenn diese geeignet erscheint, ihre schon verhärteten Theorien durcheinanderzubringen. Diese engstirnige Haltung ist es, mit der auch der durchschnittliche Erfinder zusammenstößt. Ein Erfinder ist oftmals ein ruhiger, nach innen gekehrter Mensch, der nicht allzuviel Erfahrung hat, der Welt zu begegnen. Er kann sich mit der Kraft seines Glaubens und Vertrauens bildhaft vorstellen, was er zu erfinden wünscht, und seine kreativen Kräfte helfen ihm dabei, daß er es auch hervorbringt. Aber mit dem gleichen Glauben und Vertrauen vermag er weder die zur Realisierung seiner Erfindung erforderliche Anerkennung noch die nicht minder notwendigen Hilfsquellen zu mobilisieren. Dies alles ist für ihn eine andere Welt. Er unterbreitet seine Erfindung einigen Interessenten, und wenn er dann zurückgewiesen wird, ist er entmutigt oder gar verzweifelt und stellt sich nun wohl nur noch seinen Mißerfolg bildhaft vor.

Unter solchen Voraussetzungen läßt der Erfinder allzu leicht die schöpferische Kraft gegen sich arbeiten. Wer sich sein Ziel erfolgreich vorzustellen vermag in einer Phase seiner Lebensaktivität, kann daraus nicht notwendig folgern, daß er in anderen Phasen ebenso erfolgreich sein muß. Hierzu bedarf es des gleichen richtigen Denkens bei jedem beteiligten Menschen ebenso wie bei allen Ihren Wünschen und Nöten. Einige Männer und Frauen besitzen von Natur aus etwas, das man „Geldbewußtsein" nennen könnte. Sie *sehen* sich selbst Geld machen, sehen alles, was sie berühren, sich in Geld verwandeln — und die Kraft in ihnen hilft ihnen, solches Geld zu machen und anzuziehen. Aber viele von diesen gleichen Leuten sind auf anderen Gebieten ihres Lebens genauso wenig erfolgreich, wie das deutlich in Erscheinung tritt in Zusammenhang mit ihrer schlechten Gesundheit, in ihrer Unfähigkeit, mit anderen auszukommen, ihrem Mangel an persönlichem Glück, an Zufriedenheit und an mancherlei anderen Unzulänglichkeiten.

Jeder Erfinder sollte seinem Problem gegenübertreten: Dem Problem des Verkaufs seiner Erfindung und dem Problem der Finanzierung seiner Erfindung, und er sollte sich ihrer Lösung mit dem gleichen Enthusiasmus, der gleichen

Hartnäckigkeit, der gleichen energischen Anwendung seiner Vorstellungskraft zuwenden, die er bereits zur Entwicklung und Schöpfung seiner Erfindung aufgebracht hat. Wenn er so vorgeht, wird er bestimmt Erfolg haben, wie jeder und alle Erfolg haben, die von ihrer inneren Kraft den richtigen Gebrauch machen.

Wie können wir den Gegensatz erkennen zwischen echten Vorahnungen und unserem bloßen Wunschdenken als dem Ausdruck der Begierden und Leidenschaften unseres Bewußtseins, wenn wir beide zugleich wahrnehmen?

Diese Fähigkeit, zu unterscheiden zwischen einer echten Vorahnung und dem einen intuitiven Blitz anregenden emotional bestimmten Wunsch ergibt sich aus der Praxis. Echte Vorahnungen treten ohne vorherige Überlegung in das Bewußtseinsfeld Ihres Geistes ein. Sie „wissen" einfach plötzlich, oder Sie „fühlen" etwas, Sie haben den starken Drang, irgend etwas zu tun oder nicht zu tun, auf der Hut zu sein, zu prüfen und zu untersuchen. Hier wird die Selbstanalyse Ihnen helfen zu bestimmen, ob ein Impuls, den Sie empfangen, von Ihnen durch Wunschdenken, durch Leidenschaft geschaffen worden ist oder nicht. Hier sollten Sie sich selbst gut genug kennen, um eine unpersönliche Haltung einnehmen und sich sagen zu können: „Ich narre mich nur selbst, denn ich wollte diese Art von Eindruck erhalten, und ich habe meine Vorstellungskraft darum so angeregt, sie mir zu geben. Aber ich erkenne sie nicht als eine echte Vorahnung an. Oder ich habe meine Ängste selbst dramatisiert und mir das falsche Gefühl eingegeben, daß irgend etwas passieren wird. Sie werden bald einen Unterschied entdecken zwischen solchen Gefühlen und der echten Vorahnung.

Die Erinnerung an Ihre Gefühle und Empfindungen während echter Vorahnungen wird es Ihnen ermöglichen, jene intuitiven Blitze zu erkennen und unbeachtet zu lassen als Gefühle, die nur Resultate ihrer eigenen Befürchtungen oder gehätschelter Wünsche sind. Sie müssen daran glauben, daß Ihr Geist Ihnen dienen kann und will, indem er Ihnen intuitive Blitze gibt, wenn Sie es wünschen, denn sonst kann diese

Kraft in dieser Art nicht für Sie arbeiten. Da sagen manche Menschen: „Ich glaube nicht an Vorahnungen — ich habe nie welche gehabt, soweit ich mich erinnere." Diese geistige Haltung hat solche intuitiven Impulse blockiert, die jene sonst ebenso wie diese hätten empfangen können. Aber lernen Sie Ihre eigenen übermäßigen Wünsche zu kontrollieren und freizuhalten von allen Dingen, von denen Sie wissen, daß sie Ihnen nicht nützen, und schalten Sie Ihre Ängste aus. Nur dann wird es Ihnen gelingen, ständig aufnahmebereit zu sein für den Empfang Ihrer Führung und Ihres Schutzes durch die Kraft Ihrer Intuition.

Mein Problem umfaßt nicht Geld, Geschäft oder die Frage, wie man berühmt wird. Mein Problem heißt „Stottern und Stammeln", und es beherrscht meinen Verstand. Seitdem ich Ihre Philosophie studiere, habe ich allerdings einige Verbesserungen in meiner Sprache bemerkt. Ich weiß, daß Resultate bei Zuständen dieser Art nicht über Nacht eintreten, obgleich ich gern schnelle Ergebnisse hätte. Können Sie mir irgendwelche Hinweise geben, wie man das Unterbewußtsein zur Eile antreiben kann bei seiner wunderbaren Arbeit an meinem Problem?

Gehen Sie in Ihrem Leben zurück bis zu der Zeit, in der Sie zu stottern begannen — falls Sie sich daran erinnern können. Welche emotionelle Erfahrung führte diesen Zustand herbei? Wurden Sie kritisiert von Ihren Eltern oder irgend jemand anderem in einem Augenblick besonderer Empfindsamkeit? Gab es ein dominierendes Mitglied in Ihrer Familie, das Sie unterdrückte und in dessen Gegenwart Sie Angst hatten, sich zu äußern? Fühlten Sie sich überschattet von irgend jemandem, oder litten Sie an einer so großen Angst, daß Sie zeitweise nicht frei zu sprechen vermochten. Irgendwo in Ihrer Vergangenheit liegen Ursache und Anfang Ihrer gegenwärtigen Schwierigkeit. Finden Sie diese, und Sie können sich von der Wirkung befreien, den diese emotionale Reaktion in Ihnen hervorrief. Eine weitere Hilfe ergibt sich aus der Tatsache, daß das Stottern gewöhnlich mit hochgradiger Überängstlichkeit verbunden ist; es ist daher ratsam, stets ein paar Sekunden zu warten, bevor Sie zu sprechen beginnen. Lassen Sie sich einen Atemzug lang Zeit, und malen Sie sich währenddessen in Ihrem Kopf bildhaft aus, was Sie sagen werden, bevor Sie Ihre Gedanken in Worte kleiden. Solange Sie in Ihrem Kopf nach Worten suchen, während Sie sprechen, wird Ihre volle Aufmerksamkeit von Ihren Sprachzentren abgezogen, und als Ergebnis ist Ihre Sprache unsicher, stockend und manchmal gebrochen. Die Wiedererlangung Ihrer Fähigkeit, jedes Wort korrekt zu artikulieren, ist also in der Hauptsache eine Angelegenheit der richtigen zeitlichen Abstimmung und Vorstellung. Koordinieren Sie beide, und Sie werden diesen Zustand bald überwinden.

Ich glaube fest an Ihre Lehren. Sie stellen fest, daß man diese Macht zum Guten und nicht zum Bösen gebrauchen sollte. Dies glaube ich hundertprozentig; das ist auch der Grund zu folgender Frage: Würde es als böse zu werten sein, diese Kraft zum Spielen zu gebrauchen? Ich bin kein professioneller Spieler, aber, wie viele andere auch, ich spiele in gewissen Grenzen doch ganz gern. Wirkt es sich schädlich aus, wenn man sich dieser Kraft beim Spiel in großem oder kleinem Ausmaß bedient?

Frederick Marion, der bekannte Seher und Autor des Buches „In My Mind's Eye" (Vor meinem geistigen Auge), in dem er von Erfahrungen mit seinen entwickelten Fähigkeiten, die Gedanken anderer wahrzunehmen und die Zukunft vorauszusehen, berichtet, erwähnt seine Versuche, diese Kraft heranzuziehen, um zu bestimmen, wann Wertpapiere vorteilhaft zu kaufen und zu verkaufen sind. Eine Zeitlang verzeichnete er Erfolge, dann begannen seine Kräfte nachzulassen. Er konnte nicht seine menschlichen Wünsche kontrollieren und gleichzeitig versuchen, eine Antwort zu erzwingen, wenn sich jede Vorahnung, die er „richtig erraten" mußte, um soviel Geld drehte. Jeder Spieler, der seine Intuition „ins Spiel" zu bringen versuchte, hat erlebt, daß er unter dieser Anspannung scheiterte. Die meisten Spieler, die ich persönlich gekannt habe, sind abgebrannt gestorben und vergessen worden, oder sie hatten doch viel mehr Tiefs als Hochs. Sie wußten niemals, wann sie aufhören mußten – ein Erfolg genügte, um sie anzustacheln und zu neuen Verlusten zu treiben. Wenn sie ehrlich und aufrichtig ihr „Spiel des Lebens" gespielt hätten... es ehrlich spielen würden, könnten alle ihre intuitiven Fähigkeiten ihnen regelmäßiger und verläßlicher dienen. Auch das Leben ist ja auf eine Art ein Spiel — Sie wetten auf sich selbst, daß Sie gewinnen — und wer würde nicht lieber auf sich selbst setzen statt jeden Tag auf ein anderes Glücksrad? Spielen ist übel, wenn Sie dabei sich selbst und andere verletzen. Nur diejenigen, die es sich leisten können zu verlieren, sollten spielen. Unglücklicherweise können die meisten derer, die wir als Spieler kennen, es sich nicht leisten, zu verlieren. Welches System benutzen Sie? Warum setzen Sie nicht lieber auch auf sich selbst? Die Risiken sind geringer, und während Ihres ganzen Lebens erhalten Sie größere und befriedigendere Gewinne.

Können Sie mir zu einem Schema, einer Formel oder einem Plan raten, die mir helfen, unter mehreren Dingen, die ich geschäftlich tun könnte und tun möchte, das Beste auszuwählen?

Niemand außer Ihnen kann das für Sie tun. So sagen Sie denn während Ihrer täglichen Meditation Ihrem Unterbewußtsein und damit der schöpferischen Kraft in Ihnen: „Entscheide für mich, wo meine besten geschäftlichen Möglichkeiten liegen, und welche Fähigkeiten und vergangene Erfahrungen ich in Beziehung auf meine Zukunft kristallisieren und kapitalisieren kann." Geben Sie dieses Bild Ihrem Unterbewußtsein ein, und machen Sie sich an Ihr Geschäft mit dem festen Glauben und dem Vertrauen, daß zur rechten Zeit durch einen intuitiven Blitz oder ein plötzliches Bewußtwerden Sie die Richtung *wissen*, in welcher Sie gehen und wie Sie das anfangen müssen. Verlassen Sie sich darauf: Die Antwort wird bereit sein.

Einige Autoren behaupten, daß man nicht durch Erfahrung lerne. Bitte, erklären Sie, was Sie mit der Formel „Lernen ist Erfahrung" meinen.

„Lernen durch Erfahrung" zeigt ebenso, wie man Dinge tut, und wie man sie nicht tut. Man lernt mit Gewinn auch durch die Erfahrungen anderer. Warum sollten Sie die gleichen Fehler machen, die andere gemacht haben, wenn Sie vorher beobachten, daß ein Weg, den jene wählten, sie in eine Sackgasse geführt hat? Benutzen Sie Ihre Intelligenz *und* Ihren Glauben, wenn Sie dem Leben und seinen Problemen ins Auge sehen.

Ich bin blockiert, durch die Verwirrung meines Lebens fühle ich mich behindert und festgefahren. Wie kann ich von diesem Gefühl des Chaotischen wieder frei werden?

Indem Sie Ihr verworrenes, gestörtes Denken ausschalten. Sie haben die schlechte Gewohnheit gebildet, zuviel Aufmerksamkeit auf kleine und unbedeutende Details und Geschehnisse zu richten, sie zu Bergen und Widerständen aufzubauen in Ihrem Geist. Auf diese Weise sind Sie so geworden, wie Sie es beschrieben haben, eine Rumpelkammer, in der Ihr Bewußtsein sich ständig im Kreis bewegt, weil alle Ihre echten Gedanken und Ideen, die zu Ihnen durchzudringen versuchen, blockiert und lahmgelegt sind. Ihr beständiges Gefühl von drohendem Chaos kann sich nur deshalb erhalten, weil diese gestörten Gedanken Ihnen die Empfindung geben, daß Sie von ihnen überwältigt und begraben werden. Werfen Sie sie hinaus durch einen Akt des Willens, und Sie werden sich bei den Worten „Auf Wiedersehen, Chaos" befreit und erleichtert fühlen und mit dem Gruß „Willkommen, Gesetz und Ordnung" wieder die Herrschaft über Ihren Geist antreten.

Welchen Platz räumen Sie der Imagination in Ihrem Lehrgebäude ein, wenn sie dazu neigt, das Denken eines Menschen in die Irre zu führen?

Die richtige Richtung der Imagination macht sie zu einer gewaltigen Kraft zum Guten anstatt zu Übel. Stellen Sie sich gute Dinge vor, die zu Ihnen kommen, und endlich kommt das Gute, und zwar so, wie Sie es sich mittels der Imagination bildhaft vorgestellt haben; imaginieren Sie Böses, so werden Sie zur rechten Zeit böse Resultate erhalten.

Was ist Imagination?

Imagination ist jene Fähigkeit des Geistes, die es Ihnen ermöglicht, in Ihrem inneren Bewußtsein eine geistige Vorstellung zu formen von dem, was Sie wünschen. Sie ist der Anreiz zum Denken, der Anreger der kreativen Kraft in Ihnen, welche die Art Ihrer Bedürfnisse und Wünsche bestimmt und präzise formt.

Wie stellen Sie sich die Gotteskraft und -gegenwart in Ihnen bildhaft vor, wenn Sie beten? Können Sie einfach zu einem Gefühl innerer Kraft beten?

Jeder Mensch hat seine eigene Vorstellung von Gott. Welche von allen diesen unzähligen Auffassungen die für Sie befriedigendste, bedeutungsvollste und hilfreichste ist, die sollten Sie in Ihren Meditationen und Gebeten benutzen. Ich stelle mir Gott ganz gewiß nicht bildhaft vor, wenn ich bete — also in Menschengestalt etwa, sitzend auf irgendeinem himmlischen Throne irgendwo im kosmischen Raum. Statt dessen glaube ich, daß ein Teil von Gott, der großen Intelligenz, jeder menschlichen Seele innewohnt, Ihrer und meiner. Sie können sich vergleichsweise erinnern, wie eng Sie sich einem Ihrer Lieben verbunden gefühlt haben und vielleicht immer noch fühlen. Wenn Sie an diesen Menschen jetzt denken, verbinden Sie ihn augenblicklich mit Ihrem Geist und fühlen dann seine unmittelbare Nähe. Und für ihn existieren Sie auf die gleiche Weise. Lassen Sie diese Gefühle der Nähe und Vertrautheit auch zwischen Ihnen und Gott spielen. Sie wissen, der von Ihnen geliebte Mensch existiert, wenn Sie an ihn oder sie denken. Sie haben nicht den geringsten Grund, daran zu zweifeln. Nun lassen Sie sich „die Qualität Gott" fühlen, und Sie wissen, daß auch Gott existiert – denn innen in sich fühlen Sie die Gottesgegenwart, die Kraft, die Sie niemals im Stich lassen wird, der Sie sich in der Meditation wie im Gebet gegenüber wissen, und von welcher Sie immer die richtigen Antworten erwarten können.

Würden Sie mir sagen, welche Techniken ich benutzen könnte, um unglückliche Erfahrungen der Vergangenheit auszulöschen, und wie man seinen Lieben vergibt?

Indem Sie klar erkennen, daß Sie sich selbst großen Schaden zufügen, wenn Sie eine bittere Erinnerung an solche Erfahrungen zurückbehalten – und daß Sie diejenigen, die Sie verletzt haben, nicht annähernd so sehr verletzen können, wie Sie sich selbst verletzen. Gehen Sie im Geist noch einmal durch, was geschehen ist, dann stellen Sie bildhaft vor Ihr geistiges Auge hin, was, wie Sie nun erkennen, Sie gesagt oder getan haben sollten. Nehmen Sie Ihren Anteil an Schuld und Verantwortlichkeit auf sich und verzichten Sie auf allen Ihren Haß und Groll, wie berechtigt Sie sich auch dazu fühlen mögen. Sie sollen es wissen und vor allem auch glauben, daß das Gesetz des Ausgleichs sich Ihrer schließlich annehmen und die Untaten und das falsche Denken jener anrechnen wird. Begreifen Sie, solange Ihre Aufmerksamkeit auf Vergangenes gerichtet ist, auf erlittenes Unglück und Verluste, die Sie niemals ungeschehen machen, hindern Sie sich selbst daran, aus neuen Quellen neue Gelegenheiten und neue, glücklichere Erfahrungen zu empfangen. Erinnern Sie sich: Gleiches zieht Gleiches an — Sie aber haben bisher nur eine Wiederholung von unglücklichen Gefühlen angezogen, wenn Sie sich diesen Erfahrungen immer wieder und wieder ausgeliefert haben. Das sind diese nicht wert. Alle Gesundheit und alles Glück werden sie mit der Zeit zerstören, wenn Sie sie nicht aufgeben – und durch eine neue, positive Haltung ersetzen.

Gibt es einen Unterschied zwischen Gebet und Meditation?

Ja. Meditation ist Vorbereitung auf das Gebet durch Entspannung des angespannten physischen Körpers. Dann das passiv gemachte Bewußtsein mit aller erreichbaren Aufmerksamkeit nach innen richten und die nun eintretende möglichst weihevolle Stille mit bildhaften Vorstellungen jener Dinge erfüllen, denen Ihr Sehnen und Ihr Dank gilt.

Wenn Ihre Eltern Sie von der Kindheit bis zum Erwachsenenalter stets nur daran erinnern, daß Sie keinen Erfolg haben können – wie können Sie diesen schwer lastenden Felsblock erfolgreich entfernen?

Das ist ein feines Erbe von Eltern für Ihre Kinder, ihnen eine solche Serie von „Du-kannst-keinen-Erfolg-haben-Bildern" auf den Lebensweg mitzugeben! Ihr erster Schritt in Richtung auf die Befreiung Ihres Bewußtseins von diesen elterlichen Fesseln ist die Wahrnehmung, daß in dem Augenblick, in dem Sie deren negative Auffassungen zurückweisen, diese falschen Bilder Ihren Geist nicht länger beeinflussen können. Sie müssen *glauben*, daß ihnen der Erfolg versagt ist, bevor Sie scheitern. Dann werfen Sie aus Ihrem Geist alle Vorbehalte, allen Groll und Haß hinaus, die aus dem Verhalten Ihres Vaters und Ihrer Mutter entstanden waren. Aber solange Sie bitter bleiben, werden Sie auch die unglückseligen Bilder und ihre Einflüsse in Ihrem Bewußtsein lebendig erhalten. Geben Sie darum Ihre Verbitterung auf, so werden diese Bilder aller Nahrung beraubt sein und Hungers sterben. Es gibt auch in Ihrem Leben vieles, das gut und wertvoll ist. Beanspruchen Sie es, erobern Sie es für sich durch die richtigen Vorstellungen, und üben Sie sich im Glauben an sich selbst und an die unfehlbare geistige Kraft in Ihnen — sie bringt Ihnen, was Sie längst begehrt und verdient haben!

Lassen Sie mich feststellen, ob ich Sie verstehe: Sie formen ganz bewußt ein Bild Ihres Wunsches, das Sie dann, während Sie völlig entspannt sind, nochmals reflektieren, wenigstens für den Bruchteil einer Sekunde! Ist diese Reflexion der Vorgang, den Sie häufig umschreiben mit „es vor ihrem geistigen Auge zu sehen"? Und muß das geschehen, bevor die schöpferische Kraft in uns zu wirkungsvollen Resultaten bewegt werden kann?

Ja, Sie haben den Prozeß sehr gut beschrieben. Sie schaffen zuerst das geistige Abbild Ihres Wunsches und projizieren dieses durch einen Akt des Willens auf die innere geistige Leinwand, indem Sie in sich selbst ein starkes Verlangen erwecken nach der Materialisierung dieses Bildes im realen Leben; zugleich durchdringen Sie sich mit dem Glauben, daß der Inhalt Ihrer Vorstellung im Geist bereits Gestalt angenommen hat und sich jetzt auf dem Weg zu Ihnen befindet.

Wie kann ein Mensch im Durcheinander dieser Welt von Angst, Furcht und Sorge frei bleiben? Wie können wir die Welt unserer Gedanken rein erhalten von all den unerfreulichen Geschehnissen in unserer Umwelt?

Indem Sie es ablehnen, diejenigen Geschehnisse, die keine direkte Beziehung zu Ihnen haben, auf Ihre Person zu beziehen. Erkennen Sie, daß Angst und Sorge weder die Weltsituation ändern noch Ihnen helfen werden, Ihre eigenen Probleme zu lösen. In der Tat, Angst und Sorge demoralisieren und entkräften. Mit der Zeit können sie Selbstvertrauen, Gesundheit und Glück zerstören. Aber erkennen Sie an, daß Sie selbst jetzt einigermaßen gesund und glücklich sind, und daß Ihre wirkungsvolle Hilfe für Sie selbst und für andere immer in der Erhaltung einer positiven, fröhlichen, optimistischen Haltung besteht. Hören Sie auf, in einem Geisteszustand zu leben, der Ihnen nur gestattet, „das Beste zu hoffen und das Schlimmste zu fürchten". Das Schlimmste passiert kaum jemals, und wenn Sie nach dem Besten streben, entwickeln sich die Dinge ohnehin immer besser, als Sie es für möglich gehalten haben.

Welches ist der schnellste Weg, um sich zu entspannen?

Ich nehme an, der schnellste Weg würde es sein, sich selbst mit einem Hammer auf den Kopf zu schlagen, aber die Nachwirkungen wären kaum sehr erstrebenswert. Eine etwas langsamere, dafür aber sichere und gesunde Art ist es, von sich selbst, wenn möglich, loszukommen, während man in einem bequemen Sessel sitzt oder sich auf einer leichten Liege ausstreckt und den physischen Körper vom Bewußtsein ablöst, „baumeln" läßt. Man hebt Arme und Beine, um sie wieder fallen zu lassen, während Sessel oder Liege deutlich spürbar die Last des ganzen Körpers tragen. Sehr bald werden Sie fühlen, wie Leichtigkeit und Lebensfreude über Sie kommen. Dann hat Ihr entspannter Körper alle physischen und geistigen Spannungen losgelassen, die durch Alltagsdruck, Angst, Sorge oder andere emotionelle Störungen entstanden sind. Nun visualisieren Sie eine leere geistige Leinwand, den Wasserspiegel eines ruhigen Teiches, eine stille, friedliche, beruhigende, erholsame Landschaft — einfach alles, was in Ihnen die Vorstellung von einer friedlichen, bewegungslosen Fläche oder Sphäre oder eines Raumes erweckt. Wenn Ihnen dies gelungen ist, sind Sie entspannt; mit einiger Übung sollte es Sie weniger als zwei Minuten kosten, sich auf diese Art zu entspannen.

Können Sie durch Suggestion Träume herbeiführen und können Sie Ihre Intuition veranlassen, Ihnen auf diese Weise eine bestimmte Information zu übermitteln?

Ja, Träume können Ihnen viel Wissen enthüllen; die kreative Kraft in Ihnen benutzt sie oft, um Ihnen eine Information zu übermitteln, die Sie über vergangene, gegenwärtige oder zukünftige Ereignisse zu empfangen wünschen. Selbstverständlich ist es schwierig, Träume korrekt zu deuten, weil viele von ihnen durch gestörte physische oder geistige Zustände wie Verdauung, Angst, Sorge, Mißtrauen, Haß oder Groll verursacht werden. Häufig wird auch das während des Schlafes passive Bewußtsein die dramatisierten und verzerrten Ärgernisse des Tages zu allerdings wenig bedeutenden Traumerlebnissen formen. Sie können nur dem Psychiater die Ursachen Ihrer Ängste, Befürchtungen, Ahnungen und anderer emotionaler Labilitäten enthüllen, aber wenig oder nichts darüber hinaus. Es gibt jedoch auch andere Träume, die vorausprojiziert sind in die Zukunft und deren Intuitionen in lebhaften Träumen ganze oder teilweise Ereignisse darstellen, die erst in einiger Zeit auf Sie zukommen — Ereignisse, deren Ursachen bereits existieren und die Sie in sich selbst geschaffen haben durch Ihre Reaktionen auf vergangene Erfahrungen. Diese Träume verdienen Ihre allersorgfältigste Analyse, weil sie Ihnen Hinweise geben könnten, wie Sie sich auf eine sich entwickelnde Situation vorbereiten sollten, um ihr zu begegnen oder um sie zu vermeiden. Diese Traumwarnungen, richtig eingeschätzt und beurteilt, können Sie veranlassen, Ihr Denken zu ändern und auf diese Weise auch die künftigen Geschehnisse zu wandeln.

Wenn Sie während des Schlafs eine Antwort wünschen auf ein dringendes Problem, so suggerieren Sie, sobald Sie sich zur Ruhe begeben haben, Ihre Frage diesem „Etwas" in Ihnen, dem Unterbewußtsein, und können dann getrost erwarten, daß es Ihnen seine Antwort überbringt. Mit einiger Übung können Sie eine solche Befragung immer dann vornehmen, wenn Sie dringend eine Information benötigen: in Träumen. Nicht ohne Grund sagen viele Menschen: „Ich beschloß, darüber zu schlafen, und ich wachte mit der Antwort auf."

Seit kurzen werde ich von dem Gefühl geplagt, daß andere Menschen hinter meinem Rücken mich kritisieren oder unfreundliche Bemerkungen machen. Dieses Gefühl macht mich nervös und unsicher. Können Sie mir sagen, warum ich plötzlich auf diese Weise reagiere? Das sieht mir so wenig ähnlich, daß es mich erschreckt.

Sie sind eine ausgesprochen überempfindliche Natur. Wenden Sie sich in Ihrem Leben zurück und versuchen Sie, irgendeine Erfahrung zu entdecken, deren Merkmal eine von irgend jemand vielleicht gedankenlos geäußerte unfreundliche oder kritische Bemerkung ist, die Sie in einem Augenblick des Mißverständnisses und des Ärgers traf. Diese Bemerkung könnte ein solcher Schock für Sie gewesen sein, daß er eine „psychische Schramme" hinterlassen hat. Seitdem können Sie in zunehmendem Maße empfindlich und ängstlich geworden sein, weil Sie immer fürchten, daß irgendwelche Freunde oder Verwandte Sie kritisieren würden — ja, daß jeder Sie mit kritischen Augen betrachten könnte. Vielleicht sind Sie aber auch übermäßig gewissenhaft und versuchen etwas Großes im Leben zu erreichen; dabei fühlen Sie unterbewußt, daß Sie Ihrem Ziel nicht ganz gewachsen sind. Oder Sie befürchten, daß auch andere diese Tatsache erkennen und hinter Ihrem Rücken zu flüstern beginnen: „Sie denkt, sie sei jemand, aber sie ist es wirklich nicht" — und so weiter. Oder kämpfen Sie gerade jetzt mit einem wachsenden Minderwertigkeitsgefühl? Was auch immer die Ursache sein mag, entspannen Sie sich völlig, werden Sie ganz ruhig, denken Sie nicht an sich selbst und versuchen Sie „sich so zu sehen, wie andere Sie sehen", *nicht aber, wie Sie sich vorstellen, daß jene Sie sehen.* Diese

Selbstanalyse sollte Ihnen die Wurzel Ihrer Schwäche sichtbar machen und es Ihnen ermöglichen, eine neue Geisteshaltung einzunehmen. Sie wird Ihnen helfen, solche Gefühle zu überwinden. Immerhin ist es wenig wahrscheinlich, daß Sie echte Gründe haben für Ihre nervösen Besorgnisse.

Sie haben gesagt, daß jeder alles bekommen kann, was er sich im Leben wünscht, vorausgesetzt, er arbeitet hart genug dafür und stellt sich bildhaft vor, was er sich wünscht. Nun, ich habe es versucht, aber bis jetzt habe ich nur eine Menge Dinge bekommen, die ich nicht möchte. Nun fürchte ich, daß ich niemals das bekommen werde, was ich wirklich wünsche. Wie erklären Sie das?

Ich habe gesagt: „Sie können alles erhalten, was Sie im Leben wünschen — innerhalb der Reichweite Ihrer Fähigkeiten." Die Erfüllung bedarf nur der richtigen Bemühung und der klaren, bildhaften Vorstellung dessen, was Sie zu erreichen wünschen. Zwar haben Sie nicht angegeben, welches das Ziel Ihres Lebens ist, aber wenn es von Wert sein soll, kann es kaum über Nacht erreicht werden, wenn Sie nicht ohnehin schon zur Realisierung bereit sind. In vielen Fällen kann die Erfüllung Ihres Wunsches auch die Aneignung von Erfahrungen erfordern, oder von Fähigkeiten, die als Voraussetzungen gelten, bevor Sie imstande sind, Ihr Ziel zu erreichen. Während Sie sich jedoch um ein Ziel bemühen, können Ihre Ängste und Sorgen noch immer dazu führen, daß Sie sich statt des ersehnten Erfolgs den Mißerfolg so bildhaft vorstellen, daß Sie ohne es zu bemerken Dinge anziehen, die Sie nicht gewünscht haben. Erinnern Sie sich — diese gottgegebene kreative Kraft in Ihrem Unterbewußtsein ist abhängig von der Führung durch Ihr Bewußtsein. Was immer Sie sich bildhaft vorstellen, es wird für Ihr Unterbewußtsein zum Auftrag, den es ausführt, indem es wie ein Magnet anzieht, worauf Ihr tatsächliches Verlangen sich richtet. Das bedeutet, daß Sie lernen müssen, Ihr Denken zu kontrollieren, um alle Gedanken der Angst und Sorge ausschließen zu können. Lassen Sie nicht zu, daß Ihre hoffnungsvollsten Zielprojektionen weiterhin überschattet werden von Sorgen und

Zweifeln an der Erfüllbarkeit gerade Ihrer Wünsche. Je ernsthafter und ausdauernder Sie jede Visualisierung aufrechterhalten, um so näher kommen Sie dem Ziel, das Sie sich selbst gesteckt haben. Die erforderliche Übung, die Geduld und die Ausdauer zahlen sich immer aus.

Wenn der Mensch Meister seines Schicksals und niemandem verantwortlich ist als sich selbst — welche Erklärung haben Sie dann für die Tatsache, daß das Leben bereits auf tausend Weisen an der Arbeit war und wie ein „in Betrieb befindliches Unternehmen" funktionierte, bevor er geboren wurde? Müssen wir dazu nicht beteiligt gewesen sein an allen uns vorausgegangenen Prozessen, Funktionen und Aktivitäten, über welche eine wirksame Kontrolle auszuüben wir — nach vordergründig richtigem Urteil — doch unfähig sind? Wie beantworten Sie dies?

Der Mensch *sollte* Meister seines Schicksals sein. Er war dazu bestimmt oder — wie wir es heute nennen — „programmiert". Es war ihm die Möglichkeit gegeben worden, mit Hilfe der ihm innewohnenden kreativen Kraft sich in unvorstellbare Höhen emporzuschwingen. Aber die Menschheit als ganzes hat bis jetzt noch keinen sehr intelligenten Gebrauch von dieser Kraft gemacht; nur einzelne haben sich durch ihre Leistungen dem vorgesehenen Gipfel genähert.

Denken Sie an Steinmetz, den Magier der Elektrotechnik, der mit einem mißgestalteten, häßlichen Kopf, einem Buckel, spindeldürren Beinen und einem überaus zerbrechlichen und zarten Körper geboren wurde. Diejenigen jedoch, die ihn kannten, berichteten, daß sie die Mängel seines Körpers gar nicht bemerkt hätten infolge der alles überstrahlenden geistigen Fähigkeiten, des Glanzes und des Scharfsinns dieses Mannes. Sollte nicht wenigstens er Meister seines Schicksals gewesen sein?

Denken Sie auch an Beethoven, den die Natur mit einem häßlichen Gesicht und mit einem zweiten Mangel ausstattete, wie er verhängnisvoller und vernichtender für niemanden hätte sein können, der sich danach sehnte, zu komponieren — er wurde taub. Und trotzdem brachte der Geist Beethovens

einige der edelsten Kompositionen hervor, die jemals geschrieben wurden — Musik, die ewig leben und noch Millionen Menschen Freude schenken wird. Nur wenige von all den
menschlichen Wesen aber, die vom machtvollen Strom seiner
Töne erschüttert werden, denken daran, daß er selbst von
seinem größten Werk, der IX. Symphonie, niemals eine einzige Note hörte!

Sie sehen, die Reihe derjenigen, die „Meister ihres individuellen Schicksals" genannt zu werden verdienen, nimmt
nicht so schnell ein Ende. Hunderte und Tausende von Männern und Frauen, die sich an ihre innere kreative Kraft wenden, haben alle die „Prozesse, Funktionen und Aktivitäten"
überwunden, die sie bei ihrer Ankunft auf Erden vorfanden;
sie haben sogar noch mehr getan! Denn alle Widerstände
und Schwierigkeiten, die gemeinhin für unüberwindliche
Hemmnisse gehalten werden, wurden unter ihrem meister-
lichen Zugriff zu jenen Schwingen, die sie emportrugen zum
Gipfel ihres Erfolgs!

Nein, der Mensch ist nicht dem Wind und den Wellen dieser Welt preisgegeben, er ist kein Opfer der Umstände, die
sich seiner Kontrolle entziehen. Er besitzt in seinem inneren
Bewußtsein die Kraft, die er benötigt, um *sich selbst zu beherrschen*. Denn von seiner Geburt an ist der Mensch mit dieser Kraft ausgestattet — durch den unbegreiflichen Schöpfer.
Nur — er muß sie entdecken und zu gebrauchen lernen. Das
ist alles.

Leitsätze für Ihr künftiges Leben

Ich habe viele Fragen über das Wie und Warum der
Dinge, die ich gern beantwortet haben möchte.

Ich erkenne jedoch, daß die Antwort auf diese Fragen
in meinem eigenen Unterbewußtsein gefunden werden
kann, wenn ich meinen inneren Geist erfülle und durch-
dringe mit dem inständigen Wunsch, daß mir der jeweils
richtige Wege gezeigt werde.

Je eher ich lerne, mich auf die Führung und den Schutz durch die Kraft Gottes zu verlassen, um so eher werde ich unabhängig sein — fähig, auf meinen eigenen Füßen zu stehen.

Ich weiß, solange ich nicht Haß und Groll und Vorurteil aus meinem Bewußtsein verbanne, kann ich nicht die Gegenwart Gottes gewahr werden.

Um Meister meines Schicksals zu werden, muß ich in mir die geistige und emotionale Kontrolle entwickeln, welche das Ausmaß und den Charakter meiner Schwingungen erhöht und bessere und immer bessere Dinge zu mir herzieht.

20. Kapitel

TEILEN SIE IHR GLÜCK MIT ANDEREN

Wenn Sie etwas Gutes erhalten, geben Sie es weiter. Das ist die rechte Art Freunde zu gewinnen und mehr Menschen zu Ihnen herzuziehen. Seien Sie nicht egoistisch. Wenn sich eine Gelegenheit dazu bietet, helfen Sie anderen auch die kreative Kraft des Geistes zu verstehen und für sich arbeiten zu lassen, wie sie es schon für Sie getan hat. Jedesmal, wenn Sie anderen Hilfe gewähren, helfen Sie sich selbst.

Einige Menschen, die nicht verstehen und nicht verstehen wollen, mögen ruhig sagen, daß Sie eingebildet, selbstbezogen oder egoistisch seien; lassen Sie sich von ihnen nicht stören. Sie sind die Spötter, sind diejenigen, die Ihren Weg mit Steinen pflastern und auch auf jede andere Art Ihren Fortschritt aufhalten würden. Diesen Typ werden Sie immer treffen, auf allen Haupt- und Nebenstraßen des Lebens. Sie gehen nirgendwohin und fordern jeden auf, ihnen zu folgen. Diejenigen aber, die mehr Verständnis besitzen, werden annehmen, was Sie ihnen zu geben haben, und sie werden hilfreich und begierig sein, Ihnen zu dienen und mit Ihnen zu arbeiten. Die Intelligentesten werden aufmerksam jeden Ihrer Fortschritte beobachten und dann ebenfalls beginnen, Ihr Denken und Ihre Methoden zu studieren, um festzustellen, was Sie besitzen, das sie nicht haben, denn sie wollen Ihr Geheimnis entdecken.

Ich habe Ihnen etwas in die Hand gegeben, eine Kraft und einen Griff dazu, das rechte Verständnis; halten Sie ihn fest und beginnen Sie, sich vorwärtszubewegen zu ihr hin!

Sie werden niemals erst andere niederschlagen müssen, um dorthin zu gelangen, wo Sie hinkommen wollen; Sie werden nicht über Leichen gehen müssen; Sie werden nicht Ihre Freunde und Geschäftspartner betrügen müssen; Sie werden

Ihr Ziel nicht durch Begünstigung einer schlechten Sache, nicht durch Schein und Betrug erreichen müssen. Sie werden dorthin kommen mit erhobenem Kopf und auf Ihren fest auf der Erde stehenden Füßen. Und was Ihnen einmal zu tun möglich war, das werden Sie künftig wieder und jedesmal besser zu tun wissen.

Das ist es, was die kreative Kraft des Geistes, die in Ihnen und durch Sie arbeitet, für Sie und durch Sie tun kann und wird. Sobald Sie in ihrem Gebrauch Fortschritte erzielen, werden Sie sich wünschen, wohltätig und barmherzig zu sein gegenüber anderen Menschen — ihnen Dienste zu leisten, kleine Akte der Freundlichkeit, der Rücksichtnahme, der Aufmerksamkeit, eine Meile oder zwei weiterzugehen, um einem anderen zu helfen, wenn Sie es können — als Ausdruck der Dankbarkeit für das, was für Sie getan worden ist. Sobald Sie so handeln, werden Sie beobachten, daß Ihre freundlichen Taten in anderen Menschen eine Bereitschaft wecken, auch etwas für Sie zu tun. Dahinter steht nicht Egoismus, sondern das Gesetz von Ursache und Wirkung.

André Ampère kannte das Gesetz. Er nannte es das Gesetz der Anziehung, wie es der elektrische Magnetismus ausübt: *„Parallelströme in gleicher Richtung ziehen einander an"*. Einfach, nicht wahr? Und wenn Sie verstimmt sind und antagonistisch, dann verstimmen Sie auch andere und machen sie antagonistisch, denn *„Parallelströme in entgegengesetzter Richtung stoßen einander ab"*. Es ist die alte, die uralte wahre Geschichte, zusammengekocht auf vier riesengroße oder winzigkleine Worte: *Gleiches bringt Gleiches hervor!*

Wenn Sie einen Dienst erweisen, werden Ihnen riesige Dividende gezahlt werden. Das ist kein Geheimnis, das ist einfach so!

Beginnen Sie das zu tun, was Ihnen aufgetragen wurde, daß Sie es tun sollen, immer und immer wieder, bis Ihre Technik des richtigen Denkens vollendet ist.

Die Stärke liegt in der Teamarbeit! Bringen Sie auch andere dazu, in der gleichen Art zu denken! Zusammenarbeit wird mehr Enthusiasmus auslösen, bedeutet mehr Vertrauen für jeden von Ihnen, und Ihre Entschlossenheit wird weitere Fortschritte bewirken.

Wenn Sie das alles in dem Geist akzeptieren, in dem es gegeben ist, und es dann tun, werden Sie unüberwindlich sein. Und wenn Ihre Übereinstimmung auch andere ergreift und auf den gleichen Kurs bringt, gehört Ihnen die Welt!

Wenn Angst den Willen beherrscht, kann nichts getan werden, aber wenn ein Mensch die Angst aus seinem Geist vertreibt, wird die Welt ihm zur Auster.

Etwas Geld zu verlieren ist nichts, aber die Hoffnung zu verlieren — den Mut zu verlieren und den Ehrgeiz —, das ist es, was Menschen zu Krüppeln macht.

Herbert N. Casson

Charles M. Schwab sagte einmal: „Viele von uns halten Handlungsreisende für Menschen, die mit Musterkoffern und -mappen umherreisen. Statt dessen sind wir alle Reisende, jeden Tag unseres Lebens. Wir verkaufen unsere Ideen, unsere Pläne, unsere Energie, unseren Enthusiasmus an diejenigen, mit denen wir ins Gespräch kommen."

So ist es mit jeder Anstrengung, und besonders gilt das für Handelswaren, denn hierzu *müssen* Sie Menschen begegnen.

Und wenn ich sage „begegnen", dann meine ich „von Mensch zu Mensch", Gesicht zu Gesicht gewandt. Der Tag der Auftragsannahme entschwindet mehr und mehr. Er findet einfach nicht mehr statt, weil es keinen Stellvertreter gibt, um den zukünftigen Kunden von Angesicht zu Angesicht zu sehen. Aber auch in kommenden Tagen werden nur die erfolgreich sein, die „auf den Busch klopfen", bis Persönlichkeiten hervortreten. Die andern werden weit zurückbleiben.

Sie kommen um das Grundgesetz vom „Überleben des Fähigsten" nicht herum. Deshalb erwarten Sie keinen Auftrag und bewahren Sie im Geist den einzigen Weg, um zum Abschluß zu kommen, den Kunden *so denken zu lassen, wie Sie denken!* Dieser beste Weg wird immer der Auge-in-Auge-Kontakt sein. Sie haben ihn erlebt, Sie haben seine Wirkung mit angesehen — „das alte Gesetz von Ursache und Wirkung" — und Sie haben den veränderten Bedingungen Ihre persönlichen Ansichten entgegengestellt.

Wenn Sie einen Verkauf beabsichtigen (ich wähle bewußt ein so vordergründiges Beispiel, denn es zeigt wie kein anderes den inneren Weg, den Sie wählen müssen, um Erfolg zu haben), behalten Sie meinen Grundsatz im Kopf. Das Unterbewußtsein wird Ihnen Ideen, Ahnungen, Inspirationen geben — eine ganze Flut davon —, die Sie richtig führen. Sie werden Ihnen den Weg zeigen in die Nähe eines geschäftigen Mannes zu kommen, in die Ungestörtheit seines Selbst, wohin Sie nur auf beiden Füßen kommen.

Seien Sie wachsam. Lassen Sie den Kunden Ihre Persönlichkeit spüren. Bereiten Sie sich vor auf das, worüber Sie sprechen wollen. Seien Sie begeistert. Verzagen Sie nicht!

Sie sind genausogut wie er, und außerdem können Sie etwas haben, was er nicht hat, und das sind höchstens Vertrauen und größter Glaube an den Artikel, den Sie verkaufen. Andererseits, wenn er Erfolg hat, ist er auch eine Persönlichkeit. Deshalb suchen Sie den Kontakt auf gleichberechtigter Ebene herzustellen. Verkleinern Sie ihn nicht; lassen Sie nicht zu, daß er Sie herabsetzt. Treffen Sie sich auf neutralem Boden. Tun Sie alles, daß er Sie mag. Und wenn er Sie mag und Sie ihn mögen, ist der Erfolg gesichert. Denken Sie von Anfang an daran, daß Sie ihn aufsuchen, um zu verkaufen... *Sie werden ihm etwas verkaufen!*

Das wichtigste Thema Ihres Lebens ist natürlich: „Ich werde Erfolg haben bei allem, was ich unternehme... ich werde Erfolg haben bei allem, was ich unternehme (wiederholen Sie das immer wieder und wieder und wieder... erleben Sie sich dabei und stellen Sie sich wieder und wieder vor Ihr geistiges Auge: „Ich kann!... Ich will!... Ich glaube es — Ich werde es — und es ist so!").

Interessieren Sie Ihre Freunde. Bilden Sie Studiengruppen. Tauschen Sie Erfahrungen aus. Diskutieren Sie Ihre Fehlschläge. Finden Sie heraus, welche Fehler Sie gemacht haben. Die Gründe dafür. Sammeln Sie die Scherben auf und versuchen Sie es wieder. Kritisieren Sie einander. Finden Sie heraus, welche bestimmten Pläne nicht klappten. Verteilen Sie die Neuigkeiten und die Freude an Ihren Erfolgen! Experimentieren Sie mit Telepathie, mit der Entwicklung Ihrer Kräfte der Vorstellung, der Konzentration und der Intuition. Demonstrieren Sie den Gebrauch Ihrer geistigen Kräfte Ihren Freunden, Ihrer Familie und Ihren Geschäftspartnern, so wie sich deren Interesse an diesen Kräften entwickelt.

Mit einem Samenkorn von Interesse am Geist, das schließlich in jeder Gemeinde vorhanden ist, ebenso wie mit einer großen Zahl von Männern und Frauen, welche die Kraft des richtigen Denkens studieren und anwenden, werden große Änderungen sich auszubreiten beginnen in den Köpfen und Herzen der Menschen und der Welt!

Jeder Besitzer dieses Buches kann zum Brennpunkt werden und mit interessierten Freunden und Partnern zu arbeiten beginnen. Das Geheimnis ist immer dabei, genau hier ... und bereit, jedem Leser, jedem Schüler offenbart zu werden.

Es hilft Ihrer Entwicklung, mit einem verständnisvollen Freund oder Lieben zusammenzuarbeiten. Das gibt Ihnen zusätzlichen Antrieb. Sie können vergleichen, einander helfen und ermutigen. Je mehr Sie über die innere Kraft des Geistes sprechen, je mehr Gedanken und Forschungsarbeit Sie ihm widmen, um so mehr offenbart sich der Geist in Ihrem Leben.

Dran bleiben, niemals nachlassen, niemals aufgeben — die Antworten zur Lösung aller Probleme, die Sie hatten und haben könnten, existieren in Ihrem eigenen Geist!

Und denken Sie immer daran, Ihr Glück stets mit anderen zu teilen. Sie werden hundertfach belohnt ... und tausendfach ... unaufhörlich, wie Ihr Teilen fortdauert, weil Gutes sich selbst zeugt — sich vermehrt, sich vervielfacht und ausbreitet, um mehr und mehr des Guten dem ursprünglichen Spender zurückzugeben.

Ich verbürge mich noch einmal dafür — Sie können das sein, was Sie wollen, wenn Sie bereit sind, den Preis zu zahlen mit Zeit, Denken, Anstrengung und Energie. Den *Schlüs-*

sel haben Sie jetzt. Es liegt an Ihnen, sich diese höheren Kräfte des Geistes zu erschließen und arbeiten zu lassen!

Schalten Sie alle *negativen* Gedanken aus...

Nehmen Sie ein und bewahren Sie sich eine *positive* geistige Haltung...

Sagen Sie sich:

Ich habe alle *geistigen Kräfte* erhalten...

Ich habe die *Kraft der Entscheidung* erhalten...

Ich habe die *innere Stimme* erhalten...

Ich habe die *schöpferische Kraft* erhalten...

Ich habe den *Glauben an mich* selbst und *die Kraft Gottes* in mir

Ich gebrauche diese *Kräfte* jetzt, weil ich in meinem Leben das *Gute* verwirklichen will!

> *Daran festhalten!*
> *Vertrauen bewahren!*
> *Schauen!*

SIE HABEN NICHTS ZU VERLIEREN!

Leitsätze für Ihr künftiges Leben

Als Dank für all das Gute, das ich gewonnen habe und gewinne durch meine geistigen Kräfte, gebe ich mein Wissen davon weiter an meine Freunde und an meine Lieben — an jeden Menschen, der ein Verlangen nach Selbstvervollkommnung äußert.

Ich weiß, daß niemandem die Anwendung geistiger Kraft nützt, solange er nicht von ihr weiß oder nichts von ihr wissen will.

Ich weiß auch, daß der beste Weg, die Aufmerksamkeit eines Menschen auf die geistigen Kräfte zu lenken, für mich darin besteht, diese weiterhin erfolgreich in meinem eigenen Leben anzuwenden.

Das Motto meines Lebens lautet jetzt: „Ich werde Erfolg haben bei allem, was ich unternehme!"

Ich werde diese Erklärung wiederholen — immer wieder — und Gott danken für das, was schon erreicht worden ist.

Ich bin entschlossen fortzufahren und mein Vertrauen in meine Vorstellungskraft zu bewahren, denn ich weiß, wenn ich so handle, kann ich nicht scheitern. Am Ende wendet sich alles zum Guten!

21. Kapitel

IHRE KRAFT FÜR HEUTE

Dieses Buch wird alles das für Sie tun, was darin behauptet ist. Aber Sie müssen es wieder und wieder lesen, bis Sie jeden Satz, jedes Wort völlig verstanden haben; und wenn Sie dann die Prinzipien und Mechanismen anwenden, müssen Sie mit Ihrem ganzen Herzen und Ihrer ganzen Seele dahinterstehen. Machen Sie sie zu einem Teil Ihres täglichen Lebens, und wenn Sie die angebotenen Ideen in die Praxis umsetzen, werden Sie finden, daß sie genauso arbeiten, wie sie immer arbeiteten und immer arbeiten werden. Wenn Sie völlig bei der Sache sind, werden Sie das ganze System sehr einfach finden.

Nachdem Sie das Buch studiert und die dargelegten Ideen genau durchdacht haben, werden Sie auch die gewaltige Kraft richtig einschätzen und schließlich erkennen, daß hier die Wirkung des *wiederholten Gedankens* mit der *positiven Handlung* verknüpft wird.

Durch die Wiederholung des gleichen Gedankens können Sie sich selbst hinauf- oder hinabstoßen, Ihre Richtung hängt allein davon ab, ob gerade niederdrückende oder konstruktive Gedanken Sie erfüllen. Und so, wie Sie selbst sich aufzubauen imstande sind, werden Sie finden, daß Sie auch andere durch Ihre Gedanken beeinflussen können.

Deshalb lassen Sie mich Sie wieder daran erinnern, nur ja große Sorgfalt zu üben, damit Sie Ihre Kraft niemals mißbrauchen. Nehmen Sie stets nur gute und aufbauende Gedanken in Ihren Geist auf und handeln Sie dann mit aller Energie, die Sie besitzen, im Sinne dieser Sie erfüllenden positiven Ideen.

Hören Sie auf, rückwärts zu schauen. Sie wissen, wo Sie gewesen sind; nun wollen Sie wissen, wohin Sie gehen!

Trainieren Sie Ihr geistiges Auge zum Schauen der Zukunft! Sie ist das wunderbare Land, in welchem Ihre besten Möglichkeiten liegen. Schrittweise, so wie Sie mehr und mehr Erfahrungen sammeln in der Kontrolle und unter der Führung durch dieses „Etwas", die schöpferische Kraft in Ihnen, wird Ihnen Ihre Intuition wichtige Blicke in Ihre Zukunft eröffnen.

Sie stehen in dieser Welt nicht allein; Sie sind hier, um andern ebenso zu helfen, wie auch Sie geholfen haben wollen. So wichtig wie für sich selbst sind Sie auch für Ihre Freunde und Lieben, für Ihre Gemeinde, für Ihre Nation. Was Sie im Leben tun, ist wichtig. Aber in dem großen System der Dinge zählt die Arbeit eines jeden Menschen. Keine gute Bemühung ist je verloren.

James Russel Lowell sagte:

> Kein Mensch in dieser Welt ist geboren, dessen Arbeit nicht mit ihm geboren ist; Arbeit gibt es immer und Werkzeuge für alle, die arbeiten wollen, und gesegnet sind die rauhen, von Werkzeug schwieligen Hände ...

Wenn Sie an jedem Tag Ihr Bestes tun, dessen Sie fähig sind, was immer Ihre Arbeit oder Ihre Verantwortlichkeit sein mag, so verbessern Sie sich selbst und zugleich die Sie umgebenden Bedingungen.

Weil Sie wissen, daß Sie diese innere Kraft besitzen, und weil Sie wissen, wie Sie sich darauf verlassen können, brauchen Sie nicht Ihre Zeit und Ihre Energie damit zu verschwenden, indem Sie sich um nationale und internationale Bedingungen sorgen, die jenseits Ihres Einflusses liegen.

Machen Sie Ihren Einfluß dort fühlbar, wo Sie leben, und Sie werden Ihr Teil tun und andere dazu inspirieren, ebenfalls ihr Teil zu schaffen und beizutragen.

Denken Sie daran, *jeder Gedanke, ständig durchgehalten, führt zur Tat, welcher die richtigen Resultate folgen.*

Darum sollten Sie dieses Buch immer zur Hand haben. Lesen Sie es, studieren Sie es, und lesen Sie es dann wieder — lesen und studieren Sie es so oft wie möglich.

Übung — Übung — Übung! Inspirieren Sie andere durch die tägliche Demonstration Ihres richtigen Denkens!

Um Ihnen bei diesen Übungen zu helfen, habe ich *100 kraftvolle und positive Formeln* für Sie vorbereitet, die Sie zu einem Teil Ihres *persönlichen Fortschrittsprogramms* machen können.

Wenn Sie wollen, können Sie diese individuellen Formeln auf Karten schreiben. Dann wählen Sie aus, welcher dieser Texte jeweils zu ihrem speziellen Anliegen paßt. Diese Karte stecken Sie dann an Ihren Spiegel oder an irgendeinen anderen Platz, an dem Sie gelegentlich einen Blick darauf werfen können, oder Sie tragen sie bei sich in der Tasche, wo Sie sie ebenfalls in ruhigen Augenblicken zur Hand haben.

Behalten Sie diese Formeln während des ganzen Tages in Ihrem Geist. Nehmen Sie sie in Ihr Bewußtsein auf. Es gibt eine genügende Anzahl von kraftvollen Gedanken für Sie, um die Karten auch zu mischen und auf gut Glück eine von ihnen zu ziehen, wenn Sie es bevorzugen, auf diese Weise Ihre geistige Tagesaufgabe zu finden.

Oder Sie können die Formeln in der Reihenfolge von 1 bis 100 immer wieder durcharbeiten, wenn Ihr erstes Hunderttageprogramm beendet ist, weil alle diese Gedanken Kraft- und Leistungseinheiten darstellen, die, einmal in Ihren Geist eingebaut, fortfahren zu wirken und Ihre geistigen Kräfte stetig und ständig zu vergrößern und zu erweitern.

Nun ... hier ist die *Kraft in Ihnen* — in Pillenform für jeden Tag:

1. Ich bin völlig entspannt in Körper und Geist.
2. Ich sehe mich selbst als einen Magneten, der alle guten Dinge zu mir herzieht.
3. Ich bin erfüllt von ruhiger Stille, Sicherheit und Gewißheit.
4. Ich beende, was immer ich anfange, mit aller Kraft und allen meinen Fähigkeiten.
5. Ich tue mein Bestes, um zu entdecken und zu entwickeln, was ich für den Sinn meines Daseins halten kann.

6. Ich stelle mir jederzeit bildhaft vor, daß nur gute Dinge zu mir kommen.

7. Ich habe Vertrauen zu mir selbst und ich glaube an die kreative Kraft in mir.

8. Da ich weiß, daß mir die innere Kraft gegeben wurde, um alle meine Probleme zu lösen, blicke ich der Zukunft mit größtem Vertrauen ins Gesicht.

9. Ich diene meinen Mitmenschen so gut ich kann, weil ich weiß, daß jeder von ihnen auf seine Weise auch mir dient.

10. Ich diene anderen in dem Wissen und Glauben, daß Geben das große Gesetz des Lebens ist, und daß die große Belohnung für das *Geben* das *Empfangen* ist.

11. Ich halte in meinem Geist das Bild dessen, was ich mir wünsche, standhaft fest, denn so ziehe ich den Gegenstand meines Wunsches und alle Quellen, Mittel und Erfahrungen am stärksten an, mit deren Hilfe sich dieses Bild in meinem Leben verwirklicht.

12. Alle Ängste und Sorgen in meinem Bewußtsein schalte ich aus so gut ich es vermag.

13. Ich tue mein Bestes, um Fehler der Vergangenheit ungeschehen zu machen, und ich bin entschlossen, solche Fehler nicht zu wiederholen.

14. Alle Gefühle von Haß und Groll gegen andere entferne ich, weil ich erkannt habe, daß sie mir mehr Schaden zufügen als den anderen.

15. Ich werde alles tun, um wiedergutzumachen, was ich anderen an Falschem angetan habe.

16. Ich vergebe allen anderen alles, was sie mir angetan haben; so wird mein Geist befreit von allen bitteren Gefühlen und kann sich endlich auf glücklichere, wertvollere Dinge konzentrieren.

17. Ich weiß, daß alles, was ich mir bildhaft vorstelle, mir nicht verweigert werden kann, solange ich willens bin, mich mit der nötigen Anstrengung um seinen Besitz zu bemühen.

18. Ich mache mein Bewußtsein frei von allen falschen Gedanken und Gefühlen der Vergangenheit, damit ich sie
durch die richtigen Gedanken und Gefühle ersetzen
kann.
19. Ich analysiere meine vergangenen Handlungen sachlich
und unpersönlich, damit ich irgendwelche Fehler in mir
entdecken und aus mir entfernen kann, ehe sie sich als
schädlich und verletzend erweisen.
20. Von diesem Augenblick an weigere ich mich, die Angst
irgendeinen noch so kleinen Teil meines Lebens beherrschen zu lassen.
21. Ich stelle mir selbst bildhaft vor, daß ich heute Situationen gegenüberstehe, denen ich, wie ich nun erkenne, in
der Vergangenheit ins Gesicht hätte blicken sollen.
22. Alle alten Ängste reiße ich mit der Wurzel aus meinem
Bewußtsein aus und schaffe mir neue Verhaltensmuster
von Mut und Entschlossenheit, welche es mir ermöglichen, jeder zukünftigen Prüfung oder jedem Notfall so
zu begegnen, wie ihnen begegnet werden muß.
23. Um mich ständig daran zu erinnern, daß Angst nur ein
Zustand des Geistes ist, wiederhole ich diese Erklärung
jedesmal, wenn Angst mich bedroht oder zu beherrschen
versucht: „Angst klopft an die Tür — Glaube öffnet —
und draußen ist NICHTS!"
24. Ich habe den Glauben und das Vertrauen, daß ich mich
immer auf die schöpferische Kraft in mir verlassen kann,
weil sie mir Hilfe, Führung und Schutz bietet.
25. Ich übernehme die volle Verantwortlichkeit für alle
meine Gedanken und Taten.
26. Ich gebe der schöpferischen Kraft meines Geistes bestimmte präzise und klare Anweisungen zu all dem,
was es für mich vollbringen soll und wird.
27. Ich korrigiere alle Entscheidungen, die ich getroffen
habe, sobald ich entdecke, daß sie falsch gewesen sind.
28. Ich halte Schritt mit der Zeit, so daß ich Vorteile aus den
Verhältnissen und Gelegenheiten ziehen kann, die mich
umgeben.

29. Ich befehle meinem Körper ebenso wie meinem Geist, denn ich weiß, daß Mäßigung in allen Dingen die sichere Regel für ein erfolgreiches Leben ist.

30. Ich schütze mich selbst vor den destruktiven Gedanken anderer, indem ich meine eigenen Gedanken und Emotionen unter Kontrolle halte.

31. Ich habe die moralische Kraft und den Mut zur Entscheidung, wenn wichtige Fragen oder Probleme rasche und richtige Entschlüsse fordern.

32. Ich gestatte keinen übermäßigen Gefühlen wie Zorn, Angst, Aufregung u. a., von mir Besitz zu ergreifen und die chemische Zusammensetzung meines Körpers in Unordnung zu bringen.

33. Als tägliche Hilfe für die Gesundheit fordere ich von mir Mäßigung und Regelmäßigkeit im Essen, Trinken, Arbeiten, Spielen und Schlafen.

34. Ich wiederhole das geistige Bild meiner völligen Gesundheit Tag für Tag, so oft es nötig ist, weil nur die heilende Kraft meines Geistes meinen Körper heilen oder regenerieren kann.

35. Ich konzentriere mich auf die Organe meines Körpers, welche der besonderen Aufmerksamkeit meines heilenden Geistes bedürfen.

36. Ich sehe mich vor allen Formen von Krankheit, Infektion und Verletzungen geschützt, weil meine schöpferischen und intuitiven inneren Kräfte mich führen und stärken.

37. Ich wiederhole täglich die belebende und stärkende Bestätigung: „Ich bin und werde weiterhin physisch und geistig gesund und glücklich sein."

38. Ich bin darauf vorbereitet, mich allen jenen anzupassen, die sich durch ihr Temperament, ihre geistigen Anschauungen, ihre emotionelle Natur oder ihre religiösen und politischen Auffassungen von mir unterscheiden.

39. Ich erinnere mich ständig daran, daß nur ein einziger Weg freundliche Beziehungen zu Menschen aller Rassen, Farben und Glaubensbekenntnisse öffnet: „Beurteile

stets das Individuum, die Persönlichkeit des einzelnen, niemals seine Rasse, seine Farbe oder seinen Glauben."

40. Ich trete jedem Menschen ohne Vorurteil gegenüber, gewähre ihm aber in jeder Situation das Recht zu zweifeln, bis er durch seine Haltung beweist, daß eine solche Rücksichtnahme ihm nicht gebührt.

41. Um meine persönlichen Beziehungen zu Freunden und Lieben zu verbessern, entmagnetisiere ich mich selbst von allen unglücklichen Erfahrungen, die ich je mit ihnen hatte.

42. Ich weiß, daß ich bei Mängeln, die ich in mir selbst nicht überwunden habe, auch nicht helfen kann, sie in anderen zu überwinden.

43. Ich denke immer daran, daß ich gegenüber anderen tolerant und verständnisvoll sein und ihnen ihre Mängel ebenso vergeben muß, wie ich hoffe, daß sie mir die meinen vergeben.

44. Von heute an bin ich entschlossen, mit meinem Leben das zu tun, was mein inneres Selbst mir rät, wenn ich es ohne Beeinträchtigung irgendeines anderen menschlichen Wesens tun kann.

45. Von diesem Augenblick an erlaube ich es niemandem mehr, mich ökonomisch oder persönlich zu beherrschen. Auch ich werde andere nicht zu beherrschen suchen, da ich weiß, daß diese Absicht beide Seiten schwächt.

46. Bei allem, was ich beginne, will ich meinen Weg mutig und ausdauernd bis zum Ende des Unternehmens fortsetzen.

47. An jeder Entscheidung, die ich treffe, werde ich festhalten, bis die Aufgabe, für die ich mich entschieden habe, vollbracht ist.

48. Ich stelle mir nur gute Dinge bildhaft als geschehend vor und erwarte daher nur Gutes.

49. Sehe ich mich gezwungen, mich aus irgendeiner mich beherrschenden Situation zu befreien, so beginne ich sofort, dies auf einem logischen und vernünftigen Weg zu planen und in Angriff zu nehmen.

50. Ich werde mich nicht länger von Vater und Mutter oder anderen Verwandten oder Freunden beherrschen lassen.
51. Ich akzeptiere meine Verantwortlichkeit für Verwandte, die meiner Sorge und Hilfe bedürfen. Gleichzeitig bestehe ich darauf, daß andere Verwandte ihren Teil von dieser Verantwortlichkeit übernehmen, so daß irgendwelche Lasten gerecht geteilt und so fröhlich wie möglich getragen werden.
52. Ich entbinde alle Verwandten oder Freunde von allen Verpflichtungen mir gegenüber, welche sie in ihren Rechten und Freiheiten einschränken.
53. Gegenüber allen, denen ich mich verpflichtet fühle oder die sich mir verpflichtet fühlen sollten, nehme ich diese Haltung ein: „Um selbst frei zu sein, muß ich zuerst andere frei sein lassen."
54. Ich bin frei und unabhängig im vollständigen Besitz meines freien Willens und der freien Wahl; ich bin auch fähig, in meinem Verstand und meinem Herzen zu entscheiden, was ich zu tun oder zu sein oder zu haben wünsche.
55. Ich werde nie vergessen, daß in meinem Leben die Kraft zu lieben unbedingt notwendig ist, wenn ich mich echten Glücks, guter Gesundheit und fröhlichen Wohlstands erfreuen will.
56. Was ich auch tue oder plane — immer gilt meine volle und dauernde Aufmerksamkeit allen Anzeichen der wahren Liebe, wo sie mir auch begegnen mag.
57. Ich weiß, daß ich lieben muß, um geliebt zu werden; daß ich glücklich sein muß, um physisch, geistig und emotional ausgeglichen sein zu können.
58. Ich respektiere die Rechte und Interessen meines Ehepartners, denn ich weiß, daß Geben und Nehmen von Liebe die Grundlage dieser gleichberechtigten Beziehung ist.
59. Beständig stelle ich mir ein Leben in Liebe und Glück (verheiratet oder ledig) bildhaft vor, denn ich weiß, daß Liebe die größte, wunderbarste und belebendste Kraft

im Universum ist — daß Liebe wirklich das Leben selbst ist!

60. Ich bin ausgeglichen in meinem persönlichen Ausdruck gegenüber jedem anderen, weil sich die schöpferische Kraft meines Geistes, auf die ich mich unbedingt verlassen kann, im Gleichmaß befindet und so zunehmend diesen Ausdruck meiner Persönlichkeit hervorbringt.

61. Ich überwinde alle Ängste, welche bisher den vollen Ausdruck meiner Persönlichkeit verhindert und verzögert haben.

62. Ich besitze inneres Gleichgewicht und die Fähigkeit, in Gegenwart anderer ruhig, gelassen und ungezwungen zu sein.

63. Ich strenge mich an, eine verständnisvollere, anziehendere Persönlichkeit zu werden und alle Gefühle der Minderwertigkeit, Schüchternheit und Ängstlichkeit zu überwinden.

64. Ich vergleiche mich nicht länger zu meinem Nachteil mit anderen.

65. Ich drücke mich selbst frei, selbstbewußt und zuversichtlich aus, wenn ich mich in der Öffentlichkeit zeige.

66. Meine tägliche Aufmerksamkeit gilt neben meiner Kleidung auch meiner persönlichen Hygiene, denn ich weiß, daß auch sie meine Erscheinung verbessern wird.

67. Ein fröhlicher Optimist zu sein, ist der einzige Standpunkt, der unter allen Umständen als die beste Haltung gelten kann, wenn man Schwierigkeiten überwinden will.

68. Ich interessiere mich ehrlich für andere Menschen und ihre Tätigkeiten, weil ich weiß, daß mein Interesse an anderen zurückwirkend deren Interesse an mir und meiner Arbeit erzeugt.

69. Ich verlasse die Einsamkeit meiner Muschel — wenn ich mich in „Umlauf" befinde, kann ich beständig neue Freunde treffen und gewinnen.

70. Ich biete anderen meine Dienste an, wenn ich sehe, daß ich ihnen wirklich helfen kann.

71. Ich bin entschlossen, natürlich, ehrlich und bescheiden zu bleiben, die Versuchung zu meiden, Angeber und Großmaul zu werden, oder mich meiner Vollkommenheit und meiner Talente zu brüsten.

72. In meinem Geist ist kein Platz für Angst vor Einschränkungen aus Mangel an Geld oder Armut und dergleichen, so daß nichts in meinem Bewußtsein ökonomische Verluste zu mir herziehen kann.

73. Ich stelle mich mir bildhaft so vor, daß ich immer genügend Geld zum Leben verdiene, so daß ich entweder eine neue, besser dotierte Position oder eine Einkommenserhöhung oder die Gelegenheit, dieses Geld aus anderen Quellen zu erhalten, anziehe.

74. Ich gewöhne mich daran, in Kreisen zu verkehren, zu denen Menschen mit wirtschaftlichen Interessen Zugang haben, welche meine speziellen Talente und Dienste gebrauchen können.

75. Ich stelle mir stets bildhaft vor, daß ich mich finanziell aufwärts entwickle, und ich habe den Mut, an diese Entwicklung zu glauben.

76. Ich stelle mir bildhaft vor, daß ich über reiche Möglichkeiten und Gelegenheiten verfüge, die ich zur rechten Zeit in Erfolg und Geld umwandeln werde.

77. Ich strenge mich an, um meine Talente und Geschicklichkeiten zu entwickeln und sie in Kapital ummünzen zu können.

78. Ich stelle mir bildhaft vor, daß meine Bedürfnisse und Wünsche aus vielen guten Quellen mit einem Strom von Geld beantwortet werden.

79. Ich benutze diesen Augenblick, um mir bildhaft vorzustellen, was ich im Leben zu tun oder zu sein oder zu besitzen wünsche; dabei versuche ich, mich fühlen zu lassen, daß im Geist dieses Bild bereits erreicht ist und meiner kreativen Kraft als Entwurf dient, nach dem sie nun beschleunigt arbeiten kann.

80. Ich stelle mir eine leere, weiße Kinoleinwand vor, ausgespannt über den dunklen Innenraum meines Geistes,

und werfe auf sie das genau gezeichnete Bild dessen, was ich mir wünsche.

81. Ich habe mir bildhaft vorgestellt, was ich zu erhalten wünsche. Nun wende ich mich den täglichen Aufgaben meines Lebens zu. Dabei konzentrieren sich alle meine Anstrengungen mit dem größten Glauben und Vertrauen darauf, daß ich, von meiner schöpferischen Kraft geführt, die richtigen Schritte unternehme, um schließlich mein erstrebtes Ziel zu erreichen.

82. Ich erkenne, daß mein Unterbewußtsein, durch Zeit und Raum nicht begrenzt, weit hinausgreifen und Verbindungen aufnehmen kann zu Elementen und Menschen, die mir bei der Verwirklichung dessen helfen können, was ich mir bildhaft vorstelle.

83. Ich vertraue mir selbst und meiner Fähigkeit, mit der schöpferischen Kraft in mir zu arbeiten.

84. Ich habe Vertrauen in die Ziele des Lebens, die zu erreichen ich mir selbst bildhaft vorgestellt habe.

85. Ich vertraue darauf, daß ich auch für schwierige Probleme, denen ich begegne, die richtige Lösung ausarbeiten kann.

86. Ich vertraue darauf, daß die Zukunft mir gehört und ich daraus machen kann, was ich will.

87. Ich entferne das Wort „Ich kann nicht" für immer aus meinem Bewußtsein.

88. Ich stelle mir bildhaft vor, daß ich immer zur rechten Zeit am richtigen Ort bin und die richtigen Leute treffe, welche die Macht haben, mich mit den richtigen Gelegenheiten und Hilfsmitteln in Berührung zu bringen, und die mir zu den richtigen finanziellen oder irgendwie anders gearteten Resultaten zu verhelfen, die ich mir wünsche.

89. Ich bin voll von der schöpferischen Kraft und setze jedes nur mögliche Mittel ein, um den besten Gebrauch davon zu machen.

90. Ich werfe aus meinem Bewußtsein alle wertlosen Gedanken ab, sobald sie auftreten oder ich mich ihrer er-

innere — den Schutt meines ganzen Lebens —, und ich konzentriere mich fortan nur auf die Dinge, die zählen, weil sie mir zu größerem Glück, zu Gesundheit, Sicherheit und zum Frieden des Geistes verhelfen können.

91. Meine positive, optimistische Haltung des Geistes halte ich auch gegenüber allen anscheinend negativen Bedingungen dieses Lebens aufrecht.

92. Ich ersetze meine Ängste und Sorgen durch Mut und Glauben.

93. Ich werde mich künftig nicht mehr von Widerständen verwirren lassen, wie das in der Vergangenheit geschah.

94. Ich stelle mir bildhaft vor, daß nur noch gute Dinge geschehen, und diese guten Bilder unterstütze ich mit all meinen Bemühungen.

95. Ich weiß, wenn ich die Kontrolle über meine Emotionen behalte, wird mich die schöpferische Kraft in mir führen und schützen.

96. Ich weiß, daß ich auch tun kann, was andere bereits getan haben und weiterhin tun, wenn sie die Widerstände und Behinderungen ihres Lebens überwinden.

97. Ich glaube fest daran, daß ich nur auf meiner positiven Einstellung gegenüber allen Dingen und Menschen zu beharren brauche, damit Glück, Gesundheit und all die guten Dinge des Lebens, die ich mir wünsche, zur rechten Zeit zu mir kommen.

98. Ich weiß jetzt, daß ich mich niemals der Verzweiflung oder der Entmutigung ergebe oder eine Niederlage hinnehmen werde, wie groß die mich behindernden Widerstände auch sein mögen.

99. Ich danke für die Kraft, die mich jeden Tag gewachsen sein läßt, und für jeden kleinen Sieg, den ich erringe.

100. *Ich erkläre jetzt, da ich mir des Glaubens an mich selbst und an die unendliche Intelligenz in mir bewußt geworden bin, daß ich absolutes Vertrauen in meine Zukunft setze!*